AF224001

ÉTUDES ET LEÇONS

SUR LA

RÉVOLUTION FRANÇAISE

AUTRES OUVRAGES DE M. F.-A. AULARD

Le Culte de la Raison et le Culte de l'Être suprême (1793-1794). Étude historique, 1892. 1 vol. in-12 de la *Bibliothèque d'histoire contemporaine*, **3 fr. 50** (Félix Alcan, éditeur).

Les Orateurs de la Constituante, 1882, 1 vol. in-8 (Hachette, éditeur).

Les Orateurs de la Législative et de la Convention, 1885-1886, 2 vol. in-8 (Hachette, éditeur).

Danton, 2ᵉ édition, 1886, 1 vol. in-8 (Picard et Kaan, éditeurs).

La Société des Jacobins, recueil de documents pour l'histoire du Club des Jacobins de Paris, 1889-1892, 4 vol. in-8 (Jouaust, éditeur).

Recueil des Actes du Comité de salut public, 1889, 1892, 5 vol. in-8 (Hachette, éditeur).

ÉTUDES ET LEÇONS

SUR LA

RÉVOLUTION FRANÇAISE

PAR

F.-A. AULARD

Professeur à la Faculté des lettres de Paris

Première Série

LEÇON D'OUVERTURE
LE PROGRAMME ROYAL EN 1789 — LE SERMENT
DU JEU DE PAUME — LES JACOBINS
ANDRÉ CHÉNIER — LA PROCLAMATION DE LA RÉPUBLIQUE
DANTON — CARNOT
LA PRESSE SOUS LA TERREUR
L'ART ET LA POLITIQUE EN L'AN II — AUX APOLOGISTES
DE ROBESPIERRE
ROBESPIERRE ET LE GENDARME MÉDA

PARIS

ANCIENNE LIBRAIRIE GERMER BAILLIÈRE ET Cⁱᵉ

FÉLIX ALCAN, ÉDITEUR

108, BOULEVARD SAINT-GERMAIN, 108

1893

Tous droits réservés

AVERTISSEMENT

Les études qu'on va lire ont fait l'objet de leçons à la Faculté des Lettres de Paris ou ont paru dans différents recueils périodiques, notamment dans la *Revue bleue*.

Si j'ose les réunir en volume, c'est qu'elles ont été écrites d'après les sources originales, en vue d'offrir des éléments aux historiens. Ce ne sont point les circonstances qui les ont inspirées : elles sont le résultat des recherches selon la méthode que j'ai annoncée dans la leçon d'ouverture de nos cours à la Faculté des Lettres de Paris. Je n'ai eu d'autre intention que de chercher la vérité dans les textes et de détruire les légendes, qui venues de droite ou de gauche, ont altéré l'histoire de la Révolution.

AVERTISSEMENT

Il m'a paru utile, pour bien marquer le progrès de nos recherches, de rappeler à quelle date a été composé chacun des morceaux qui forment ce volume et, autant que possible, je les ai réunis selon l'ordre chronologique des événements auxquels ils se rapportent.

F.-A. A.

ÉTUDES ET LEÇONS

SUR LA

RÉVOLUTION FRANÇAISE

I

LEÇON D'OUVERTURE DU COURS D'HISTOIRE DE LA
RÉVOLUTION FRANÇAISE A LA FACULTÉ DES LETTRES
DE PARIS.

12 mars 1886

MESSIEURS,

Ce cours peut être considéré comme une nouveauté, en ce sens que, si l'étude de la Révolution française avait inspiré des leçons et des livres considérables aux maîtres éminents de la Sorbonne, l'histoire de notre grande crise nationale n'avait encore formé, ni ici ni ailleurs, l'objet d'un enseignement particulier et spécial. Mais le cours d'histoire de la Révolution française n'est pas seulement nouveau dans son objet : en le créant, on a appliqué pour la première fois le décret libéral du 25 juillet 1885, par lequel

M. le ministre de l'instruction publique rappelait aux Facultés qu'elles sont investies de la capacité civile qui fait les personnes morales et leur restituait vraiment cette capacité en organisant à leur profit le droit de recevoir des dons et legs et les subventions des villes et des départements, auxquels un appel indirect était ainsi adressé. La première réponse à cet appel est venue du conseil municipal de Paris, qui saisit toute occasion de montrer son zèle éclairé et généreux pour la cause de l'instruction publique ; il a voulu donner aux autres municipalités de la République l'exemple d'une libéralité envers cet enseignement supérieur qui est, comme la science elle-même, un des fondements de notre démocratie, et il a procuré à la Sorbonne et au ministre les moyens d'établir ce cours. N'était-il pas naturel que Paris, dont le rôle a été prépondérant dans la Révolution française, songeât à honorer cette Révolution par une création scientifique ? Pour ma part, je remercie le conseil municipal de m'avoir ainsi mis à même de professer ici le genre d'études auquel je me suis voué. Je remercie M. le ministre de l'instruction publique, qui m'a fait l'honneur de me nommer et qui s'est montré, ainsi que M. le directeur de l'enseignement supérieur, si favorable à cette création. J'exprime enfin toute ma gratitude à la Faculté des lettres, qui a accueilli avec bienveillance ce cours doublement nouveau par son objet et par son origine, et lui a fait une place parmi tant d'enseignements illustres : elle savait bien que le professeur qu'elle admettait chez elle n'y apporterait d'autre souci que celui de la science, d'autre passion que celle de la vérité.

I

Quant à la matière même de cet enseignement, est-il besoin d'en démontrer l'intérêt supérieur? Il ne s'agit pas d'une période ordinaire de notre histoire, d'une phase quelconque dans nos vicissitudes nationales. Même si on limite la Révolution à l'espace compris entre la convocation des États généraux et le coup d'État du 18 brumaire, ces dix années ne sont-elles pas plus fécondes en événements que les deux siècles précédents? Ces dix années ne marquent-elles pas la fin d'un monde et, avec la promulgation des droits de l'homme, l'ouverture d'un ordre de choses nouveau? Pour la France et pour l'Europe, la Révolution est à la fois un point d'arrivée et un point de départ. Elle ne commence pas plus en 1789 ou en 1787 qu'elle ne se termine en l'an VIII ou en 1815. Tout le passé la prépare et l'annonce, et, loin d'être finie aujourd'hui, elle se continue dans les faits comme dans nos âmes. Ainsi conçue, cette histoire serait toute l'histoire morderne et contemporaine; mais nos études auront surtout pour objet la période critique de la Révolution, et, sans nous interdire d'indispensables excursions en deçà et au delà, nous trouverons, dans ces quelques années où la nation a vécu plusieurs siècles, un aliment infini à nos recherches et, je l'espère, à votre studieuse curiosité.

Cette curiosité pour la Révolution est un sentiment à la fois légitime et moral. Dans cette crise, la nation française a montré le fond de son être, que des circonstances inouïes ont élevé pour un instant au sublime. On a vu alors ce qu'était ce peuple, ce qu'il pouvait, et on a cru voir ce qu'il serait un jour. Les aptitudes héréditaires de la race, qui sommeillaient ou qui ne se montraient qu'à intervalles et isolément, ont pour ainsi dire éclaté toutes à la fois dans un effort étonnant. Sans la Révolution, on n'aurait jamais su que notre nation pût être tout à la fois si forte et si sensible, si gaie et si grave, si aimante et si irritable, si généreuse et si terrible. Qualités et défauts, tout notre caractère a paru brusquement, et aujourd'hui la Révolution, contemplée rétrospectivement, est comme un miroir où la France se retrouve, se voit en raccourci, avec un singulier relief de tous ses traits, prend conscience d'elle-même, s'explique ses remords, ses joies, ses craintes et ses espérances. Car la France n'a jamais été, si je puis dire, plus France qu'à ce moment-là, dans la courte et violente péripétie de sa propre tragédie. Voilà, je crois, la raison de cette curiosité ; voilà pourquoi, quand quelques Français se rencontrent autour d'une table de la petite salle des Archives, qu'ils soient venus là pour demander aux documents l'apologie ou la flétrissure de la Révolution, un même sentiment les anime bientôt, parle plus haut que leurs préjugés de citoyens, crée entre

eux une sympathie et une intelligence, et ce sentiment, sentiment passionné, c'est une commune et
absorbante curiosité pour l'époque la plus maudite,
la plus adorée, la plus vivante de notre histoire.

Il y a une utilité morale, avons-nous dit, dans cette
curiosité. C'est qu'en effet, pour la France, connaître
la Révolution, c'est se connaître elle-même dans la
profondeur de ses instincts, c'est savoir son fort et
son faible, c'est deviner ce dont elle peut être capable
à une heure de lutte suprême pour la vie. Satisfaite,
cette curiosité lui donne le goût de se ressembler à
elle-même et, en démêlant ses tendances héréditaires,
d'abonder dans son propre sens, de tirer son progrès
de son caractère et de son passé, ce qui est peut-être
la vraie morale d'un peuple. Rappelons également
que la Révolution n'est pas moins humaine que française, et on a eu raison de dire qu'elle est l'école de
l'humanité qui s'y retrouve aussi et s'y éprend d'a-
mour pour elle-même.

Mais je n'insiste pas davantage sur cet intérêt
extraordinaire ; il vaut mieux expliquer comment
cette période historique peut être un objet d'enseignement oral. N'y a-t-il pas à craindre, dira-t-on, que
les passions mêmes que soulève en nous ce passé si
vivant et qui en font l'attrait soient inconciliables
avec le souci et le respect de la science ? Messieurs,
les fondateurs de ce cours ont répondu d'avance à cette
objection, quand ils ont dit qu'il était temps d'appliquer une méthode critique à notre renaissance nationale, et, ce sont leurs expressions mêmes, « de la

juger avec l'esprit de la science moderne, comme une transformation, non seulement sociale et politique, mais encore littéraire et artistique. » — « Tout le génie français, dans tous ses éléments, a été modifié par le sublime effort que nos pères ont tenté pour réaliser, dans l'action, dans la science et dans l'art, les leçons de la philosophie du xviiie siècle. » — « L'histoire de cette grande et complexe transformation, que le monde a ressentie, sera l'objet (disaient les mêmes personnes) de l'enseignement que nous vou demandons de créer. »

Ce programme, large et clair, sera le nôtre. J'y vois un encouragement à mon désir de n'être ici, dans ces études historiques, l'interprète d'aucune des opinions qui nous divisent actuellement. Et quel ridicule n'y aurait-il pas à vouloir, en temps de liberté, chercher dans le passé des allusions au présent et mettre la Révolution française au service d'un parti ! Quant aux opinions qui ont divisé nos pères, je penserai au bon Anacharsis Cloots qui, dans le feu de la lutte entre la Gironde et la Montagne, intitulait un pamphlet : *Ni Marat ni Roland*, voulant dire par là qu'il s'élevait au-dessus du duel fratricide entre les patriotes et qu'il préférait la Révolution aux hommes. Certes, l'orateur du genre humain n'était pas doué du don d'indifférence transcendante, et je n'oserais affirmer qu'il ne plaidât pas la cause d'une troisième opinion, au dépens de Marat et des Girondins, ce dont on ne saurait lui faire un crime ; car l'honnête homme, dans la vie agissante, a le devoir de prendre parti. Mais l'historien, en ses spéculations désintéressées, ne doit-il pas s'approprier le titre du célèbre pamphlet, et ne voir les choses ni par les yeux de Marat ni par ceux de Mme Roland? En tous cas, il se gardera d'être l'apologiste passionné et exclusif d'aucun des partis révolutionnaires.

Cela veut-il dire qu'il convient de glorifier également toutes les opinions, tous les actes dans la Révolution? Messieurs, il y a eu une époque en France où il était de mode, surtout dans la polémique courante, d'accorder la même louange et la même estime à Mirabeau, à Barnave, à Vergniaud, à Danton, à Robespierre, à Saint-Just, aux patriotes de 89, aux girondins, aux montagnards, aux hébertistes, à tous ceux qui, de 1789 au 18 brumaire, avaient tenu pour la cause du peuple. On témoignait une égale bienveillance aux conceptions les plus opposées. Voici, par exemple, la politique de Danton : elle visait, plus ou moins consciemment, à édifier sur les ruines du passé un état de choses conforme aux doctrines des encyclopédistes, à fonder la République sur le sentiment de la fraternité et peut-être à lui donner un jour comme religion la science. Voilà Robespierre, qui voulait établir son gouvernement sur le principe d'autorité et faire du christianisme restauré selon Rousseau une véritable religion d'État. Eh bien, il fut un temps où on croyait honorer la Révolution en approuvant à la fois des desseins si contraires. Il fut un temps aussi où on jetait un voile sur les excès de la guerre civile,

ur le sang répandu, sur les inutiles cruautés, sur
et usage de la peine de mort en matière politique,
sage servilement emprunté par la démocratie novice
u régime royal. Alors on disait volontiers : il faut
dmettre en bloc toute la Révolution ou la rejeter en
loc, et on affectait une admiration mystique et
resque brutale. Savez-vous pourquoi, Messieurs,
n vénérait ainsi, pêle-mêle, tous les faits, même
ontradictoires, tous les héros, même antagonistes,
u grand drame national ? C'est qu'on n'était pas
bre de les juger; c'est que les gouvernements qui
e sont succédé, du 18 brumaire an VIII jusqu'à l'éta-
lissement du régime actuel, s'efforçaient de com-
attre ou de contenir ou de corrompre l'influence de
a Révolution française. Violentée, persécutée, l'his-
oire devenait souvent un pamphlet, une arme de
uerre, une réponse à la prison, aux amendes et à
exil. Citons seulement deux faits fort différents, deux
ates fort éloignées. En 1829, Achille Roche veut-il
diter, en les paraphrasant ou en les imaginant, les
némoires du conventionnel Levasseur : procès,
mende, prison. En 1859, M. Hamel veut-il faire la
iographie de Saint-Just selon les documents : son
ivre est mis au pilon. Voilà l'explication de quelques
pologies grossières de la Révolution française ; il
nanquait à nos études une condition indispensable
à toute recherche scientifique : la liberté.

Heureusement qu'avant nos jours il se rencontra
n penseur qui sut, quand la France n'était pas libre
ncore, se procurer la liberté par l'exil, et ce penseur,

il est bon que son nom soit prononcé avec respect au début d'un cours d'histoire de la Révolution française : c'est Edgar Quinet. Car, si ce cours est possible, s'il existe, c'est parce que Edgar Quinet a écrit. Oui, son livre, digne de Montesquieu, inaugura vraiment, il y a vingt ans, la critique de la Révolution. Dans ces éloquentes considérations, je vois d'abord une thèse, d'après laquelle nos pères auraient échoué parce que, timides en matière religieuse, ils n'ont pas changé l'*homme intérieur*, quand il eût fallu proposer à la conscience des Français une formule nouvelle, qu'on eût pu trouver, d'après Quinet, dans le christianisme même. Cette thèse ingénieuse est contestable, et nous la discuterons. Mais là n'est pas la nouveauté féconde de ce livre né dans la franchise de l'exil. L'auteur lui-même va nous dire quel service il a rendu à la critique : « J'ai osé, écrit-il à un ami en 1865, rompre les sept sceaux consacrés du livre de la Révolution et y faire entrer l'esprit d'examen. Comment parviendrons-nous jamais à la liberté, si nous sommes esclaves de la lettre au point de n'oser envisager librement nos traditions ? Ce doit être là, au contraire, le premier degré dans la régénération de la démocratie. Regarder son passé et le juger ! Il le faut, si l'on veut faire un pas en avant. » Oui, on doit l'avouer : avant cette hardie tentative, qu'elle fût haïe ou aimée, la Révolution ressemblait à un mystère sacré que ne jugeaient librement ni amis ni ennemis, et dont la masse énorme et immobile était pour quelques-uns un objet de stupeur, exerçant sur leur esprit une influence religieuse et stérilisante. Quinet a indiqué le premier comment on pourrait un jour faire entrer cette merveille dans le domaine de l'histoire. Le premier il a jugé les héros de ce temps-là avec une entière indépendance, trop sévère peut-être pour la nécessaire et provisoire dictature des patriotes jacobins et de Paris en face de l'invasion, mais dissipant le charme et l'horreur, levant le voile mystérieux et légendaire, montrant dans la Révolution, non plus un cataclysme amené par la providence pour punir et récompenser, mais une œuvre humaine.

Edgar Quinet a donc affranchi l'histoire de la Révolution ; il a contribué aussi, par sa plume et ses actes, à établir en France la liberté politique, qui est la condition nécessaire, disions-nous, de toute recherche historique sur un passé récent. Aujourd'hui, dans l'absolue latitude laissée au blâme et à l'éloge, qui ne rougirait, en étudiant cette époque, je ne dis pas d'éprouver de l'amour et de la haine (on ne peut ni on ne doit s'en empêcher), mais d'être l'esclave de ses passions et d'y soumettre son jugement ? Qui hésiterait à renoncer à telle louange aveugle, maintenant qu'à l'exprimer on ne risque ni la prison ni l'amende ? L'esprit critique peut s'exercer en toute franchise sur la période révolutionnaire, comme sur les autres périodes de notre histoire, et, en l'état actuel des choses, rendre à la Révolution l'hommage qui lui est dû avant tous les autres : celui de la vérité.

Cet hommage, il a bien fallu qu'en ce temps d'érudition et de recherches exactes, les plus malveillants

le lui rendissent, au moins partiellement, et aujour-
d'hui un pamphlet contre-révolutionnaire ne trouverait pas de lecteurs s'il n'avait pour base des pièces
précises, des références vérifiables. C'est ainsi que la
haine même a concouru à l'histoire sérieuse de la
Révolution, en produisant, depuis nombre d'années,
des faits et des textes nouveaux, dont une critique
plus libre fait son profit.

Mais il ne faudrait pas croire que l'érudition, même
curieuse et précise, soit toujours une marque d'esprit scientifique, et qu'il faille suivre sans méfiance
tout narrateur qui s'appuiera sur des pièces authentiques et qui semblera se dérober pour laisser la
parole aux choses. L'expérience prouve au contraire que le goût passionné du document, l'horreur
du renseignement de seconde main, la fréquentation
continuelle des sources, peuvent s'allier à la passion
la plus aveuglante, aux préjugés les plus despotiques.
Je suppose un érudit qui entreprenne l'étude de la
Révolution avec une sincère intention d'impartialité
scientifique, mais avec une horreur secrète et native
de la démocratie. Malgré lui, son attention est solli-
citée et retenue par les documents qui flattent ses
sentiments intimes. Ceux-là seuls piquent sa curiosité,
et les autres le laissent froid et distrait. Peu à peu, à
son insu, il en vient à faire un triage, à n'écouter et
à ne reproduire qu'une sorte de témoignages, ceux
qui tendent à déshonorer la Révolution. Tout témoin
est sérieux, considérable, s'il dépose contre la démocratie ; les témoins à décharge ne sont qu'apologistes,

ou menteurs, ou niais. Ainsi se formera un réquisitoire imposant, dont la base sera, en effet, réelle par plus d'un côté ; mais c'est une réalité tronquée, la moitié ou le quart des choses, un fragment de tableau. Si, en présence de deux lutteurs aux prises, étroitement enlacés et dans la crise même de leur duel, il venait à l'esprit d'un peintre l'idée étrange d'abstraire un des deux adversaires, si son pinceau le représentait sur la toile seul et néanmoins dans une attitude de lutte, embrassant le vide d'un effort violent, avec une tension et un gonflement des muscles, la figure rouge et contractée, les yeux hors de la tête, l'écume à la bouche, ne croirait-on pas voir un fou furieux, prêt à perdre l'équilibre et à rouler dans la boue ? C'est à peu près la monstrueuse, l'invraisemblable figure que nous proposerait l'érudition qui ne ferait voir, dans le duel révolutionnaire, qu'un des combattants, le peuple. Vous trouvez que ce peuple délirait, quand il exerçait si violemment sa force ; mais vous ne dites pas qu'il luttait corps à corps contre un ennemi puissant et perfide. Vous riez de son air hagard et de sa face convulsée ; mais vous ne dites pas qu'une main lui serrait la gorge pour l'étouffer. Vous raillez ses soupçons, sa manie dénonciatrice, son esprit inquiet pendant la guerre ; vous ne dites pas que le roi de France avait des intelligences avec les ennemis de la France. Enfin, il s'échappe de ses lèvres un cri rauque d'angoisse et de fureur ; avant de le traiter de bête fauve, il faudrait voir si, à ce moment-là, la Vendée ne lui enfonce pas un poignard dans le dos. Montrez donc les deux adversaires à la fois, rétablissez ainsi l'harmonie du tableau: le sens des choses éclatera, et on verra que la Révolution fut une lutte sans pitié entre l'esprit du passé et l'esprit nouveau, lutte à laquelle nous devons la liberté et les espérances dont nous jouissons.

Messieurs, vous vous demandez peut-être ce qu'il faut entendre par l'impartialité historique dont nous parlons sans la définir et que nous réclamons. Jusqu'à quel point un Français qui expose, en 1886, l'histoire de la Révolution française, peut-il être impartial ? A coup sûr, il ne peut être question, en matière d'histoire nationale, dans le pays de Michelet, de cette classique et idéale abstraction de soi-même, rêvée par Lucien et par Fénelon, et on l'attend encore, ce véritable historien qui n'est d'aucun temps et d'aucun pays. En face d'un fait dont les conséquences forment notre vie politique actuelle, il est difficile de se faire une âme indifférente et impassible et d'exposer la crise vitale de la France avec le même détachement que s'il s'agissait des vicissitudes de l'Égypte ancienne. Ainsi, pour ce qui nous concerne, si on considère la Révolution française comme un duel entre le peuple et la royauté, ou, à un point de vue plus élevé, comme une des phases du conflit de la science et de la religion, quels que soient nos efforts pour faire abstraction de notre personnalité, nous n'espérons guère parvenir à cacher tout à fait notre préférence pour le peuple, dont nous sommes, et pour la science, que nous servons. Mais pourquoi dissimuler cette sympathie ? Qu'on nous permette de répéter ici ce que nous avons écrit ailleurs : « Qui ne sympathise pas avec la Révolution n'en voit que la surface. Pour la comprendre, il faut l'aimer. Sans cet amour, Michelet, malgré son génie, aurait-il atteint à une divination des âmes de ces hommes et du sens de ces choses ? Et, de même, l'historien d'un autre mouvement populaire, l'auteur de la *Vie de Jésus*, aurait-il aussi profondément compris son héros, s'il ne l'avait aimé, s'il n'avait, à sa manière, cru en lui ? Tout justement, ce raffiné a été plus sensible que personne à la poésie de ces grandes crises sociales, et, en plus d'un passage de ses écrits, il a esquissé d'un trait comme une appréciation esthétique de cette Révolution française, qu'il n'a sans doute pas eu le temps d'étudier dans les sources, mais dont le spectacle du christianisme primitif l'a préparé à sentir la beauté morale. » Ému enfin par cet élan d'une nation vers l'idéal, élan qu'il avait méconnu jadis, et irrité, dit-il, de *l'espèce de rage* avec laquelle on cherche à prouver que la Révolution n'a été que honte et folie, M. Renan s'est écrié : « Je commence à croire que c'est peut-être ce que nous avons fait de mieux, puisqu'on en est si jaloux. » Cette sympathie intelligente, je la rencontre, vive et sans réserve, dans un admirable et récent précis d'histoire de la Révolution où l'exemple de la plus hardie franchise nous est donné par le professeur qui occupe ici la chaire d'histoire moderne et contemporaine : un tel exemple ne sera pas perdu pour nous.

II

Ces leçons émaneront donc d'un fils respectueux et reconnaissant de la Révolution, qui a émancipé l'homme et la science. Mais cette reconnaissance, est-il besoin de le dire? ne se traduira jamais par une apologie systématique. Notre ambition sera moins de juger que de faire connaître. Nous lirons, nous analyserons des documents. La légende a recouvert cette période de notre histoire d'incrustations dont la plupart sont encore intactes : nous tâcherons de les arracher et de vous mettre en présence de la réalité nette et nue. S'il vient à ce cours un ennemi de la Révolution, convaincu qu'elle fut dans le développement de la France un accident fâcheux et évitable, nous voudrions que cette personne, si elle a le goût de la science, pût trouver dans nos recherches une satisfaction pour sa curiosité ; nous voudrions qu'elle se sentît rassurée, incitée à l'étude par la sincérité de notre méthode ; et si, de cette salle de travail, quelqu'un emportait l'idée d'un livre sérieux, établi sur de bons documents, quand même ce livre exprimerait des opinions contraires aux nôtres, cet effet de notre enseignement serait pour nous un titre d'honneur et le plus solide des succès.

L'impartialité d'un professeur d'histoire de la Révolution ne consistera donc pas à cacher son opinion sur les grandes questions religieuses et politiques qu'il rencontre, mais à faire en sorte que ses sentiments personnels n'altèrent en rien la rigueur de sa critique ; ou, si ses préférences parlent un jour trop haut, que l'auditeur d'opinion adverse trouve du moins dans les faits allégués, dans les documents produits, les éléments d'un contrôle et, si je puis dire, d'une contre-partie. Voilà comment, dans cette histoire si proche de nous et si brûlante, on peut et on doit être impartial.

Et maintenant, s'agit-il d'entreprendre, dans cet enseignement oral, la composition d'une nouvelle histoire générale de la Révolution? Sans doute, ce dessein dépasserait nos forces ; mais j'ajoute qu'il est prématuré dans l'état actuel de la science ; je n'aperçois même pas le moment où il pourra être réalisé, et, si quelque personne studieuse y songe dans le silence du cabinet, je crois qu'il importe de la décourager. C'est à peine si le quart ou le tiers des documents relatifs à cette période de l'histoire ont été, je ne dis pas lus et étudiés, mais seulement inventoriés. Ce n'est pas la volonté, c'est le temps qui a manqué pour explorer entièrement les archives nationales, celles de la guerre, celles des affaires étrangères, pour ne parler que de ces trois dépôts publics parmi ceux où sommeille l'histoire vraie de la Révolution. Et combien d'autres, à Paris, en province, à l'étranger, n'ont jusqu'ici rien livré de leurs secrets! Les archives particulières nous réservent encore, j'imagine, plus d'une surprise. Parmi les mémoires du temps qui n'ont pas encore vu le jour, il en est sans doute d'importants, dont la publication changera peut-être notre manière de voir sur les hommes et les choses les plus célèbres. Que de correspondances particulières sont encore enfouies, par prudence ou par négligence, dans des cartons d'où il faudra bien qu'un hasard d'héritage les fasse un jour sortir! Hélas! cette prudence, à laquelle je fais allusion, combien n'a-t-elle pas fait disparaître de manuscrits précieux, soit entre le 31 mai 1793 et le 9 thermidor, soit à l'époque de la Restauration, alors qu'une terreur blanche proscrivait les restes du parti républicain! Il n'est pas douteux que la crainte des perquisitions policières a privé alors l'histoire de pièces capitales. Encore peut-on, en gémissant de cette perte, excuser le sentiment qui l'a provoquée. Mais il n'y aurait pas d'excuse pour ces autodafés clandestins auxquels certaines personnes, étrangement délicates, auraient condamné, dit-on, les papiers à demi publics de leur père ou de leur grand-père, comme si elles rougissaient de descendre d'un constituant ou d'un conventionnel. En vérité, on en serait réduit à féliciter ceux qui, contraints par un testament en bonne forme, à faire imprimer les mémoires d'un révolutionnaire illustre, leur aïeul, les ont fait imprimer en effet, mais ont caché l'édition entière dans une cave, pour préserver leurs contemporains de ce poison de famille.

On voit combien de documents inédits restent à découvrir. Parmi ceux qu'il n'y a plus qu'à lire, qui sont accessibles à tout le monde, il en est qu'une érudition zélée et heureuse a déjà utilisés. A ces archives nationales, que la Révolution a fondées, ont pris naissance nombre d'œuvres importantes qui ont renouvelé, depuis vingt-cinq ans, plusieurs parties des études qui nous occupent. Sur Danton, sur Robespierre, sur Charlotte Corday, sur Vergniaud, sur la légende des Girondins, sur le tribunal révolutionnaire, sur le fédéralisme en 1793, d'ingénieuses et solides monographies ont changé les idées reçues ou procuré des éléments nouveaux à l'histoire. La diplomatie de la Révolution, dont Michelet et Louis Blanc n'ont pu connaître que la partie publique, commence à sortir des archives du ministère des affaires étrangères de France et des autres pays d'Europe : sur ce point, de remarquables publications, françaises ou allemandes, préludent au travail définitif qu'il sera possible d'écrire un jour (1). Les archives de la guerre ont déjà inspiré d'excellentes études sur l'histoire militaire de la Révolution. Enfin les archives des départements et des villes sont explorées, en maint endroit, par des travailleurs auxquels manquent souvent les connaissances générales, mais dont la bonne volonté exhume sans cesse et fait des rencontres heureuses. Une histoire provinciale de la France révolutionnaire se prépare peu à peu. — Ajoutons que des revues spéciales et antagonistes encouragent ce mouvement si fécond, auquel la fondation d'une société d'histoire de la

(1) Depuis a paru le beau livre de M. Sorel.

Révolution va peut-être donner un nouvel élan (1).

Mais on est encore au début de ce travail de recherche et de découverte. Ce qu'on a trouvé et mis en œuvre est considérable en soi : c'est peu de chose au prix de ce qui reste à trouver et à mettre en œuvre. Le temps est encore éloigné où il sera possible d'écrire une bibliographie des sources inédites de la Révolution (2).

Possédons-nous du moins les sources publiées ? Elles attendent encore leur bibliographie (3). Je prends un exemple : l'étudiant qui aborde l'histoire de la Révolution n'aura même pas le secours, si élémentaire et si indispensable, d'une liste chronologique des mémoires qui s'y rapportent. Bien plus, personne n'a encore tenté de distinguer méthodiquement, parmi ces mémoires, ceux qui sont authentiques et ceux que la spéculation commanda, de 1815 à 1848, à des écrivains peu scrupuleux. A ce sujet, les plus

(1) Cette Société fut fondée en effet peu de temps après. Elle a été présidée tour à tour par MM. Charton, Hippolyte Carnot et Jules Claretie. M. Aulard en est le secrétaire général. Elle publie une revue mensuelle, *la Révolution française*. Elle a organisé l'exposition rétrospective de la Révolution au Louvre en 1889. Elle a réimprimé *Qu'est-ce que le Tiers État ?* par Sieyès avec une notice de M. Edme Champion. Elle a publié une *Liste des Conventionnels*, par M. Guiffrey, une *Liste de la noblesse impériale*, par M. Campardon, les *Mémoires secrets de Fournier l'Américain*, par M. Aulard, et *le 14 Juillet 1789*, par M. Flammermont.

(2) Depuis, M. Tuetey a publié deux volumes d'un excellent *Répertoire des sources manuscrites de l'histoire de la Révolution à Paris*.

(3) M. Tourneux s'occupe à combler cette lacune, et tous les travailleurs ont apprécié le tome 1er de sa remarquable *Bibliographie des sources imprimées de l'histoire de Paris pendant la Révolution*.

avisés tombent dans des erreurs, expliquées d'ailleurs par l'absence de tout manuel spécial et par l'impossibilité pour un seul travailleur de se faire toute sa science. Tel grand historien, génie national, cite comme autorité contemporaine une véritable mystification littéraire. D'autres, en présence de tant de pièges tendus jadis à leur bonne foi par la librairie, tombent dans l'erreur contraire et suspectent de très authentiques et de très instructives confidences. Ainsi Buchez a déclaré apocryphe l'*Appel à l'impartiale postérité de la citoyenne Roland*, et l'érudit et regretté M. Vatel contestait récemment l'authenticité des mémoires de Brissot. D'autres attribuent la même valeur à la déposition sérieuse d'un contemporain bien placé pour voir et au roman satirique d'un pamphlétaire passionné. C'est l'erreur la plus commune de Louis Blanc et de Michelet, et que celui qui a toujours évité cette méprise leur jette le premier blâme. Je ne la rappelle que pour montrer à quel point, dans cette partie de l'histoire, on est obligé de se faire sa bibliographie à soi-même, et, si c'est une chose faisable pour une recherche spéciale, comment attendre d'un homme, pour l'ensemble de l'époque, l'effort que demanderait un travail si long et si compliqué ?

Il faudra d'abord que des bibliographies partielles soient essayées ; ceux qui viendront après nous tenteront la synthèse

Et certes, ce ne sont pas les mémoires qui donneront le plus de peine aux bibliographes futurs. Qui nous orientera sûrement, en l'absence d'un journal officiel, parmi les innombrables gazettes quotidiennes ou hebdomadaires, dont les plus inconnues, les plus insignifiantes en apparence, ont parfois, aux époques de peur, comme au 31 mai et au 9 thermidor, une hardiesse à renseigner leurs lecteurs qui leur vient du sentiment même de leur obscurité ? Encore a-t-on là des listes, les livres de Deschiens et de Hatin, une nomenclature assez complète, quelques analyses des journaux les plus connus. Mais voici un mode de publication qui, avant 89, tenait clandestinement la place de la presse périodique et qui, pendant la Révolution, se multiplia avec une abondance inouïe, surtout avant le 31 mai et après le 9 thermidor. Je veux parler des pamphlets, des pièces in-8 d'une feuille ou deux, presque toujours anonymes, qui se vendaient dans la rue pour le même prix qu'un numéro du *Journal des Débats et des Décrets* ou du *Moniteur universel*, petits cahiers mal imprimés sur un papier repoussant à l'œil et au doigt, mais plus libres, plus sûrs de l'impunité que les gazettes, souvent importants pour l'histoire. Tel factum de l'abbé Jallet, paru en juin 1789, sous un titre à demi fantaisiste, rectifie ce qu'on savait sur les délibérations de l'ordre du clergé avant sa fusion avec le tiers état. De même, en l'an III, tel libelle de ce Laurent le Cointre, si pauvre d'esprit et si riche de souvenirs, éclaire d'une lumière nouvelle l'histoire intérieure de la Convention. C'est par milliers que ces pamphlets poussèrent sur les pavés de la rue, non seulement à Paris, mais à Lyon, à Marseille, à Bordeaux, à Nantes, dans toutes les grandes villes de France. On y surprend, plus d'une fois, la véritable opinion publique, les impressions de la foule qui en formait les grands courants, petites gens, demi-lettrés, habitués des tribunes des clubs, de l'Assemblée, ou encore de ces séances de districts, puis de sections, où s'élaborait la politique de Paris. Plus d'un qui n'aurait osé ou pu écrire dans une gazette profitait de la facilité du pamphlet non signé, et, pour un louis ou deux, voyait ses idées ou ses révélations imprimées vives et lancées dans la rue. Le catalogue de la Bibliothèque nationale indique un grand nombre de ces pièces, parfois fastidieuses, mais souvent intéressantes, où se retrouve le ton de la conversation familière de l'époque, et, tout autant que dans ces rapports de police trop vantés, une vive image de la vie dans la rue, au café, au club. Littérairement, c'est un fatras ; mais qui aura le courage de s'y engager ne regrettera pas son temps et sa peine. Je n'ai pu, pour ma part, parcourir qu'une faible partie de ces brochures; mais, je le vois, l'homme jeune et de loisir qui voudra faire un triage dans ces documents négligés comme des balayures, y trouvera des perles et de l'or pur, c'est-à-dire des détails sur le peuple anonyme qui fut vrai héros de la Révolution.

Vous voyez, Messieurs, combien sont étendues les régions inexplorées de cette période de l'histoire de France. Et encore n'ai-je tracé qu'une partie de ce qu'on pourrait appeler le tableau de notre ignorance.

C'en est assez néanmoins pour montrer que tout n'est pas trouvé sur le sujet qui nous occupe et, à plus forte raison, que tout n'est pas dit. Ce qui est le mieux connu, ce qui a été traité de la manière la plus brillante, et à la Sorbonne même, c'est l'histoire des théories, c'est la philosophie de la Révolution. Sans doute, de nouveaux documents suggéreront des aperçus nouveaux sur l'inspiration politique et religieuse de différents partis, girondins, jacobins, hébertistes. D'autre part, si on esquisse une nouvelle revue des jugements d'ensemble dont la Révolution fut l'objet depuis Mme de Staël jusqu'à Edgar Quinet, il faudra faire une place plus importante à l'étonnante et suggestive explication qu'essaya jadis Auguste Comte et qui a eu ce grand mérite, à nos yeux, de provoquer chez quelques-uns de ses disciples d'érudites et heureuses recherches confirmatives. Mais il reste à considérer la Révolution sous d'autres faces : malgré de brillants essais en France et en Allemagne, l'histoire économique en est encore à faire ; les éléments de ce travail sont dispersés dans les archives régionales et locales : rien que le tableau de la vente et des vicissitudes des biens nationaux dans un seul département français serait d'un grand prix pour cette partie de notre histoire nationale. Dans un autre ordre d'idées, j'ose dire que l'histoire artistique et l'histoire littéraire de la Révolution n'existent pas encore, quoiqu'on en ait écrit des chapitres. Même ces chapitres sont incomplets ; ainsi, il y a trois ou quatre histoires du théâtre à cette époque : la plus étendue ne décrit qu'une collection, qu'une bibliothèque, moins de la centième partie des drames que fit éclore la liberté politique. Dans ce chapitre, prenons, si vous voulez, un paragraphe particulier, celui qui se rapporte aux innombrables essais tentés alors dans presque toutes les villes de France pour fonder une comédie aristophanesque ; là-dessus on a beaucoup écrit, et on s'est borné à quelques analyses : aucun tableau d'ensemble de ce mouvement si curieux n'a encore été présenté. Ce n'est pas tout : quelle a été l'influence de la Révolution sur les lettres, non seulement l'influence indirecte qui, par l'émancipation de l'individu, a rendu possible la réforme romantique, mais aussi l'influence directe et de l'heure même ? Comment se démêlent et s'expliquent ces deux tendances opposées qui se rencontrent à la fois dans les innombrables productions du génie français après 1789 et avant Bonaparte ? Ici, c'est l'esprit nouveau qui revêt la formule antique et classique ; là, c'est l'esprit ancien qui s'habille à une mode nouvelle et hardie. Pas de calme ni d'harmonie ; presque pas de chefs-d'œuvre. Mais, pour ne parler que des écrits, quelle variété d'intentions et d'expressions dans le journal, dans le roman populaire, dans cette littérature légère et impossible à classer, dont l'abondance décourage les esprits trop délicats, mais qui porte en elle, jusque dans ses incorrections et dans son fatras, les germes du romantisme ! La tribune le prépare aussi : Vergniaud annonce Chateaubriand, et Isnard, moitié grotesque, moitié sublime, fait pressentir la prose poétique. Certes, cette époque d'action et de foi ignorait nos tristesses pessimistes; et pourtant dans la mélancolie maladive, dans les défaillances du bon sens de Marat et dans quelques discours de Buzot, je vois apparaître le dégoût de la vie, l'amour de la mort, les sentiments désolés qui recevront plus tard leur expression littéraire. Tout notre siècle, sous toutes ses formes, est en germe dans la Révolution française.

J'espère avoir montré qu'une matière immense, inépuisable, s'offre à nos études, et le temps la renouvellera encore. Les forces et la vie d'un homme ne suffiraient pas à aborder toutes les recherches, à tenter tous les problèmes que propose encore, malgré tant de travaux célèbres, l'histoire de la Révolution. Notre ambition d'historien, si ce mot n'est pas lui-même trop ambitieux, se bornera à quelques contributions précises sur des points particuliers. Notre ambition de professeur sera, en produisant les documents, en les rapprochant pour les commenter, en faisant voir qu'il est possible d'appliquer à cette période récente la même méthode critique qu'aux périodes plus anciennes et déjà classiques, de signaler aux étudiants et aux curieux une voie à suivre, de décider peut-être des vocations, d'encourager le travail désintéressé. Si le professeur indique comment il étudie lui-même, comment il apprend, où sont les instruments et les sources, quel parti on en peut tirer, ce sera le véritable enseignement, la féconde influence, surtout lorsqu'il s'agit de faits déjà légendaires et dans l'observation desquels le scrupule d'exactitude est d'autant plus nécessaire qu'ils nous passionnent davantage.

III

C'est le moment de dire, si vous le permettez, comment notre enseignement sera organisé.

Nous ferons, par semaine, une leçon publique et deux conférences, dont l'une, réservée aux élèves de la Faculté, sera consacré à des exercices pratiques sur l'histoire de la Révolution. Dans l'autre, nous analyserons et expliquerons des documents contemporains de l'époque révolutionnaire. J'ai le projet de commenter d'abord un des journaux les plus importants pour l'histoire de l'Assemblée constituante, *les Révolutions de France et de Brabant* de Camille Desmoulins. Au point de vue littéraire, cet éloquent pamphlet hebdomadaire mérite une place à côté de la Satire Ménippée, des *Provinciales* de Pascal et des libelles polémiques de Voltaire. Au point de vue historique, les assertions d'un homme si mêlé aux choses, et qui fut tour à tour l'intime ami des politiques dirigeants, appellent toute notre attention. Mais Camille mit sa plume attique au service d'une imagination sans frein, d'une passion prompte à croire et à inventer. L'objet de notre commentaire sera de démêler, sous le charme de ce style si français, la vérité d'avec le roman, et de contrôler les dires du pamphlétaire à l'aide d'autres textes contemporains. Ces études nous feront entrer de plain pied dans la familiarité même de l'histoire révolutionnaire; je n'y convie pas seulement les étudiants de la Faculté, mais aussi les personnes studieuses à qui il plairait de les suivre.

Quant à la leçon publique, elle aura pour objet, cette année, un examen critique des histoires générales de la Révolution française qui ont paru, en France seulement, pendant la première moitié de notre siècle. On voudrait montrer comment est née l'histoire de la Révolution, par quels lents progrès, par quels accroissements successifs elle a pris peu à peu une forme grandiose et monumentale, quoique fort éloignée encore de la forme définitive. Le livre de Thiers sera comme le point central de notre étude; ç'a été longtemps le récit le plus populaire, c'est encore aujourd'hui le seul ouvrage sérieux et développé qui embrasse toute la période contenue entre le 5 mai 1789 et le 18 brumaire an VIII. En effet, Michelet s'arrête à la journée du 9 thermidor, et le résumé des dernières années du xviiie siècle qu'il donna plus tard ne peut être considéré, ni pour la forme ni pour la méthode, comme une suite de son histoire. Louis Blanc ne va pas au delà de la dernière séance de la Convention nationale. Il n'y a donc que M. Thiers qui, parmi nos écrivains illustres, ait tracé un tableau complet de toute cette époque: et si, dans cette sorte de trilogie célèbre, son œuvre n'est pas la plus forte, c'est à coup sûr celle qui mérite le mieux, sous le rapport de la composition, le titre d'histoire générale de la Révolution française.

Publiée en quatre années, de 1823 à 1827, en pleine lutte, au milieu des distractions les plus fortes que pût avoir un jeune politicien, cette histoire n'est pas une œuvre de recherche personnelle et de patiente érudition. Si grand que soit le talent de l'auteur, on ne peut s'expliquer la rapidité avec laquelle il fit son livre qu'en examinant les écrivains qui l'ont précédé. Je crois que cet examen sera chose nouvelle. M. Thiers a si bien dit : « Je viens le premier, avant moi il n'y avait rien », qu'on l'a cru sur parole, et que les premiers historiens sont restés dans l'ombre où il les avait relégués.

Messieurs, on commença à raconter l'histoire de la Révolution au moment même où elle se faisait. A chaque grande journée, une illusion bien naturelle faisait croire aux contemporains que l'œuvre politique et sociale était achevée ; comme à la fin d'une dernière étape, ils se retournaient pour contempler le chemin parcouru. De là ces premiers récits, dont vous devinez l'inexactitude et la passion ; ils furent tout d'abord rédigés à titre d'introductions rétrospectives à des journaux créés après le début des événements. Ces introductions sont la première forme, grossière et vague, de l'histoire de la Révolution : l'une nous mène jusqu'à la prise de la Bastille, l'autre jusqu'au lendemain des journées d'octobre 1789, une troisième jusqu'au printemps de 1790. Au mois d'avril de la même année, un libraire tente, sur ces modèles, un récit circonstancié, analogue aux *Années politiques* que nous voyons aujourd'hui; cette compilation anonyme, qui fut interrompue pendant la Terreur, et reprise de l'an V à l'an XI, par d'autres écrivains, est l'*Histoire de la Révolution par deux amis de la liberté*, source fort mêlée où on va bientôt puiser sans scrupule. La première histoire contemporaine digne de ce nom, nous la devons, chose curieuse, à un almanach, l'*Almanach historique de la Révolution française pour l'année 1792*, par Rabaut Saint-Étienne; c'est un précis grave et éloquent qui servira de modèle à Mignet. En 1793, ces premières ébauches d'histoire s'interrompent ou se dissimulent sous des costumes étranges; il n'en paraît alors que deux, dont l'un est un poème épique en dix chants par le journaliste Pagès; l'autre est un résumé en langue latine imprimé à Strasbourg et où les faits contemporains reçoivent la formule scolastique du moyen âge. Ces livres sont antérieurs au 31 mai; après cette journée, la liberté de la presse est suspendue en fait, les chroniqueurs se taisent et attendent la chute de Robespierre. Le 9 thermidor amène une abondante éclosion d'essais historiques. On sent qu'on entre dans un ère nouvelle, on croit que la monarchie va renaître, et on a hâte de raconter la période tragique dont on sort, comme en février 1871 on avait hâte d'imprimer des relations du siège de Paris. En 1796, Fantin Désodoards publie son *Histoire philosophique*, où il y a des inexactitudes grossières, de la déclamation, toute la passion des survivants de la Gironde, mais dont le cadre assez heureux satisfit et intéressa les contemporains, encore tout émus de ce passé d'hier. Dans ce cadre, le citoyen Pagès, ci-devant poète épique, glissa sans scrupule son amusante et superficielle *Histoire secrète*, qui parut l'année suivante. Ces histoires, et d'autres plus abrégées, sont inspirées par l'esprit thermidorien et écrites selon l'antique méthode classique, dans une intention morale, en style noble et soutenu, sans citations, sans pièces justificatives, presque sans faits précis. Elles passionnèrent néanmoins leurs premiers lecteurs et servirent quelque temps de modèles qu'on ne citait pas, mais qu'on avait sous les yeux. Après le 18 brumaire, sous le Consulat, comme il restait encore une sorte de liberté, quatre essais fort sérieux furent tentés ; quatre publications de longue haleine commencèrent dans la même année 1801. Ce fut d'abord le *Précis* en six volumes de Lacretelle, qu'il développa vingt ans plus tard en histoire détaillée, et dont la clarté élégante devait plus d'une fois inspirer M. Thiers. Un choix de légendes contre-révolutionnaires, auxquelles il est de bon ton de croire, a été fixé dans ces petits volumes de poche, vingt fois réimprimés, et qui ont été longtemps, en matière d'histoire de la Révolution, le bréviaire de l'honnête homme. Voici maintenant les *Essais historiques sur la Révolution de France* de Beaulieu et l'*Histoire de France depuis la Révolution de 1789* par Toulongeon, livres auxquels M. Thiers doit tant pour l'histoire intérieure et pour l'histoire militaire. Voici enfin l'*Histoire de la Révolution de France* par Bertrand de Moleville, œuvre de parti, œuvre de rancune, mais où ne manquent ni le savoir appuyé sur des textes, ni l'art de la narration.

Le silence se fit ensuite jusqu'en 1815. Car on ne peut tenir compte des fastidieuses annales qu'avant de mourir Anquetil mena jusqu'au 21 janvier 1793, et dont plus tard il parut de médiocres et fort nombreuses continuations. Cette histoire morte est tolérée par l'Empire ; mais si, en 1810, l'ex-conventionnel Paganel veut publier sur la Révolution dés anecdotes inoffensives, mais vives et personnelles, la censure saisit et détruit son livre à peine imprimé. La Restauration vit paraître une foule de mémoires, qui renouvelèrent une première fois nos études, mais presque aucune histoire générale ne précéda immédiatement celle de M. Thiers, dont les derniers volumes ont pu, néanmoins, profiter des *Esquisses* de Dulaure. M. Thiers fit une synthèse heureuse des travaux précédents, qu'il ne mentionne guère. Ce qui est nouveau dans ce vaste récit, c'est la composition large et bien ordonnée, c'est l'intérêt sans cesse progressant, c'est la clarté du style, clarté merveilleuse et géniale. Mais l'auteur s'est borné à accommoder, à son point de vue libéral, les histoires royalistes qui avaient paru avant la sienne ; il en a accepté le fond, et, sans faire une critique nouvelle des documents, il s'est borné à exposer avec bonne humeur les faits que Lacretelle et les autres exposaient avec tristesse. On l'a dit fataliste ; on lui a prêté aussi une philosophie toute positive; on a rapporté à un dessein médité cet éternel *væ victis* qu'il profère tour à tour contre les girondins, contre Danton, contre Robespierre. M. Thiers n'avait ni le temps ni le goût d'aller au fond des choses ; il compilait avec génie et ordonnait les faits en orateur. Quoiqu'il se vante d'avoir indiqué le premier le prix du sucre et de la chandelle pendant la Terreur, il est plus préoccupé encore de la dignité de l'histoire et de la noblesse du style que de la vérité des faits, et, pour n'en citer qu'un exemple, il lui arrive de récrire en beau français, selon la rhétorique classique, les discours des contemporains que son récit l'amène à produire. On l'a appelé l'historien fantaisiste; il serait plutôt l'historien hâtif et sans scrupule. Faute de soin et de patience, il a consacré à son tour une partie de la légende qu'il voulait détruire et prêté à des erreurs l'éclat de sa plume. En tout cas, nous tâcherons de surprendre les secrets de sa composition, de retrouver ses sources préférées, qui sont peu nombreuses et auxquelles il ne puise pas toujours directement, et de déterminer quel progrès marque en somme cette œuvre si célèbre où, sur une question au moins, celle des finances révolutionnaires, l'auteur se montre original et instruit son siècle.

Après 1830, le goût vint d'appliquer à la Révolution la méthode indiquée par Augustin Thierry et par Guizot pour les autres époques. On commença à ne plus concevoir cette histoire comme un poème épique avec ses épisodes, son merveilleux, ses discours fictifs, son style fait de nobles généralités. Une œuvre gigantesque, sans proportion, sans plan, sans style, vint offrir à la nouvelle école un amas de documents, la réimpression d'une partie du *Moniteur*, des articles de journaux, des pamphlets, et jusqu'à des mémoires dans leur texte intégral : je veux parler de l'*Histoire parlementaire* de MM. Buchez et Roux, dont l'exactitude de narration est parfois altérée par un mysticisme néo-catholique et une dévotion à Robespierre pontife de l'Être suprême, mais qui, si on la considère comme un recueil de textes, marque une phase dans les études révolutionnaires. Au même instant paraissait une histoire nouvelle par le professeur Tissot, beau-frère de l'infortuné Goujon, et qui avait conservé la tradition républicaine des vaincus de prairial. Cette œuvre grave et forte, trop oubliée aujourd'hui, est conçue selon une méthode assez solide, et, si l'auteur évite encore les références au bas des pages et l'indication des sources, on sent qu'il ne compose presque jamais de seconde main. Les volumineuses histoires de M. de Conny et de M. Gabourd ne sont que des pamphlets royalistes. Quant aux *Girondins* de Lamartine, ils sortent de notre sujet : c'est un roman, un éloquent roman, qui eut son heure, mais où il n'y a guère plus de souci de la réalité que dans ceux d'Alexandre Dumas. Enfin parurent simultanément, à partir de 1847, les histoires de Michelet et de Louis Blanc, dont la philosophie a été plus souvent jugée que la méthode même, sur laquelle portera notre critique.

Michelet ne cite presque jamais ses sources, quoi-qu'il ne les perde pas de vue. Pas une phrase de lui, même lyrique, qui ne repose sur un document, dont son éloquence transfigure aussitôt le texte, sans en altérer le véritable sens. Mais ces documents sont de valeur inégale, et le grand écrivain a tenu pour vrai chaque témoignage contemporain où il voyait la con-firmation de ses vues et l'agrément de la fantaisie. Que de chimères lui a inspirées cette confiance sym-pathique pour tout manuscrit, pour tout imprimé où il retrouvait comme l'odeur de la Révolution ! Ce sont parfois des fables innocentes ; ce sont aussi des erreurs sur des faits graves, et plus d'une page ado-rable est à rayer dans cette bible de nos jeunes années. Quel dommage que l'érudition ne puisse admettre, les yeux fermés, tous les détails de ce beau poème, où il y a pourtant un savoir immense et en partie nouveau ! Chef de la section histo-rique aux archives, Michelet mit en œuvre avec un art infini, pour quelques parties de son livre, les documents inédits sur lesquels il fut un des pre-miers à attirer l'attention des travailleurs. Nombre de points contestables ne doivent pas faire oublier tant de nouveautés solides, par exemple, sur la Com-mune du 10 août, sur les sections de Paris, sur le 9 thermidor. Mais, comme il n'indique pas toujours où il puise, la défiance dont je parlais s'impose à celui qui consulte son histoire, et cette défiance n'est pas incompatible avec la plus sincère admiration de ce grand esprit : il a vu juste dans le cœur du peuple, du peuple de 93 comme de celui de 89 (et n'est-ce pas le même peuple ?) ; il a compris que la Révolution était une œuvre d'amour encore plus qu'une œuvre de haine : il a puissamment retracé le rêve de fraternité que fit alors la France ; il a ressenti pour son compte et nous a fait ressentir avec lui, dans ses belles *résurrections* historiques, l'enthousiasme pur de nos pères ; on peut dire qu'en cet historien a vibré l'âme de la nation. Il est à plaindre, le jeune homme qui, lisant ces pages frémissantes, ne formera pas le vœu de vivre pour une cause généreuse ! On voudrait que le livre de Michelet fît partie de la conscience morale de tout étudiant français.

Louis Blanc n'a pas cette influence, bien qu'il l'ait recherchée aussi. Il moralise, mais il ne touche pas ; ne lui demandez pas la passion contagieuse, le lyrisme qui sort de l'âme. C'est un écrivain studieux qui compose un sage panégyrique de la vertu selon les règles de la saine rhétorique. Il n'a pas de génie. Mais d'ordinaire il est exact, et toujours il cite ses sources, qui sont d'inégale valeur, d'un choix étroit ; exilé, il n'avait sous la main, pour ses derniers volumes, que des collections restreintes. Le premier, il a donné l'exemple de composer son récit de citations juxtaposées, qui forment une mosaïque, et, quand il n'intervient pas pour de vertueuses et pieuses objurgations, il laisse parler ses auteurs. Son récit est complet, sagement conduit, intéressant. Sauf quand son culte pour la religion rêvée par Robespierre l'entraîne à des sophismes contre Danton, ses jugements sont impartiaux et mesurés. Il manque de profondeur, d'originalité, et il me semble que son style est parfois de qualité commune. Mais sa sincérité et son abondance le recommandent aux personnes qui veulent aborder l'étude de la Révolution : il n'y a pas encore de guide mieux muni et plus sûr.

Nous parlerons aussi de Villiaumé qui, en 1850, ouvrit des sources nouvelles aux biographes de Marat et de Danton, mais dont l'histoire n'est exempte ni d'erreurs ni d'oublis. C'est vraiment à Michelet, à Louis Blanc, qu'il faut rapporter l'honneur de ce grand mouvement d'érudition révolutionnaire qui a marqué ces dernières années, de ce sage renoncement à l'entreprise d'une nouvelle histoire générale, de cette féconde division de recherches dans l'imprimé et dans l'inédit, qui a déjà produit tant de beaux travaux.

En résumé, parmi les nombreuses histoires générales de la Révolution qui ont paru dans la première moitié du siècle, nous choisirons les plus originales et nous tâcherons d'en déterminer la valeur scientifique en les comparant aux sources, en montrant jusqu'à quel point les opinions politiques et religieuses de chaque historien ont influé sur sa méthode. Nous voudrions commencer ainsi le triage si difficile de la vérité et de la légende, qui est le principal but de nos études.

Messieurs, je vous demande pardon de n'avoir pas su exposer plus brièvement ces considérations générales, que la nouveauté des choses rendait nécessaires.

J'ai voulu montrer quel intérêt spécial s'attache à l'histoire de la Révolution, dans quel esprit ce cours sera conçu, quelle impartialité et quelle méthode vous trouverez dans nos leçons, enfin quel en sera l'objet cette année. La prochaine fois, j'aborderai, sans autre préambule, la réalité des faits et des textes. Puissé-je mériter votre assiduité sympathique, cette collaboration de l'auditoire qui est la force et la vie d'un enseignement !

J'ai été chargé du cours d'histoire de la Révolution française à la Faculté des lettres de Paris par arrêté ministériel du 9 février 1886.

Par décret du 23 mars 1891, ce cours a été érigé en chaire ; par décret en date du même jour, j'ai été nommé titulaire de cette nouvelle chaire.

Voici les sujets que j'ai traités dans mes leçons publiques :

1885-1886. *Examen critique des premiers historiens de la Révolution.*

1886-1887. *Histoire du pouvoir exécutif en France, du 10 août 1792 jusqu'au vote de la constitution de 1793.*

1887-1888 : *La correspondance des représentants en mission jusqu'en juillet 1793.*

1888-1889 : *L'Assemblée constituante.*

1889-1890 : *Le Comité du Salut public, d'avril à novembre 1793.*

1890-1891 : *Le Comité du Salut public, de novembre 1793 au 9 thermidor.*

1891-1892 : *La réaction thermidorienne.*

1892-1893 : *Vie et politique de Danton.*

Dans mes conférences d'exercices pratiques et d'explication de documents, j'ai principalement étudié les sources de l'histoire de la Constituante, la diplomatie de la Révolution, l'histoire des institutions, quelques parties de la correspondance de Napoléon Ier et les mémoires de Thibaudeau.

Enfin je crois pouvoir rattacher aux travaux de mon enseignement à la Sorbonne les publications suivantes :

1° *Recueil des actes du Comité du Salut public avec la correspondance officielle des représentants en mission et le registre du Conseil exécutif provisoire*, dans la collection de documents inédits sur l'histoire de France publiée par les soins du ministre de l'instruction publique (5 volumes ont paru).

2° *La Société des Jacobins, recueil de documents pour l'histoire du Club des Jacobins de Paris*, dans la collection publiée par la ville de Paris (4 volumes ont paru).

3° *La Révolution française, revue mensuelle d'histoire moderne et contemporaine*, dirigée par F.-A Aulard et publiée par la Société de l'histoire de la Révolution.

II

LE PROGRAMME ROYAL AUX ÉLECTIONS DE 1789

A entendre nos pédants actuels, c'est la faute des philosophes, des démagogues, des faiseurs de systèmes *à priori*, si la France entra, en 1789, dans les voies violentes, si, négligeant l'*expérience* pour la *raison* et folle des chimères du *Contrat social*, elle ruina de fond en comble le vieil édifice politique et tua, pour essayer une utopie, les hommes et les choses du passé. Un roi bon et libéral lui offrait des réformes pratiques, une transition douce, une évolution lente et, par cela même, conforme à la nature ; mais la France avait lu tant de mauvais livres qu'elle repoussa, avec un dédain fanfaron, ces sûrs et sages présents de son guide antique, et courut après une ombre scolastique, qui la mena aux abîmes. Voilà ce que disent nos pédants (ici on ne saurait plus joliment dire) à propos des vœux « radicaux » des cahiers de 1789 et de l'attitude révolutionnaire des Etats généraux à leur premier contact avec la royauté. Voici maintenant ce qu'enseignent, sur la conduite de la royauté à l'égard de la nation, les textes publics où la royauté consigna officiellement pour l'histoire les premières pièces de son propre procès.

Quand le roi se décida, en 1788, à convoquer les États généraux, il fit connaître son programme à la nation.

Ce programme, c'est le *Rapport fait au roi dans son conseil par le ministre de ses finances le* 27 *décembre* 1788, rapport dont Louis XVI adopta solennellement, publiquement « les vues et les principes ».

Dans ce programme, il y a deux choses : un règlement électoral et une promesse d'institutions légales.

Par sa nouveauté, par sa largeur, par un mélange étonnant de formes surannées et d'idées démocratiques, ce règlement mérite une étude à part, que nous tenterons peut-être. Disons seulement qu'en traitant du mode électoral, Necker aborde et résout une question politique : celle du doublement du tiers état.

Oui, malgré l'opinion de l'Assemblée des notables, le tiers comptera autant de représentants que les ordres réunis.

Mais à quoi bon ce doublement si, aux États généraux, on ne vote par tête?

Avec d'infinies restrictions et circonlocutions, Necker avoue cette conséquence logique. C'est en prévision du vote par tête que l'opinion désire ce doublement, et c'est en prévision du vote par tête que la cour le lui accorde. Mais il faut citer et peser les expressions mêmes du *Rapport* :

« On peut supposer contre la vraisemblance, dit Necker approuvé par Louis XVI, que, les trois ordres venant à faire usage réciproquement de leurs droits d'opposition, il y eût une telle inaction dans les délibérations des États généraux, que, d'un commun accord et sollicités par l'intérêt public, ils désirassent les délibérations en commun, fût-ce en obtenant du souverain que leur vœu pour toute innovation exigeât une supériorité quelconque de suffrages. Une telle disposition ou toute autre du même genre, quoique nécessitée par le bien de l'État, serait peut-être inadmissible et sans effet, si les représentants des communes ne composaient pas la moitié de la représentation nationale. »

Cependant Necker craint que cette hardiesse, si enveloppée qu'elle soit, ne coalise contre sa cause toutes les forces rétrogrades des privilégiés, et, dans sa conclusion, il proteste en quelque sorte contre l'imputation de *forcer* ce vote par tête, qu'il prépare cependant, et que la royauté propose, se croyant habile, à l'ambition du tiers état.

Dégageons maintenant des formules oratoires et de cour le programme politique dont Louis XVI adopta *les vues et les principes*. Sans violenter en rien le texte, je résume ainsi, en style de notre temps, les principaux articles de ce programme :

1° *Droit restitué à la nation de consentir l'impôt.*

2° *Périodicité des États fixés par les États eux-mêmes.*

« Vous l'avez dit, Sire, aux ministres qui sont

honorés de votre confiance : vous voulez assurer le retour successif des États généraux en les consultant sur l'intervalle qu'il faudrait mettre entre les époques de leur convocation et en écoutant favorablement les représentations qui vous seront faites pour donner à ces dispositions une stabilité durable. »

3° Établissement d'un budget de dépenses et fin de l'arbitraire ministériel en matière des dépenses.

4° Fixité de la liste civile. — « Dans le nombre des dépenses dont vous assurerez la fixité, vous ne voulez pas même, Sire, distinguer celles qui tiennent plus particulièrement à votre personne. »

5° Question des lettres de cachet soumises aux États.

6° Question de la liberté de la presse soumise aux États.

7° États provinciaux. — « Vous avez encore, Sire, le grand projet de donner des États provinciaux au sein des États généraux, et de former un lien durable entre l'administration particulière de chaque province et la législation générale. Les députés de chaque partie du royaume concerteront le plan le plus convenable, et Votre Majesté est disposée à y donner son assentiment, si elle le trouve combiné d'une manière sage et propre à faire le bien sans discorde et sans embarras. » C'est l'idée même d'où sortira la division de la France en départements.

8° Simplification des rouages administratifs.

9° Égalité de tous devant l'impôt, avec quelques restrictions insignifiantes en faveur des nobles qui cultivent eux-mêmes leurs terres. Le clergé et la noblesse n'auraient plus que des privilèges honorifiques.

Tel est le programme que la royauté proposait à la France en vue des élections aux États généraux.

Ce n'était pas une simple réforme, c'était une révolution que la royauté s'engageait à faire ou à laisser faire.

Mais Louis XVI avait-il conscience de la portée des desseins que son ministre lui faisait approuver? Oui, puisque Necker lui avait indiqué (en style de cour, mais nettement) les conséquences révolutionnaires de ce programme. Il s'agissait, d'après lui, de supprimer l'arbitraire royal tout comme l'arbitraire ministériel, de remplacer le bon plaisir par la loi. C'est son pouvoir absolu qu'il engageait Louis XVI à abdiquer : « Il faut en convenir, disait-il avec une éloquence ingénieuse, la satisfaction attachée à un pouvoir sans limites est toute d'imagination. Car, si le souverain ne doit se proposer que le plus grand avantage de l'État et la plus grande félicité de ses sujets, le sacrifice de quelques-unes de ses prérogatives pour atteindre à ce double but est certainement le plus bel usage de sa puissance, et c'est même le seul qui ne soit pas susceptible de partage, puisqu'il ne peut émaner que de son propre cœur et de sa vertu, tandis que les abus et la plupart des exercices journaliers de l'autorité dérivent le plus souvent de l'ascendant des ministres. Ce sont eux qui, se trouvant presque nuls au milieu d'un ordre constant et invariable, voudraient que tout fût conduit par les volontés instantanées du souverain, bien sûrs d'avoir ainsi une influence proportionnée à la multitude d'intérêts particuliers qui aboutissent à eux et à la variété des ressorts qu'ils font agir. »

C'était bien le « régime parlementaire » que Necker faisait accepter à Louis XVI.

« Votre Majesté, disait-il encore, ne fait qu'ajouter à ses vues bienfaisantes des lumières qui ne sont jamais incertaines lorsqu'elles viennent du résultat des vœux d'une Assemblée nationale bien ordonnée. Alors Votre Majesté ne sera plus agitée entre les divers systèmes de ses ministres; elle ne sera plus exposée à revêtir de son autorité une multitude de dispositions dont il est impossible de prévoir toutes les conséquences ; elle ne sera plus entraînée à soutenir les actes de cette même autorité longtemps encore après le moment où elle commence à douter de la perfection des conseils qui lui ont été donnés... »

Louis XVI céda ou feignit de céder à cette objuration, et le *Résultat du Conseil d'État du Roi tenu à Versailles le 27 décembre 1788* fit savoir à la France que Sa Majesté « avait adopté ces principes et ces vues ».

Et qu'on ne dise pas que Louis XVI n'avait peut-être écouté ces belles phrases de Necker que d'une oreille distraite.

Un des ennemis de Necker, son collègue au ministère, le garde des sceaux Barentin, a pris soin de nous apprendre, dans un mémoire posthume, que ce

Résultat du Conseil ne fut arrêté qu'après plusieurs débats de quatre ou cinq heures chacun, après une mûre délibération, après une dernière séance où assistait la reine (qui ne dit rien, mais parut favorable à Necker), après un vote en règle, dont il nous donne le détail ; MM. de Barentin et de Villedeuil votèrent seuls *non* ; MM. de Nivernois et de Puységur, d'abord hostiles, ne votèrent ni oui ni non ; le roi, MM. Necker, de Fourqueux, de Montmorin, de la Luzerne et de Saint-Priest votèrent *oui*.

C'est le roi, on le voit, dont le vote entraîna la majorité. Ce programme, où les bases essentielles de la liberté étaient promises, ne fut donc pas seulement celui d'un ministre qui passe et que l'on désavoue : ce fut autant le programme de Louis XVI que celui de Necker ; ce fut, officiellement et solennellement, le programme de la royauté pour les élections de 1789.

Toute la France l'accepta comme tel, et l'accepta avec enthousiasme, gratitude et confiance. Il se produisit, dans tout le royaume, un élan d'amour vers Louis XVI, et, dans les profondes masses de population que les opérations électorales mirent en mouvement, il n'y eut pas place pour l'idée que la parole royale pût être mensongère ou simplement équivoque. Le tiers état crut qu'en se levant, comme il le fit, contre les privilèges, le despotisme et toute la féodalité, il marchait d'accord avec son roi, il obéissait à son roi.

On peut dire que les élections se firent sur le programme royal et le ratifièrent en le précisant. Les cahiers des paroisses comme ceux des bailliages s'accordèrent pour reproduire en style simple et vrai les paroles ingénieuses et fardées du *Rapport*.

Rappelons d'abord qu'on a trop de gratitude envers Louis XVI, ce roi qui aspire à devenir citoyen ; on croit trop en l'antique royauté, que l'on s'imagine vivante encore et transformable, pour émettre aucune vue républicaine. C'est sans le savoir qu'en réclamant la liberté, les cahiers préparent la République : leurs auteurs n'ont d'autre intention que de changer le despotisme en monarchie.

Avec fermeté, mais d'un ton respectueux, le tiers demande que l'impôt soit désormais consenti par la nation, et également réparti entre tous les Français.

Il veut la périodicité des États généraux, comme le roi l'a promise.

Il veut des assemblées provinciales, autrement élues et avec un autre ressort, comme le roi l'a offert.

Il veut des libertés municipales. Le roi n'est-il pas, dans l'ancien droit, le protecteur naturel des communautés d'habitants ?

Il veut l'égalité dans l'impôt, l'égalité pour l'accessibilité aux emplois, l'égalité pour le vote par tête, comme le roi l'avait promis ou indiqué. Mais il est timide et respectueux pour les privilégiés, auxquels il ne conteste pas leurs honneurs.

Dans les questions religieuses, s'il ne touche pas au dogme, auquel sa conscience est pliée pour longtemps, il agite librement les questions de discipline.

comme le clergé l'y convie tout le premier. Mais il veut que l'instruction soit répandue, et, sur ce point, chez les paysans les plus incultes, il y a d'éloquents et touchants appels à la lumière.

Tous se montrent unanimes sur un point essentiel, qui sera la base même de la Révolution : à savoir, ils réclament, à la place du bon plaisir, l'avènement de la loi. Louis XVI a promis à Necker de renoncer à son despotisme, de donner des institutions à la France. La France prend acte de cette promesse et la formule en principe avec un formidable accord.

Et comment réaliser cette révolution ? Les électeurs ne le savent pas. Ils ignorent, ils ne peuvent prévoir comment se fera ce passage du despotisme à la loi. Mais ils ont confiance dans le roi, qui a promis et qui saura faire. Ils croient, avec une foi naïve et religieuse, que la royauté ne faillira pas à sa mission.

Voilà quel fut l'esprit des cahiers de 1789, voilà quel fut le sens de la réponse de la France au roi, dans cet immense mouvement électoral où s'exerça librement un suffrage presque universel, où les couches les plus profondes de la population furent appelées, pour la première fois, à la vie politique. La réponse fut si forte qu'elle consterna les privilégiés, et si intelligente qu'elle épouvanta la cour. On croyait le tiers état docile, inconscient et, dans ses rangs inférieurs, hébété. En évoquant de la glèbe même ces paysans courbés et muets, on avait pensé écraser de leur masse brute l'esprit de l'élite. Il se trouva que, par des canaux secrets, cet esprit, l'esprit du xviiie siècle, avait pénétré dans la masse et passé du cerveau dans tout le corps. En un instant, la France se trouva éveillée, debout et prête pour la liberté. Ses députés sont à Versailles, dans la salle des Menus, en face du roi, et les voilà qui réclament l'exécution des promesses faites.

Que va répondre le roi ? Si le premier mot qui tombera de sa bouche est un mot de liberté, quel cri d'allégresse va retentir dans toute la France ! N'y a-t-il pas à craindre que l'abdication même de son despotisme ne le rende plus roi que jamais ? Mais ne craignez rien ; voici ce premier mot :

« Messieurs, ce jour que mon cœur attendait depuis longtemps est enfin arrivé, et je me vois entouré des représentants de la nation à laquelle je me fais gloire de commander. »

Commander à la nation ! Est-ce là le ton d'un despote qui abdique ?

Que dire de la suite ? C'est une jérémiade pédante contre les novateurs. C'est l'indication fort nette que les États ne doivent guère s'occuper que de finances. C'est enfin le désaveu le plus formel du programme royal. Voici ce désaveu :

« Je connais l'autorité et la puissance d'un roi juste au milieu d'un peuple fidèle et attaché de tout temps aux principes de la monarchie. Ils ont fait la gloire et l'éclat de la France : je dois en être le soutien, et je le serai constamment.

« Mais tout ce que l'on peut attendre du plus

tendre intérêt au bonheur public, tout ce qu'on peut demander à un souverain, le premier ami de ses peuples, vous pouvez l'espérer de mes sentiments. »

En d'autres termes, après avoir convié la nation à établir le règne de la loi, Louis XVI lui disait : « Je suis né despote, je resterai despote, mais je serai un bon despote. » Il avait convié la nation à tout attendre des institutions ; il la convie à ne rien attendre que des *sentiments* d'un homme.

Le garde des sceaux Barentin prend ensuite la parole pour développer la pensée du roi.

Il fait un éloge théorique du vote par tête, mais il ajoute qu'il ne pourra s'établir que du consentement des trois ordres : c'est jeter dans les États un élément de discorde qui peut les dissoudre.

Puis Barentin parle vaguement du *plan* déjà tracé. Mais il n'a garde de le rappeler. Sa phrase courtisanesque s'évertue à masquer la perfide volte-face de la royauté. Pourtant il lui échappe une sorte de programme : 1° Égalité des trois ordres devant l'impôt (le despotisme n'a rien à y perdre) ; 2° la liberté de la presse mise en discussion devant les États (joute académique sans portée) ; 3° réforme de la législation criminelle par une commission de magistrats ; 4° exécution des règlements anciens sur l'instruction publique, avec quelques modifications de détail. — C'est une dérision !

Du moins Necker, le ministre populaire, reprendra-t-il, avouera-t-il le programme du 27 décembre 1788, ce programme dont il est l'auteur ? A l'entendre, c'est le même homme, ce sont les mêmes idées. Voilà bien sa rhétorique genevoise, son civisme un peu sentimental. C'est bien l'auteur du *Compte rendu;* Ses paroles sentent la Révolution. Mais quoi? Ses formules ont gardé leur couleur et leur son, mais elles sont vides. On dirait qu'un esprit malin, conservant tout le cadre, le contexte, les transitions et les conclusions du programme de 1788, en a enlevé la réalité même. Et c'est vraiment ce qui est arrivé : la reine et le parti de la réaction ont forcé Necker, en dernière minute, à retrancher de son discours les traits essentiels des articles du fameux programme. On l'a chambré, on lui a mis la plume à la main, on l'a mis en demeure d'effacer, non pas les vues financières qu'il a pu développer surabondamment, mais la grande promesse qu'il avait obtenue de la royauté. Ainsi mutilé, ce discours est étrange, contradictoire, inintelligible. Cette incohérence même et ces lacunes ont leur éloquence : elles disent ce qui s'est passé, ce qui se passera si la nation n'y prend garde, ce qu'il faut faire pour éviter les pièges de cour et le danger d'avorter comme en 1614. Mais pourquoi Necker a-t-il cédé? Que n'a-t-il rendu son portefeuille? Il est, dites-vous, vaniteux, avide de pouvoir. C'est possible; mais il a vu que son départ était la dissolution anticipée des États, la remise en place du despotisme pour vingt ans et ensuite une ère de guerre civile. Remercions-le d'être resté, et, si vous voulez, d'avoir été vaniteux; sans lui, la Révolution eût-elle trouvé une issue aussi honorable?

Et puis, il montre, par sa présence, la duplicité de la cour, l'hypocrisie de ce roi à deux faces, arborant à la fois deux politiques, l'une intérieure et vraie, celle du despotisme, l'autre extérieure et fausse, celle de la liberté. Oui, dans le roi qui, à la séance d'ouverture, proclame l'éternité du bon plaisir et laisse devant lui Necker flatter, en son nom, les vœux de la nation, dans ce prince débonnaire, entêté et sournois, il y a déjà le fuyard de Varennes et l'allié secret des ennemis de la France, comme dans la journée du 5 mai 1789 l'historien démêle les raisons profondes des journées du 10 août 1792 et du 21 janvier 1793.

De ce qu'on vient de lire il résultera, je l'espère, pour tout esprit non prévenu, qu'en 1789, à l'époque de la réunion des États généraux, la royauté manqua à sa mission héréditaire et ne sut ni retenir la France dans les voies anciennes ni l'engager dans les nouvelles. Mais il résulte aussi, et surtout, que le roi de France mentit à la France. Il lui avait, avec solennité, promis toute une révolution, la transformation du despotisme en monarchie parlementaire, l'avènement de la loi. La France accepta, prit cette parole au sérieux. Alors le roi abjura ses promesses, voulut rester roi absolu, et rusa contre son peuple, qu'il n'osait réduire par la force. Le peuple, docile à l'ancien prestige, crut que son roi était mal conseillé, s'obstina à le garder, à lui prêter une bonne foi, à lui refaire une autorité. Enfin, il brisa l'idole au moment d'en être écrasé, au moment où Louis XVI allait livrer la nation à l'étranger. La France voulait une révolution paisible, progressive et sûre : le roi la força à en faire une violente, brusque et hasardeuse.

Janvier 1889.

III

LE SERMENT DU JEU DE PAUME

Nous nous proposons de rappeler, d'après les documents les plus certains, comment les choses se passèrent dans cette journée immortelle. Nous ne mettrons ici presque rien de notre cru : c'est le procès-verbal officiel, c'est Bailly, le journaliste Le Hodey, ce sont les documents réunis par M. Vatel qui vont parler par notre bouche.

I

Le 17 juin 1789, le tiers état avait commencé la Révolution en se constituant *Assemblée nationale*, en dépit du roi et des ordres privilégiés, malgré la menace des canons. Aussitôt la nouvelle Assemblée avait fait acte de souveraineté en rendant des décrets, en nommant des comités, en passant silencieusement à l'ordre du jour sur une lettre du roi, qui la morigénait. La noblesse avait protesté (19 juin) et dénoncé au roi ce tiers factieux qui pensait « pouvoir s'attribuer les droits réunis du roi et des trois ordres ».

Le clergé, composé surtout des curés démocrates, avait eu une attitude bien différente. Pendant que la noblesse se raidissait pour la guerre civile, il décidait, par 141 voix contre 134, de se réunir au tiers pour vérifier les pouvoirs en commun, c'est-à-dire d'accepter la Révolution. Aussitôt la minorité, qui comprenait presque tout le haut clergé, se retira avec colère, ayant à sa tête le président de l'ordre, cardinal de la Rochefoucauld. Le soir même, le évêques « aristocrates » se réunirent dans l'église Notre-Dame de Versailles et rédigèrent une protestation contre le vote de leur ordre, qu'ils qualifièrent d'irrégulier, parce qu'il leur déplaisait. Et à dix heures du soir, le cardinal de la Rochefoucauld et l'archevêque de Paris allèrent porter cette protestation au roi, à Marly.

Depuis la mort du petit dauphin, le roi vivait à Marly, claquemuré. L'influence de la reine et de la coterie du comte d'Artois s'exerçait sur lui sans obstacle. Les princes de Condé et de Conti, qui avaient publiquement protesté contre toute réforme, avaient obtenu l'entrée au Conseil. Depuis l'acte du 17 juin, divers projets de résistance s'agitaient. Necker avait proposé une déclaration royale, puis il était parti pour Paris, où la maladie de sa belle-sœur le retint pendant les journées du 19 et du 20. Les évêques trouvèrent donc le terrain libre, puisque le premier ministre était absent, et préparé, puisque les idées de résistance triomphaient. On dit que l'archevêque de Paris se jeta aux pieds du roi et le conjura de sauver l'État et la religion, c'est-à-dire d'empêcher à tout prix la réunion du tiers état et du clergé.

Puisqu'on voulait faire une séance royale, c'était le moment et le moyen d'empêcher la réunion. Mais que dirait le roi dans cette séance? On n'en savait encore rien, et il fallait du temps pour rédiger cette déclaration royale, d'où dépendait le sort de la royauté. On résolut alors, pour interrompre et retarder la Révolution, de prendre le vieux prétexte qui avait déjà servi et réussi en 1615, le prétexte de *préparer la salle.*

Aussitôt des ordres furent donnés en conséquence.

Le 20 juin au matin, un ami d'André Chénier, le chevalier de Pange, fort amateur des séances de l'Assemblée, se présenta de très bonne heure à l'Hôtel des Menus et se vit refuser l'entrée. Étonné, il alla, dès six heures et demie, prévenir le président de l'Assemblée, Bailly, dont il était connu, et qui demeurait sur l'avenue de Paris, en face de la salle des séances.

Bailly envoya à la salle. Elle était entourée de gardes françaises, et on avait placardé sur la porte un avis ainsi conçu :

« *Etats généraux. — De par le roi. —* Le roi ayant résolu de tenir une séance royale aux Etats généraux, le 22 juin, les préparatifs à faire dans les trois salles qui servent aux assemblées des ordres exigent que ces assemblées soient suspendues jusqu'à la tenue de ladite séance. Sa Majesté fera connaître, par une nouvelle proclamation, l'heure à laquelle

elle se rendra lundi à l'Assemblée des États. »

Cette affiche avait été apposée dans la nuit.

Dès le matin, des hérauts d'armes proclamèrent dans les rues l'annonce de la séance royale.

Vers sept heures moins le quart, Bailly reçut la lettre suivante de M. de Dreux-Brézé :

« Versailles, 20 juin 1789. — Le roi m'ayant ordonné, Monsieur, de faire publier par des hérauts l'intention dans laquelle Sa Majesté est de tenir, lundi 22 de ce mois, une séance royale, et en même temps la suspension des assemblées que les préparatifs à faire dans les trois salles des ordres nécessitent, j'ai l'honneur de vous en prévenir. Je suis, etc.

« *P. S.* — Je crois qu'il serait utile, Monsieur, que vous voulussiez bien charger MM. les secrétaires du soin de serrer les papiers, dans la crainte qu'il ne s'en égare.

« Voudriez-vous bien aussi, Monsieur, avoir la bonté de me faire donner les noms de MM. les secrétaires, pour que je recommande qu'on les laisse entrer, la nécessité de ne point interrompre le travail pressé des ouvriers ne permettant pas l'accès des salles à tout le monde ?

II

Académicien, pensionnaire du roi, comblé d'honneurs par l'ancien régime, respectueux par caractère et par état, Bailly n'hésita pas un instant à juger cet acte du gouvernement « injurieux et indécent ». Il écrivit un billet très digne à M. de Dreux-Brézé, et il relut la fin du procès-verbal de la séance de la veille, 19 juin : « M. le président a remis la séance à demain 8 heures pour 9 du matin. » Il pensa que rien ne pouvait le délier de cet engagement. Il sentait en lui l'esprit du siècle, et la grande révolte humaine avait exalté jusqu'à cette âme un peu étroite et sèche.

Il s'habilla, manda les secrétaires, qui étaient Camus et Pison du Galland, et tous trois décidèrent qu'il fallait ignorer la fermeture de la salle et s'y rendre comme d'habitude.

A neuf heures, ils sortirent, traversèrent une foule immense qui était venue pour assister à la réunion du clergé avec le tiers, et se présentèrent à la porte principale, avenue de Paris. Ils la trouvèrent gardée par des gardes françaises et virent nombre de députés qui ne pouvaient entrer. Les soldats avaient la baïonnette au bout du fusil, et les officiers l'épée nue. Ils étaient commandés par un député aux Etats généraux, le colonel duc du Châtelet.

Bailly demanda l'officier de garde. M. le chevalier de Vassan, lieutenant aux gardes françaises, se présenta et dit qu'il avait ordre d'empêcher l'entrée de la salle, par rapport aux préparatifs qui s'y faisaient pour une séance royale. Bailly répondit qu'il protestait contre l'empêchement mis à l'ouverture de la séance indiquée et qu'il la déclarait tenante. M. de Vassan dit alors qu'il était autorisé à laisser entrer **les officiers de l'Assemblée pour prendre les papiers** dont ils pourraient avoir besoin. Bailly et les deux secrétaires entrèrent dans la cour. Comme ils se disposaient à dresser procès-verbal et qu'il pleuvait un peu, M. de Vassan les engagea à pénétrer dans la salle. Au mouvement qu'ils firent pour déférer à cette invitation, la foule des députés qui était hors la grille dans l'avenue en fit un autre pour les suivre. M. de Vassan fit prendre les armes et pria Bailly d'intervenir, sa consigne étant d'empêcher à tout prix qu'on forçât la porte. Un député, à qui un soldat posait sa baïonnette sur la poitrine, lui cria : « Frappe, la Révolution en sera plus tôt faite. » Mais les exhortations de leur président ramenèrent les députés à la tranquillité. Bailly, les deux secrétaires et une douzaine de leurs collègues qu'on avait laissés passer, entrèrent dans la salle : ils virent que la plus grande partie des bancs étaient enlevés et que toutes les avenues étaient gardées par un grand nombre de soldats. Ils passèrent dans un cabinet où Bailly reçut une seconde lettre de M. de Dreux-Brézé, dans laquelle celui-ci lui confirmait que c'était par ordre du roi qu'il lui avait écrit. Puis, pour ne pas compromettre M. de Vassan, qui avait été plein d'égards pour eux, ils sortirent et rejoignirent leurs collègues, qui se trouvaient dans l'avenue.

« Rassemblés en pelotons, dit le journaliste Le Hodey, ils se demandaient réciproquement ce qu'il fallait faire dans des conjonctures aussi douloureuses. Ici l'on s'écriait à haute voix : « Allons tous à Marly, allons-y aux pieds même du château, tenir notre séance. Faisons descendre dans le cœur de nos ennemis l'effroi qu'ils ont répandu dans le nôtre. Qu'ils tremblent à leur tour! Le roi annonce une séance royale, il la suspend jusqu'à lundi prochain ; ce délai est trop long ; il la tiendra tout à l'heure, il descendra de son château, et n'aura plus qu'à se placer au milieu de son peuple. » Quelques-uns voulaient s'assembler sur la place d'Armes ; « C'est là, disaient-ils, que nous tiendrons le champ de Mai. » D'autres voulaient se réunir dans la galerie et y donner le spectacle nouveau de parler le langage de la liberté à côté de cette salle sinistre d'où l'on désignait au bourreau, il y a peu de temps, la tête de celui qui avait prononcé ce mot sacré. »

C'est alors que Guillotin proposa d'aller au Jeu de Paume, situé à peu de distance : on arrêta de s'y rendre.

« Je marchai, dit Bailly, à la tête de cette foule de députés ; et, dans la crainte que quelque raison de politique ne nous en fît fermer l'entrée, je priai cinq ou six députés de se détacher et d'aller s'en emparer. »

III

La salle du Jeu de Paume, construite en 1686, dans la rue de l'Hôtel-de-Lorge, depuis rue du Jeu-de-Paume, presque à l'angle de la rue du Vieux-Versailles, appartenait à des particuliers qui avaient le privilège d'offrir ce local aux amusements royaux.

Louis XIV y avait joué souvent. Le comte d'Artois le fréquentait beaucoup, ainsi que le duc d'Orléans.

La salle, en forme de carré long, était grande. Elle avait plus de seize toises de long et plus de six toises de large. Sur trois des parois, à l'intérieur, régnaient des galeries pour les spectateurs. Deux portes y donnaient accès.

Elle n'était pas si *misérable* que l'ont dit certains historiens : « Le plafond, dit M. Vatel, était peint en bleu et orné de fleurs de lis d'or. Les murs étaient peints en noir, suivant l'usage, pour qu'on vît mieux la blancheur des balles ; un filet à hauteur de ceinture divisait la salle en deux ; des galeries en garnissaient trois faces (1). » Au-dessus de la porte la plus voisine de la rue du Vieux-Versailles était sculpté en ronde bosse le soleil rayonnant, emblême de Louis XIV.

La salle n'était donc pas pauvre, mais elle était nue, comme il convenait à sa destination.

« Le maître du Jeu de Paume, dit Bailly (c'était un sieur La Taille), nous accueillit avec joie et s'empressa de nous y procurer le plus de commodités qu'il put. N'ayant point de gardes, je priai deux députés de se placer à la porte pour empêcher les étrangers d'entrer. »

Les gardes de la prévôté de l'Hôtel du roi vinrent alors offrir à Bailly (qui accepta) de faire leur service

---

(1) *Notice historique sur la salle du Jeu de Paume,* par Charles Vatel, Versailles, 1883, in-8 ; p. **2**.

à la salle du Jeu de Paume comme ils le faisaient à celle des Menus.

Le ministre envoya le sieur Gaudron du Tilloy, major de la compagnie de ces gardes, notifier au détachement et à l'officier qui le commandait l'ordre de se retirer.

« Le détachement entier déclara qu'il ne pouvait acquiescer à cette injonction, d'autant que le commandant avait déjà pris les ordres de M. Bailly (alors président) ; que d'ailleurs ils étaient dans la ferme résolution de s'exposer à tous les risques plutôt que d'abandonner leurs postes. D'après ce refus formel, le sieur Gaudron du Tilloy fut obligé de s'en aller sans avoir rempli sa mission. »

Cela n'empêcha pas Gaudron du Tilloy de vouloir se faire représenter, dans le tableau de David, avec ses deux épaulettes, comme s'il commandait le détachement. La compagnie des gardes de la prévôté de l'Hôtel protesta par un imprimé auquel nous empruntons ces détails, qui montrent assez bien l'esprit du temps (1).

Le président eut pour bureau une porte mise en travers sur deux tonneaux, et les secrétaires se placèrent devant deux établis de menuisiers.

« On m'offrit un fauteuil, dit Bailly ; je le rejetai : je ne devais pas être assis devant l'Assemblée debout ; je restai ainsi toute cette journée pénible.

(1) *Rétablissement d'un fait relatif à la séance de l'Assemblée nationale au Jeu de Paume, à Versailles, le 20 juin 1789*, imp. Pellier, s. d., in-8 de 2 p. — Bibl. nat., Lb. 39/7294.

« Nous n'eûmes, pendant toute la séance, que cinq ou six bancs et une table pour écrire. Mais ce lieu s'agrandit par la majesté qu'il contenait. Les galeries se remplirent de spectateurs, la foule du peuple entoura la porte, et dans les rues, à une grande distance, tout annonça que c'était la Nation qui honorait un Jeu de Paume de sa présence. »

Les députés arrivèrent successivement.

A dix heures et demie, la séance fut ouverte.

Bailly lut les lettres qu'il avait reçues et sa réponse ; sa conduite fut universellement approuvée.

« On ne traita point ouvertement, dit-il, la question si le roi avait le droit de suspendre les séances de l'Assemblée, mais les sentiments furent qu'il serait très dangereux que le roi eût ce droit. »

Plusieurs députés étaient d'avis, pour éviter le danger d'une dissolution, que l'Assemblée partît sur-le-champ pour Paris, à pied et en corps. C'étaient Sieyès, Barnave, les membres du Club breton (1).

Déjà un membre (Sieyès ?) écrivait cette motion, peut-être dangereuse, quand Mounier eut l'idée du serment. On l'appuya avec ardeur. Barnave et Le Chapelier rédigèrent la formule (2). Il y eut un court débat, dans lequel Malouet essaya vainement de faire insérer qu'on ne ferait la constitution *que de concert avec le roi*. Voici le texte du serment tel qu'il fut adopté :

(1) Mallet du Pan, *Mercure britannique*, t. V, p. 20.
(2) Alexandre de Lameth. *Histoire de l'Assemblée constituante*, 1, 24.

« *L'Assemblée nationale*, considérant qu'appelée à fixer la constitution du royaume, opérer la régénération de l'ordre public et maintenir les vrais principes de la monarchie, rien ne peut empêcher qu'Elle ne continue ses délibérations, dans quelque lieu qu'Elle soit forcée de s'établir, et qu'enfin, partout où ses membres sont réunis, là est l'*Assemblée nationale*;

« Arrête que tous les membres de cette Assemblée prêteront à l'instant serment solennel de ne jamais se séparer et de se rassembler partout où les circonstances l'exigeront, jusqu'à ce que la constitution du royaume soit établie et affermie sur des fondements solides, et que, ledit serment étant prêté, tous les membres et chacun d'eux en particulier confirmeront par leur signature cette résolution inébranlable. »

IV

« Lecture faite de l'arrêt, dit le *Procès-verbal*, M. le président a demandé, pour lui et pour les secrétaires, à prêter serment les premiers; ce qu'ils ont fait à l'instant même; ensuite, l'Assemblée a prêté le même serment entre les mains de son président. »

Bailly était monté sur une table pour lire le serment.

« J'en prononçerai, dit-il, la formule à voix si haute et si intelligible, que mes paroles furent entendues de tout le peuple qui était dans la rue, et sur-le-champ, au milieu des applaudissements, il partit de l'Assemblée, et de la foule des citoyens qui étaient dehors, des cris réitérés et universels de *Vive le roi!* »

Puis on fit l'appel, par ordre alphabétique, des bailliages, sénéchaussées, provinces et villes, et chacun des membres présents, en répondant à l'appel, s'est approché du bureau et a signé.

Un seul, Joseph-Martin Dauch, député de Castelnaudary, ajouta à sa signature le mot *opposant.* Il y eut aussitôt contre lui un mouvement de douleur et de fureur. Bailly monta de nouveau sur la table et lui demanda ses raisons : il ne croyait pas pouvoir jurer d'exécuter des arrêtés qui n'étaient pas sanctionnés par le roi. Bailly répondit que l'Assemblée reconnaîtrait toujours la nécessité de la sanction royale, mais que ses résolutions intérieures, comme ce serment, n'étaient pas susceptibles de recevoir cette sanction. Puis il l'adjura et lui fit des reproches. Enfin il le fit sortir par une porte de derrière, pour le dérober à l'indignation du peuple.

On délibéra si on effacerait la signature de Martin Dauch et le mot *opposant.* Mais on décida finalement de la maintenir « pour prouver la liberté des opinions » et de dire que l'arrêté avait été pris à l'unanimité des voix moins une.

Deux membres malades se firent apporter : Maupetit (de la Mayenne) et Goupilleau (de Fontenay).

Étaient présents les abbés Jallet, Le Cesve, Besse, Simon et Grégoire. MM. Clerget et Joubert vinrent dans l'après-midi (1), mais ne signèrent pas.

Les députés de Saint-Domingue furent admis à jurer, quoique leurs pouvoirs fussent contestés. D'autres, dans le même cas, furent également admis, ainsi que des suppléants (comme Cambon).

Le 22 juin, les absents prêtèrent presque tous serment à leur tour.

Il est à remarquer que ce serment, si révolutionnaire au fond, fut prêté par les plus modérés. C'est Mounier qui le proposa (lui qui s'en accusera plus tard). Malouet jura aussi. De même jurèrent les nobles, ou présumés tels, que le tiers état comptait parmi ses membres, comme le marquis de Rostaing, le bailli de Flachslanden, grand'croix de Malte, M. de Guilhermy. Celui-ci s'en désolera bientôt, mais enfin il jura. Parmi les nobles, le moins ardent à jurer fut, semble-t-il, Mirabeau, qui voulait rester l'intermédiaire nécessaire entre la cour et le peuple, et qui alors s'opposait à toute mesure révolutionnaire dont il n'était pas l'auteur ou le bénéficiaire. Toutefois il jura comme les autres.

Après ce serment, divers projets d'adresse au roi furent présentés par Barnave, par Le Chapelier, par Gouy d'Arsy (2). Mais l'Assemblée les écarta, et il n'en est point question dans le procès-verbal. La séance fut levée, semble-t-il, vers quatre heures et demie.

(1) *Journal de l'abbé Jallet*, p. 96.
(2) Voir *les Etats généraux*, par Le Hodey, et *le Point du jour*, par Barère.

V

On a nié l'importance du serment du Jeu de Paume.

On n'a voulu y voir qu'un épisode insignifiant à côté du décret du 17 juin, par lequel le tiers état se déclara Assemblée nationale.

Mais ce décret du 17, non unanime, était surtout dirigé contre la noblesse et le clergé, et les paroles royales l'avaient comme autorisé par avance ; en tout cas, le roi ne s'y était pas formellement opposé.

Le serment du 20 juin est un acte de désobéissance formelle au roi, — désobéissance pour le présent, puisque le roi avait défendu aux députés de se réunir (1), — désobéissance pour l'avenir, puisqu'ils déclaraient que rien ne pourrait les empêcher de continuer leurs délibérations.

Le 20 juin, la France se ligue contre la puissance royale ; elle la combat non seulement en théorie, mais en fait et la met en échec.

Elle jure que c'est dans la nation que réside le pouvoir souverain.

Le 20 juin voit s'opérer une transmission de pouvoirs, du roi au peuple. — Le roi devient honoraire.

Le 20 juin, l'idée républicaine, à l'insu des contemporains, cesse d'être une chimère de collège ; elle

---

(1) Mme de Staël écrivit, dans ses *Considérations*, que les députés *feignirent de croire* qu'on leur défendait de s'assembler ; elle ne se rappelait donc pas pas l'affiche : *De par le roi...*

passa, non dans les esprits, qui en repoussent la formule, non dans le droit public, qui reste monarchique, mais dans les faits.

Quant à l'édifice où eut lieu ce grand événement, il devient un temple, le temple de la religion nouvelle, celle de l'humanité. Une confrérie se fonda pour l'honorer, pour y exercer un culte : *La Société du Jeu de Paume*, établie par Gilbert Romme. Le 20 juin 1790, elle grava sur une plaque de cuivre le fameux serment. Le 7 brumaire an II, la Convention décida d'acheter l'édifice et d'en faire un établissement d'instruction publique. Cette acquisition fut définitive en l'an VIII (il était temps !).

Les dernières paroles républicaines qui furent opposées à Bonaparte, le 19 brumaire, au Conseil des Cinq-Cents, furent un souvenir du serment du Jeu de Paume (1).

Bonaparte ferma le temple. Il devint un atelier pour un peintre courtisan, pendant que l'auteur du serment du Jeu de Paume, Mounier, mourait fonctionnaire impérial.

Louis XVIII fit retourner la plaque du Serment contre la muraille.

La Révolution de Juillet entr'ouvrit la porte du temple.

La République de 1848 voulut reprendre les projets de la Convention, mais n'eut pas le temps.

Napoléon III sévit avec rage contre l'édifice. Les

(1) Sur ces faits et les suivants on trouvera des détails dans le livre de M. Vatel déjà cité.

dalles furent arrachées, les murs badigeonnés. Un jeu de paume fut reconstitué, affermé à un sous-chef de la préfecture de police. M. de Morny alla y jouer.

La troisième République fit pieusement restaurer et orner l'édifice. Il est le musée de nos souvenirs et de nos espérances.

Mars 1889.

LE CLUB DES JACOBINS SOUS LA MONARCHIE

Qu'est-ce qu'un Jacobin ? C'est, dit Littré, un « membre d'une société politique établie, en 1789, à Paris, dans l'ancien couvent des Jacobins, et ardente à soutenir et à propager les idées d'une démocratie et d'une égalité absolue ». Le bon Littré écrit cela avec candeur. M. Taine a développé cette définition sans ingénuité et en mille pages : tête raisonnante, cerveau fanatisé, prédicateur barbare d'idées à priori, assassin systématique, voilà ce qu'est un Jacobin pour le spirituel philosophe, lequel a beaucoup réfléchi au jacobinisme et l'a doctement anathématisé à coup d'adjectifs et d'adverbes, n'omettant guère, dans cette minutieuse et fougueuse étude, que de parcourir les textes qui se rapportent à l'histoire du club des Jacobins. S'il les eût parcourus (mais il n'avait pas le temps, et son siège était fait), peut-être aurait-il évité le préjugé banal, cette vue superficielle et fausse d'après laquelle la célèbre Société se serait entêtée dans une politique immuable, n'aurait jamais voulu qu'une seule chose, l'égalité quand même et l'égalité par la guillotine. Au contraire, je défie bien le plus prévenu des hommes, s'il a des yeux et du bon sens, d'emporter des textes authentiques une autre idée que celle-ci : la Société des Jacobins ne fut qu'une tribune occupée tour à tour par les opinions et les partis qui dirigèrent la Révolution ; ce club refléta les vicissitudes du sentiment public, monarchiste tant que la France fut monarchiste, républicain quand les circonstances amenèrent la France à se constituer en république, robespierriste tant que Robespierre régna. Vous traitez les Jacobins d'immuables : j'admire comme ils se plièrent aux événements, et, s'il m'est permis de tirer moi-même la leçon contenue dans une série de documents que je viens de publier (1), je vais indiquer quelques traits de la première physionomie des Jacobins, je veux dire de leur physionomie monarchiste, et exposer leur programme politique de 1789 à 1792, après avoir montré quelle fut l'origine de leur Société et comment elle s'organisa.

I

Disons d'abord que l'usage anglais des clubs était passé d'Angleterre en France plusieurs années avant

---

(1) *La Société des Jacobins, recueil de documents pour l'histoire du club des Jacobins de Paris,* par F.-A. Aulard, t. I à III. Paris. Jouaust, 1889-1892, 3 vol. in-8. Cette première série ne comprend que des documents relatifs à la période monarchique. — On sait que les procès-verbaux des Jacobins ont disparu, et le *Journal des débats de la Société des Amis de la Constitution* ne commença à paraître qu'au 1er juin 1791. Pour la période antérieure, on a réuni les textes isolés qui peuvent servir à faire connaître l'histoire du club pendant les dix-huit premiers mois de son existence.

la Révolution. Mais, tandis que les Anglais avaient des clubs pour vivre entre hommes, en France ces sociétés ne se substituèrent pas aux salons, et elles furent presque uniquement politiques, quoique forcées d'affecter d'être tout autre chose. Dès 1782, il s'établit, rue Saint-Nicaise, un *Club politique*, dont les statuts interdisaient dérisoirement de parler de la religion et de l'autorité. En 1785, le duc d'Orléans forma au Palais-Royal le *Club de Boston* ou *des Américains*. Il y eut aussi des clubs en province : ainsi, à Castres, c'est d'une *Société littéraire* fondée en 1783 que sortit le club des Jacobins de cette ville. La police essaya de fermer tous les clubs en 1787 ; mais, au moment de la réunion des États généraux, il en existait encore au moins deux à Paris, au Palais-Royal, sans compter la *Société des amis des Noirs* fondée en 1788 par Brissot, et les loges maçonniques où les futurs orateurs de la Révolution s'exerçaient déjà à la parole politique. Certains salons ressemblaient à des clubs : ainsi, chez le banquier Kornmann, sous prétexte de magnétisme, Bergasse avait établi une parlote où on discutait sur les avantages comparés de la Monarchie et de la République (1).

A peine les États généraux sont-ils réunis, qu'il s'organise des clubs plus ou moins clandestins. Des députés se réunissent et confèrent chez Adrien du Port, au Marais. D'autres, appartenant à la minorité

(1) Je me permets de renvoyer, pour plus de détails, à mon article de la *Grande Encyclopédie* sur les clubs pendant la Révolution.

libérale de la noblesse, forment, au bout de l'avenue de Versailles, le *Club de Viroflay*. Le duc d'Orléans réunit ses amis politiques au *Club de Valois* et aussi, assure-t-on, au *Club de Montrouge*.

C'est alors que se forma, à Versailles, la réunion, d'hommes politiques qui devait devenir plus tard le club des Jacobins.

Les députés de Bretagne, clergé et tiers état, prirent, dès le mois de mai, l'habitude de se rencontrer et de se concerter dans une salle d'un café situé rue de la Pompe, n° 44, et tenu par un certain Amaury, patriote prononcé, qui, lors des élections primaires, avait coopéré à la rédaction du cahier de sa corporation. C'est Le Chapelier qui semble avoir été l'initiateur de ces conciliabules avec Corroller, Botidoux, Kervélégan, Glezen, Defermon et Palasne de Champeaux, qui tous marquèrent dans la Révolution.

Ce Comité, tout régional, devint un centre d'attraction, d'autant plus aisément qu'à cette époque où s'achevait l'unité nationale, chaque député rougissait de n'être tenu que pour le député d'une province. Les Bretons furent, sans doute pour ce motif, heureux de recevoir dans leurs conférences les autres patriotes leurs collègues, entre autres le duc d'Aiguillon, Mirabeau, Sieyès, Barnave, Petion, Volney, l'abbé Grégoire, Robespierre, Charles et Alexandre de Lameth. des députés de Franche-Comté, La Revellière-Lépeaux et quelques députés d'Anjou, Bouche, le marquis de Lacoste, etc.

C'était une réunion purement parlementaire, comme nous dirions, et elle reçut dès le début, plutôt qu'elle ne le prit, le nom de *Club breton*.

Il n'y a point de procès-verbaux de ses séances. On dit seulement qu'elles furent présidées au début par Glezen. Tout s'y passait en secret, non par prudence, mais parce que, alors, en cette première candeur des mœurs politiques, on aurait rougi de paraître former un parti. Toutefois, il y eut là un concert vigoureux, dont on vit bientôt les effets, et du café Amaury sortirent des résolutions qui influèrent sur les destinées de la France. Mounier a raconté que l'arrêté célèbre par lequel le tiers état se déclara Assemblée nationale, le 17 juin 1789, avait été préalablement débattu dans le mystère du *Club breton*. Grégoire a dit dans ses *Mémoires* ce qui se passa dans le club la veille de la séance royale du 22 juin, entre douze ou quinze députés seulement : « Instruits, dit-il, de ce que méditait la Cour pour le lendemain, chaque article fut discuté par tous, et tous opinaient sur le parti à prendre. La première résolution fut celle de rester dans la salle malgré la défense du roi. Il fut convenu qu'avant l'ouverture de la séance nous circulerions dans les groupes de nos collègues pour leur annoncer ce qui allait se passer sous leurs yeux et ce qu'il fallait y opposer. Mais, dit quelqu'un, le vœu de douze à quinze personnes pourra-t-il déterminer la conduite de douze cents députés? Il lui fut répondu que la particule *on* a une force magique ; nous dirons : voilà ce que doit faire la Cour, et, parmi les patriotes, on est convenu de telles mesures... *On signifie 400 comme il signifie 10. L'expédient réussit.* »

C'est aussi au Club breton, d'après Alexandre de Lameth, que fut préparée la fameuse nuit du 4 août, et c'est là que le duc d'Aiguillon lut et fit approuver préalablement sa proposition sur les droits féodaux.

Il semble donc bien prouvé, par ces témoignages, que ces réunions secrètes de députés exercèrent une sérieuse influence sur l'attitude du tiers état et de la Constituante en vue d'établir en France la monarchie constitutionnelle.

II

Après les journées d'octobre et la translation de l'Assemblée nationale à Paris, il n'y eut plus de Club breton, et les députés patriotes perdirent un instant l'habitude de se concerter avant les séances. La Droite en profita pour s'assembler à son tour, au dire de La Revellière-Lépeaux, et à son tour influa sur la nomination du bureau de la Constituante. Alors les anciens membres du Club breton, après avoir fait quelques tentatives de se réunir au n° 7 de la place des Victoires, louèrent le réfectoire des Jacobins Saint-Honoré, à deux pas du Manège, où siégeait l'Assemblée, y tinrent des réunions périodiques et prirent le titre de *Société des Amis de la Constitution, séante aux Jacobins, à Paris.* Les royalistes leur donnèrent par dérision le nom de *Jacobins,* d'autant plus qu'au début, dit-on, plusieurs des moines dont ils étaient les locataires assistaient à leurs séances.

On ignore la date exacte de la fondation du club : mais elle n'est probablement pas antérieure au mois de décembre 1789, et elle n'est sûrement pas postérieure au mois de janvier 1790.

La Société des Amis de la constitution siégea au réfectoire des Jacobins pendant les premières semaines de son existence ; puis, jusqu'au printemps 1791, dans la bibliothèque ; enfin, du 29 mai 1791 jusqu'à la fin, dans la chapelle du couvent, qui, devenu bien national, avait été louée par l'État par bail au nom du citoyen Guiraut, membre du club.

Dès le début, cette réunion de députés se vit grossièrement calomniée par la presse de droite. « Les royalistes, dit le jacobin Dubois-Crancé, firent courir le bruit qu'il s'assemblait nocturnement aux Jacobins une bande de régicides. On publia des pamphlets distribués gratis... On alla jusqu'à répandre dans le public que Barnave, après un discours très animé, avait fait apporter par le prieur des Jacobins le poignard de Jacques Clément, et que toute la Société avait juré sur ce poignard la destruction de la monarchie française. Les représentants du peuple qui se virent si cruellement insultés, craignant d'être compromis par une calomnie que la Cour avait si grand intérêt d'accréditer, ne trouvèrent d'autre moyen, pour lui en imposer, que de recevoir des membres étrangers au corps constituant... »

A partir de ce moment-là, le club, d'abord secret et

presque clandestin, se produisit au grand jour, bien
que les séances n'en aient été publiques qu'à partir
du 12 octobre 1791, et il compta parmi ses membres,
outre tous les députés notables de la majorité *patriote*,
l'élite de la bourgeoisie parisienne, des négociants,
des avocats, des médecins comme Cabanis, des pro-
fesseurs comme les deux Guéroult, des savants
comme Broussonnet, Lacépède et Vandermonde, des
artistes comme le graveur Bervic et les peintres
David et Carle Vernet, et surtout des littérateurs
comme Andrieux, Bitaubé, Marie-Joseph Chénier,
Choderlos de Laclos, Cloots, l'abbé de Cournand,
professeur de littérature française au Collège de
France, Fabre d'Eglantine, Fenouillot de Falbaire,
La Harpe, Sylvain Maréchal, Mercier, Noël (le Noël
de Chapsal !), Sedaine, Charles Villette. L'élément
populaire se trouva, tant que dura la monarchie,
exclu du Club des Jacobins.

Les noms de quelques-uns des présidents en disent
long sur les tendances monarchiques d'une Société
qu'on représente comme imbue des principes d'une
égalité absolue : en février 1790, c'est le duc d'Aiguillon ; en juillet de la même année, c'est le vicomte
de Noailles ; en janvier 1791, c'est le prince de Broglie.

On a cherché dans les pamphlets et dans les
mémoires des anecdotes et des conjectures sur la
politique des Jacobins, et on n'a pas lu leur pro_
gramme politique, leur charte fondamentale, je veux
dire le préambule de leur règlement, rédigé par
Barnave et voté le 8 février 1790. On y voit d'abord

que tout mystère est banni de ces conciliabules :
« Écrire et parler ouvertement, professer leurs principes sans détour, avouer leurs travaux, leurs vues,
leurs espérances, ce sera la marche franche par
laquelle les Sociétés des Amis de la constitution
travailleront à obtenir l'estime publique, qui seule
peut faire leur force et leur utilité. » Les Jacobins se
définissent eux-mêmes « une Société établie auprès
de l'Assemblée nationale et renfermant un grand
nombre de députés des différentes provinces », une
Société offrant « un centre commun à celles qui s'éta-
bliront dans tout le royaume ».

Par un échange de communications avec ses nombreuses succursales, la Société des Jacobins aspire à
former un esprit public dans un pays si longtemps
comprimé par le despotisme et neuf à la vie politique.
Empêcher que la nation ne se divise, lui donner une
conscience, faire que les patriotes opposent partout
les mêmes gestes et les mêmes paroles à l'ancien
régime, voilà le but des Jacobins. Et leur programme,
cet affreux programme anarchique et chimérique ?
En voici les principaux articles :

Tous les pouvoirs émanent esssentiellement de la
nation et ne peuvent émaner que d'elle.

Le gouvernement français est monarchique ; il n'y
a point en France d'autorité supérieure à la loi ; le
roi ne règne que par elle, et ce n'est qu'en vertu des
lois qu'il peut exiger l'obéissance. La loi est un acte
des représentants de la nation sanctionné par le
monarque.

La personne du roi est inviolable et sacrée, le trône est indivisible, la couronne est héréditaire dans la race régnante, etc.

Aucun impôt ne peut être levé que par un décret exprès des représentants de la nation.

Le pouvoir exécutif suprême réside exclusivement dans la main du roi.

Les ministres et autres agents du pouvoir exécutif sont responsables.

Le pouvoir judiciaire ne pourra en aucun cas être exercé par le roi ni par le Corps législatif.

Voilà les principes que défendirent et propagèrent, par la parole et la plume, les Amis de la constitution décrétée par l'Assemblée constituante en septembre 1789 et dont je viens de rappeler les articles essentiels. Jusqu'à la fuite à Varennes, les Jacobins n'eurent pas d'autre doctrine, ouverte ou cachée, et les plus ardents d'entre eux ne rêvèrent pas autre chose, à cette époque, que la réalisation d'un texte accepté par le roi, accepté par la nation et où, avec une infinie modération, on avait tenté de concilier les droits de la raison avec les besoins de la tradition historique.

III

La Société des Jacobins conforma-t-elle sa conduite à ce programme ? La réponse à cette question ne peut se trouver, il me semble, que dans les résolutions émanant de l'ensemble de la Société. La passion politique a tellement défiguré l'histoire de la Révolution qu'il va être nouveau de parcourir les arrêtés et les circulaires des Jacobins : aucun historien n'a eu la patience de rechercher et de résumer ce qui en reste.

Voici donc quelles furent les grandes manifestations publiques, les plus graves appels à l'opinion qui sortirent du club de la rue Saint-Honoré pendant la durée de la monarchie et tant que la fuite à Varennes n'eut pas désabusé les révolutionnaires sur la sincérité de Louis XVI.

Le 7 juin 1790, la Société exprima le vœu que la constitution fût entièrement achevée avant la fête de la Fédération : c'était le vœu de la France.

Le 10 septembre suivant, à l'occasion des troubles excités dans l'armée par l'antagonisme entre les officiers, attachés à l'ancien régime, et les soldats, partisans de la Révolution, les Jacobins votent unanimement une circulaire aux Sociétés affiliées où ils les invitent « à amener l'ordre, à rétablir cette union, cette franchise, cette cordialité, qui conviennent si bien à des militaires... » — « Dites-leur... que, tandis que les bons citoyens sont alarmés de ces désordres, les méchants s'en réjouissent et se flattent d'opérer, par l'insubordination de l'armée, la ruine d'une constitution qui s'est formée à l'abri de son civisme... Dites aux chefs que les soldats, pour être leurs subordonnés, n'en sont pas moins leurs compagnons d'armes, que ce titre appelle la bienveillance réciproque, que l'autorité ne perd rien de sa dignité en se conciliant l'affection et que, s'ils ont le droit de réclamer l'obéissance au nom de la loi, ils ont le devoir de la rendre facile par la confiance. Dites aux soldats que chaque état impose des devoirs, que l'engagement qu'ils contractent les soumet aux règles que l'intérêt de la nation a dictées, qu'il ne peut point exister d'armée sans discipline et de discipline sans obéissance, que l'obéissance prescrite par les lois est un titre d'honneur. »

Au moment de l'élection des juges, une circulaire de la Société invita les électeurs à ne nommer que des personnes sages et éclairées, et en effet cette magistrature élue en 1790 et en 1791 fut remarquable par le savoir et la probité, si remarquable même que les plus passionnés détracteurs de la Révolution n'ont pas encore trouvé un seul grief sérieux à produire contre elle.

L'impôt rentrait mal : les Jacobins gourmandèrent à deux reprises les contribuables dans des circulaires très patriotiques et du style le plus élevé (octobre 1790 et juillet 1791). « Ce peuple, disaient-ils, qui payait avec une soumission aveugle des taxes excessives, arbitrairement et inégalement imposées, pour assouvir la cupidité déprédatrice des ministres et des courtisans, ne se refusera pas à des contributions justes, égales et modérées, qui n'auront d'autre emploi que sa propre sûreté, sa prospérité, sa gloire. »

Le 9 janvier 1791, la Société proteste, à propos de la constitution civile du clergé, contre l'idée qu'on prête aux patriotes de vouloir détruire la religion chrétienne, tandis qu'ils ne veulent au contraire que la ramener à sa pureté primitive.

Au mois de mars suivant, c'est une circulaire contre les agitations démagogiques. « Amis de la constitution, dites au peuple qu'il fait respecter ses droits par une contenance ferme et tranquille, et que les mouvements d'une effervescence inquiète sont le piège le plus dangereux que puissent lui tendre ses ennemis. Dites-lui que, par cette ardeur turbulente, il alarme, il détache de sa cause une multitude d'hommes paisibles, il retarde la confiance qui s'attache de jour en jour à la nouvelle constitution... Dites-lui que, loin d'influer sur les décisions qu'il désire, son impatience les éloigne en paraissant les exiger ; qu'elle décourage ses amis ; qu'elle impose souvent la contrainte a ceux qui défendraient sa cause avec le plus d'énergie, s'ils ne répugnaient à mêler leur zèle avec des agitations que réprouvent également le respect des lois et l'intérêt de la liberté. » Sans doute, ces remontrances adressées au peuple parurent trop sévères à quelques patriotes, comme Brissot, qui les blâmèrent; mais elles n'en furent pas moins l'expression officielle de la pensée des Jacobins.

Ceux-ci furent donc exactement fidèles à leur programme et au naïf serment populaire: *la constitution ou la mort !* Tant que le roi resta à son poste, les Jacobins ne souffrirent à leur tribune aucune parole inconstitutionnelle ni même aucune attaque contre la personne du roi. Ce sont les aristocrates qui, dans leurs pamphlets, donnèrent l'exemple de l'irrévérence

envers le roi et lui infligèrent le sobriquet de *Capet*,
qui ne sera repris par le peuple qu'après le 10 août.
Et les Jacobins n'adoptèrent point cette attitude *loya-
liste* par tactique : ils n'étaient réellement pas républicains, il n'y avait pas alors de républicains en
France, en dehors d'une dizaine d'hommes de lettres,
et encore ceux-ci pensaient-ils qu'il fallait essayer
de faire la Révolution par la monarchie. Rien ne put,
avant la fuite à Varennes, faire dévier les Jacobins
de leur ligne de conduite, ni les doutes qui s'éle-
vaient sur la bonne foi de Louis XVI, ni les impa-
tiences du peuple des villes, ni même les injures
immondes et vraiment affolantes des pamphlétaires
« conservateurs » d'alors qui, avec un cynisme ré-
voltant et dont l'actuelle *pornographie* ne peut pas
donner d'idée, imprimèrent contre les patriotes et
les femmes des patriotes, même les nobles, les calomnies les plus obscènes. Oui, c'est le *parti de
l'ordre* qui donna alors l'exemple de la grossièreté
de parole et de plume, — exemple qui ne fut suivi
que longtemps après et de très loin par les révolutionnaires. Si je citais ici la dixième partie des plai-
santeries royalistes dont, par exemple, le jacobin
Charles Villette fut l'objet, et qui faisaient, dit-on,
les délices de Marie-Antoinette, ce volume serait
aussitôt et justement saisi par la police.

IV

Quand Louis XVI eut déserté son poste dans la nuit du 20 au 21 juin 1791, laissant derrière lui une déclaration où il avouait avoir menti depuis deux ans, quand on sut que la royauté se dérobait à sa fonction et que le guide héréditaire trahissait, il y eut partout un sentiment d'angoisse et de colère, comme si le monarque en fuyant avait emporté avec lui un talisman d'où dépendit la fortune de la France. Mais quand l'Assemblée eut pris en main l'intérim du pouvoir exécutif, quand il apparut que cette république de quelques jours s'était établie et maintenue sans cataclysme, au sentiment désolé de la première heure succéda un sentiment de force et d'orgueil. Sans doute la royauté ne perdit pas tout son prestige ; on ne crut pas encore pouvoir se passer de roi, on remit de force Louis XVI sur le trône, on s'imagina qu'on lui referait une sincérité à coup de décrets, — et, pour le dire en passant, c'est de cette équivoque voulue que devaient sortir en partie les discordes civiles et la Terreur. Le désir de la majorité des patriotes et en particulier des Jacobins eût été alors, à l'exemple de l'Angleterre, de changer le monarque. Mais le Dauphin était un enfant, et comment organiser une régence ? Mettre sur le trône la branche cadette, c'était l'expédient classique : l'indignité du duc d'Orléans en écarta l'idée. On gard

Louis XVI, faute de mieux. Mais la République avait apparu comme possible dans l'avenir, et quelques esprits hardis la crurent dès lors immédiatement réalisable. Le parti républicain était né en France, et Louis XVI, par son parjure, l'avait fondé, comme il le fera triompher bientôt en manquant à ses devoirs de roi par ses intelligences avec les ennemis de la nation.

Dans ces tristes et embarrassantes conjonctures. que firent les Jacobins?

Ils restèrent obstinément les amis de la constitu tion, c'est-à-dire monarchistes. Dans leur fameuse séance du 21 juin 1791, dont on a (par exception) le procès-verbal officiel, Danton apostropha les ministres, tonna contre La Fayette. Mais la conclusion du débat fut l'envoi d'une circulaire aux Sociétés affiliées où un hommage très clair était rendu à l'idée monarchique par cette phrase significative : « Le roi, *égaré* par des suggestions criminelles, s'est éloigné de l'Assemblée nationale. » Et les Jacobins concluaient, fidèles à leur programme initial : « L'Assemblée nationale, voilà notre guide ; la constitution, voilà notre cri de ralliement. »

Au contraire, les Cordeliers voulurent dès lors la République, et l'antagonisme des deux politiques, la politique cordelière et la politique jacobine, éclata dans un incident de la séance des Jacobins du 22 juin. Le futur conventionnel Robert, membre des deux clubs, ayant annoncé qu'il avait porté à la Société fraternelle une adresse des Cordeliers pour la destruction de la monarchie, des cris d'improbation s'élevèrent de toutes parts, et, Bolidoux ayant réclamé l'ordre du jour sur ce que « la monarchie est dans la constitution », le club tout entier se leva pour adopter cet ordre du jour.

Toutefois les Jacobins auraient voulu que Louis XVI fût mis en jugement, et c'est dans ce sens que se prononcèrent leurs principaux orateurs. Le jour même où l'Assemblée constituante rendit le décret qui innocentait indirectement le roi (15 juillet 1791), Choderlos de Laclos, le factotum du duc d'Orléans, proposa de faire une pétition contre Louis XVI, et, à l'instant, une foule venue du Palais-Royal envahit la salle du club. La pétition fut adoptée par cette réunion tumultueuse : on y demandait le remplacement de Louis XVI, considéré comme ayant abdiqué. Cette pétition fut relue et signée le lendemain 16, et on sait comment ces incidents amenèrent la scène sanglante du Champ de Mars et le schisme des Jacobins, dont une partie fondèrent le club des Feuillants.

Mais le club, quoique privé de ses éléments modérés par la scission feuillantine, n'en persévéra pas moins dans son attitude constitutionnelle. Le 20 juillet, dans une adresse à l'Assemblée nationale, il désavoua la pétition, rédigée et signée, disait-il, non par la Société des Amis de la constitution, mais par des citoyens unis à des membres de cette Société, agissant en leur nom individuel. Il n'est pas sans intérêt pour l'histoire de l'idée républicaine en France de citer et la conclusion de la fameuse pétition et le commentaire officiel qu'en fit la Société :

« Les Français soussignés, avaient dit les pétitionnaires, demandent formellement et spécialement que l'Assemblée nationale ait à recevoir, au nom de la nation, l'abdication faite le 21 juin, par Louis XVI, de la couronne qui lui avait été déléguée et à pourvoir à son remplacement par tous les moyens constitutionnels ;

« Déclarant lesdits soussignés qu'ils ne reconnaîtront jamais Louis XVI pour leur roi, à moins que la majorité de la nation n'émette un vœu contraire à celui de la précédente pétition. »

Voici en quels termes et par quel récit les Jacobins, dans leur adresse du 20 juillet, accentuèrent le caractère constitutionnel de ce vœu :

« Les commissaires arrivèrent au champ de la Fédération. Là, des esprits imbus des funestes idées d'un faux républicanisme avaient rédigé des pétitions qui ne nous sont pas parvenues. Ils blâmèrent généralement, dans celles qu'on leur apportait, les mots : *et à pourvoir à son remplacement par tous les moyens constitutionnels.* Ils ne voulurent signer qu'après les avoir barrés. Quelques-uns même se permirent d'ajouter après ces mots : *Louis XVI pour leur roi,* ceux-ci : *ni aucun autre.* Les commissaires ne pouvant les persuader de ne faire aucun changement, il fut convenu de consulter, sur les principes, la Société des Amis de la constitution... Après quatre heures de la discussion la plus approfondie, la Société, toujours conforme aux principes, a déclaré que tout citoyen ami de la constitution ne devait signer la pétition présentée par la députation qu'en y laissant ces mots : *et à pourvoir à son remplacement par tous les moyens constitutionnels.* La députation fut entièrement dissuadée, et la réponse qui lui fut adressée contenait la recommandation aux citoyens de se conformer à la constitution. »

Il fallut la guerre étrangère et la certitude que Louis XVI trahissait la France pour ébranler la fidélité du club des Jacobins à la constitution monarchique. Le 12 juillet 1792, Billaud-Varenne put, sans se faire huer, proposer de « conduire le roi et toute sa famille hors des frontières ». La Société des Amis de la constitution est intimement convaincue, avec la nation, de la nécessité de faire une nouvelle révolution au nom de la patrie en danger, mais elle veut la faire avec une apparence légale. La constitution a prévu la possibilité de se réformer elle-même, et les assemblées de revision s'appelaient par avance, dans la langue du temps, des *Conventions nationales.* Les Jacobins s'unissent à la Commune et aux Fédérés pour demander, non seulement la suspension du roi, mais une Convention nationale. Après le manifeste de Brunswick, qui a fait tomber tous les voiles, ils s'associent à l'idée d'une insurrection dans la rue, mais il s'y associent individuellement et non en corps. Le roi a beau trahir, Robespierre intitule quand même son journal le *Défenseur de la constitution.* Je ne crois pas que même alors le mot de République soit prononcé par aucun orateur du club. Après le 10 août, les Jacobins gardent imperturbablement leur nom d'*Amis de la constitution*, et il faut toute la pression de l'opinion publique pour les décider à adopter, en septembre, la déclaration républicaine de l'assemblée électorale de Paris. Ce n'est qu'après l'abolition de la royauté par la Convention, le 21 septembre 1792, qu'ils décident de prendre à l'avenir le titre de *Société des Jacobins, amis de la liberté et de l'égalité.*

V

Telle fut, d'après les seuls textes authentiques, arrêtés, circulaires, procès-verbaux officiels, la conduite politique du club des Jacobins tant que dura la monarchie. Ces prétendus fanatiques, ces prétendus démagogues, n'étaient en réalité que des monarchistes libéraux ; ils ne publièrent que des conseils conformes à l'opinion moyenne de la France d'alors et inspirés autant par l'expérience que par la raison. Sans doute, ils se trompèrent gravement en plusieurs cas, surtout en posant les désastreux principes de la guerre de propagande, quand ils crurent que les peuples nous aimaient et fraternisaient avec nous contre leurs maîtres. C'est du club des Jacobins que partit cette idée des missionnaires armés (combattue d'ailleurs par Robespierre), qui nous aliéna l'Europe et eut une influence fâcheuse sur la destinée de notre pays. Mais ces fautes et d'autres encore, les Jacobins ne les commirent pas, comme on l'a dit, par fanatisme philosophique, parce qu'ils avaient un *credo* ; ils se trompèrent avec leurs contemporains, par naïveté généreuse, par inexpérience politique. Nous sourions de leur ton solennel et gourmé ; mais les circonstances leur donnaient ce langage, et, s'ils furent pédants, c'est qu'ils avaient conçu le dessein d'instruire la nation. Dans ce réveil confus des masses populaires après le long sommeil de l'ancien régime, les Jacobins se firent en politique les instituteurs primaires de la France, et les milliers de tribunes qu'ils élevèrent dans tout le pays furent autant de chaires où fut enseignée la vérité nouvelle. Vous les traitez de cuistres parce qu'ils ont rendu cette vérité banale : c'est vous qui ne voulez pas comprendre. Ce langage naïf, aujourd'hui suranné, était justement celui qu'il fallait parler au peuple de 1789, et, s'il offusque votre goût, il fit triompher dans la pratique les idées de justice, de liberté et d'égalité dont nous vivons. Ce langage était-il d'ailleurs si ridicule qu'on le dit ? Les circulaires de la Société, dont nous avons cité des extraits, sont d'un style simple et élevé, et c'est dans les discours individuels qu'il y a parfois une gaucherie déclamatoire. L'ensemble des actes et des paroles a été digne de la mission que s'étaient donnée ces Français de bonne volonté, et, si quelques-uns d'entre eux se sont montrés ridicules ou même, si vous voulez, odieux, leur œuvre a été, quant aux résultats, française : ils ont éveillé et maintenu la conscience nationale ; ils ont, en resserrant dans les liens de leurs associations les éléments encore mal adhérents de l'ancienne France, cimenté la patrie, et plus tard, dans leur période républicaine, ils empêchèrent que le fédéralisme, la guerre de Vendée, l'invasion étrangère, ne disloquassent de nouveau la France. Est-ce là un médiocre service et dont l'historien ne doive pas tenir compte ? Et pourtant, ce service si connu, si certain, si éclatant, a été à tel point défiguré et relégué dans l'ombre, on a préféré à cette simple constatation d'un grandiose résultat tant d'anecdotes amusantes sur les Jacobins, qu'il est devenu nouveau et presque paradoxal de rappeler qu'ils ont contribué efficacement à la fondation de la patrie française.

Août 1892.

V

ANDRÉ CHÉNIER HOMME POLITIQUE

I

Quels étaient les sentiments politiques et religieux de l'auteur de la *Jeune Captive ?*

Une lettre de M. de Chénier père, datée du 24 décembre 1791, et publiée pour la première fois par M. Becq de Fouquières, nous renseigne sur la part que l'hérédité a pu tenir dans les opinions d'André Chénier. Le bonhomme écrit à sa fille, Mme de la Tour Saint-Igest :

« Votre mère a renoncé à toute son aristocratie et est entièrement démagogue, ainsi que Joseph. Saint-André et moi, nous sommes ce qu'on appelle modérés, amis de l'ordre et des lois. Sauveur est employé dans la gendarmerie nationale, mais je ne sais ce qu'il pense, ni s'il pense. Constantin trouve qu'on n'a rien changé, etc. »

La famille Chénier avait eu à un moment des prétentions nobiliaires, et Marie-Joseph signait d'abord *le chevalier de Chénier.* Mais elle était foncièrement bourgeoise, surtout dans la personne de son chef, et, malgré ses voyages, son séjour au pays de la fable, son mariage avec une Grecque, M. Chénier père était resté un homme de carrière, un fonctionnaire au sens droit et à l'horizon étroit, une sorte de Malouet inférieur. Son cher André et lui étaient en parfait accord d'idées, et ce sont autant les opinions du fils que celles du père qui se retrouvent dans une brochure publiée le 18 avril 1789 et intitulée *Idée pour un cahier du Tiers État de la ville de Paris, par M. de Chénier* (1). Le vote par tête, l'attribution de la puissance législative aux seuls États généraux, la responsabilité ministérielle, la tolérance des religions : telles sont les principales réformes demandées par ce cahier, à la rédaction duquel il n'est pas impossible que le poète lui-même ait mis la main. Je n'y vois rien sur la destruction des ordres privilégiés : c'est un changement politique, non un remaniement social, que propose, en termes précis et prudents, le père du futur rédacteur du *Journal de Paris*.

André est donc un monarchiste de l'école de Mounier et de Malouet, avec cette différence qu'il a plus de courage que Mounier et plus de candeur que Malouet. Il admire les institutions anglaises, non pour les avoir devinées dans Montesquieu ou dans Delolme (2), mais parce qu'il les a vues fonctionner à Londres même, où il séjourna pendant trois ans, de 1788 à 1791,

(1) Bibliothèque nationale, Lb 39/1532, in-8.
(2) Comme on le renvoyait à Delolme, il répondit : « Je lis fort peu Delolme..., mais j'ai vu l'Angleterre pendant trois ans. » (*Œuvres en prose*, p. 197.)

comme secrétaire de M. de la Luzerne, ambassadeur de France (1). Ce spectacle des mœurs politiques de la Grande-Bretagne le rendit plus sévère encore qu'Étienne Dumont pour les premiers tâtonnements et balbutiements de la liberté française, et lui aussi il tomba dans cette erreur de vouloir que ses compatriotes adoptassent brusquement les mœurs et les manières politiques d'une autre race et imposassent un cadre anglais à la Révolution française.

Il aimait la liberté. Il avait une foi admirable, la foi de 1789, dans les effets de la liberté. Il la voyait correcte et sage, convertissant le roi à la philosophie rien qu'en le touchant du bout de sa houlette, parquant avec douceur les citoyens dans un espace strictement délimité par un simple ruban tricolore, ne négligeant pas le dressage de solides dogues pour défendre le troupeau et au besoin pour le mordre. Le vœu de ce grand poète n'avait rien de grand ni de poétique. Louis-Philippe l'eût contenté.

Il n'est donc pas surprenant que la Révolution ait bientôt étonné son imagination et effrayé sa pensée, d'autant plus que son libéralisme était aristocratique.

(1) « Toutefois, il paraît avoir été, vers la fin, aussi souvent à Paris qu'à Londres ; il y avait peu d'affaires à l'ambassade, et il obtenait facilement et fréquemment des congés. » (Becq de Fouquières, *Œuvres en prose d'André Chénier*, p. xii.)

Le peuple, je le devine, n'était pour lui qu'une foule insignifiante dans son repos ou effrayante dans son activité. Il l'admettait, ce peuple de 1789, à l'état de groupes animant les rues et les places pour un grand spectacle, dont il ne serait pas le héros ; sur le théâtre classique de la vie, il le reléguait au second plan pour occuper le vide des profonds espaces derrière les colonnes ioniennes, pour saluer d'un murmure confus le poète, le soldat, le chef, ou encore la Vertu, la Raison, la Loi. Mais à aucun de ces figurants il n'eût fait l'honneur de toucher sa main rude ou d'écouter sa voix rauque et plaintive. Familier, hôte quotidien de la maison Trudaine, il aimait le luxe, les conversations délicates, les femmes, les dîners, et au dessert les toasts à la liberté. Mais il devait éprouver une gêne physique à frôler, à coudoyer le peuple, les ignorants, les moindres, les laborieux, ceux dont après tout le travail manuel rend possibles la poésie et l'art, en faisant des loisirs aux poètes et aux artistes. Tous les monarchistes libéraux de 89 n'étaient pas ainsi : Bailly, le froid Bailly, eut son heure de pitié et d'amour pour le peuple de Paris ; même des *noirs*, comme l'abbé Maury, savaient parler au peuple et se sentaient peuple à l'occasion. Personne, dans la Révolution, n'a montré, comme André Chénier, un dédain sec pour le peuple, une répulsion presque physique, au point de n'avoir pas un mot dans tous ses écrits, pas une allusion bienveillante pour l'héroïsme des pauvres gens qui sacrifièrent, en 1792, leur vie et même leur bien-être à un idéal. Ce poète ne comprit pas cette poésie.

Quels sont pour lui, à cette époque, les vrais héros de la Révolution? Quelles sont les figures dont la vue sollicite sa lyre? Est-ce Danton, avec son génie si français? Vergniaud, avec ses périodes au beau son large? Non. Il ne se ressouvient qu'il n'est poète qu'en face du bourgeois possesseur de 6,000 livres de rentes. Pétion avait accusé la tiédeur de la bourgeoisie: André Chénier exalte aussitôt avec lyrisme, dans le *Journal de Paris* (26 février 1762), « cette classe qui, étant placée à distance égale entre les vices de l'opulence et ceux de la misère, entre les prodigalités du luxe et les extrêmes besoins, fait essentiellement la masse du vrai peuple dans tous les lieux et dans tous les temps où l'on donne un sens aux mots qu'on emploie; cette classe est la plus sobre, la plus sage, la mieux active, la plus remplie de tout ce qu'une honnête industrie enfante de louable et de bon... (1) »

Cet idéal censitaire lui inspire, à lui le poète épris de la distinction de la forme, des phrases presque banales, des épigrammes presque vulgaires, comme lorsqu'il se plaint qu'on veuille « soumettre l'Assemblée nationale et la France à l'empire des clubs et de cinq ou six Démosthènes de halle ». On croit entendre déjà le plat langage de la réaction de 1849.

Voilà sa politique, si je puis donner ce nom à des tendances dans lesquelles l'hérédité avait peut-être

______

(1) *OEuvres en prose*, p. 129

AULARD. Études.   6

plus de part que la réflexion. Voici ses opinions religieuses, qu'il est facile de deviner et de préciser.

Il n'est pas chrétien. La grande tentative religieuse
de Jean-Jacques l'a laissé insensible, ou plutôt iro-
nique. Païen, Grec, il se rattache aux encyclopédistes,
moins par système que par un goût tout esthétique
pour ce qui est purement raisonnable, purement
humain. Il abhorre le mysticisme. Ce que Chênedollé
nous a dit de son athéisme n'a pas grande autorité :
Chênedollé n'a pas connu André Chénier. Mais, ce
qui est certain, c'est que, dans sa prison, à la nouvelle
de l'établissement du culte robespierriste de l'Être
Suprême, il écrivit quelques vers inachevés où se
marque le plus libre esprit philosophique :

> Grâce à notre Sénat, le ciel n'est donc plus vide !
>   De ses fonctions supendu,
> Dieu . . . . . ' . . . .
>   Au siège éternel est rendu.
> Il va reprendre en mains les rênes de la terre.

Puis il s'étonne que l'Être Suprême accepte cet
encens, laisse vivre ces Jacobins, et il lui dit :

> Tu ne crains pas qu'au pied de ton superbe trône,
>   Spinosa, se parlant tout bas,
> Vienne te dire encore : Entre nous, je soupçonne,
>   Seigneur, que vous n'existez pas (1).

Il ne parle qu'avec un dédain parfait des prêtres
et de la religion, soit qu'il écrive à l'abbé Raynal
(5 juin 1791) « qu'il n'estime aucun collège de prêtres, à

______

(1) *Œuvres d'André Chénier*, éd. Gabriel de Chénier, III, 276.

quelque communion qu'ils appartiennent », soit que, répondant à son frère Marie-Joseph (16 mai 1792), il associe dans la même réprobation les prêtres jureurs et les non jureurs et s'écrie avec une conviction paisible : « Je crois, depuis longtemps, que tous les collèges de prêtres ont conspiré contre le bonheur et la tranquillité humaine. »

Mais il ne veut pas qu'on leur donne le prestige de la persécution ; il demande pour les religions et leurs ministres la plus absolue liberté et l'indifférence de l'État. Ici, il s'élève fort au-dessus de son temps, et, dès le début de la Révolution, il propose la solution du problème. Sa critique de la Constitution civile du clergé, de ce décret funeste où les constituants s'étaient montrés *plus théologiens que législateurs*, est une page admirable et si prophétique, que les contemporains ne la comprirent pas, quoiqu'elle eût paru dans le plus lu des journaux du temps (*Moniteur* du 22 octobre 1791). En créant le serment, dit-il, l'Assemblée nationale a créé la distinction entre les assermentés et les non assermentés ; elle a créé la guerre civile qui se prépare, et il ajoute ces réflexions, alors si nouvelles :

« Nous ne serons délivrés de l'influence de pareils hommes que quand l'Assemblée nationale aura maintenu à chacun liberté entière de suivre et d'inventer telle religion qui lui plaira ; quand chacun paiera le culte qu'il voudra suivre et n'en paiera point d'autre, et quand les tribunaux puniront avec rigueur les persécuteurs et les séditieux de tous les partis.

« Souvenons-nous que dix-huit siècles ont vu toutes les sociétés chrétiennes déchirées et ensanglantées par des inepties théologiques, et les inimitiés sacerdotales finir toujours par s'armer de la puissance publique. Toujours les mêmes passions ont parlé le même langage. Jadis les sectes triomphantes se disaient les plus attachées à l'État, aux rois, aux empereurs ; aujoud'hui les haines, les ambitions, les vengeances se déguisen sous le beau titre de *constitutionnel*...

« Des querelles de prêtres ne peuvent qu'être alimentées par l'attention qu'on y fera ; elles ne peuvent que cesser dès qu'elles n'intéresseront personne, et le devoir de l'Assemblée nationale est de les étouffer par l'indifférence et non pas d'y prendre part. »

Je crois bien qu'André Chénier fut le premier a formuler en France, avec cette précision, la doctrine actuelle sur les rapports des Églises et l'État. A ce point de vue, les hommes de liberté peuvent la saluer comme un précurseur.

III

On aurait pu croire que, poète et helléniste, il devait être tenté de chercher dans la retraite et dans l'abstention les longs loisirs qui semblaient indispensables à un génie poétique où entrait comme éléments autant de patience que d'inspiration. Il n'en fut rien. Cet homme bilieux, atteint dès son adoles cence de coliques néphrétiques, peut-être énervé par le plaisir, à coup sûr physiquement irritable, n'était pas né pour jouer le rôle d'un spectateur impassible. Vertueux d'ailleurs, dans le sens le plus élevé et le plus humain du mot, passionné pour la justice et la vérité, fanatique de l'ordre et de la mesure dans les actions humaines comme d'autres l'étaient du grandiose et du gigantesque, il vibra plus qu'un autre au contact de la Révolution. Les premières semaines l'enchantèrent ; l'*Ode au Jeu de Paume* est d'un sentiment vrai, et, même en 1790, quand il se décida à imprimer son *Avis aux Français*, où il gronde et gourmande, il montre encore de l'amour pour le mouvement issu de 1789. Il salue cette Révolution « qui est, pour ainsi dire, grosse des destinées du monde ». Il admet, avec son ami La Fayette, le droit à l'insurrection ; il excuse pieusement, comme provisoire, la laideur des choses et des hommes. Il semble d'accord avec le journaliste Prudhomme, et même, quelques mois plus tard, dans une lettre publique à l'abbé Raynal, il n'hésite pas à faire chorus avec Robespierre. On sait que l'auteur vieilli de l'*Histoire philosophique des Deux Indes* s'était laissé dicter par Malouet un factum réactionnaire : « Quoi ! lui répond André Chénier, quand vous avez chanté, invoqué la liberté avec tant de force et de chaleur, ignoriez-vous que l'établissement de la liberté, surtout chez une nation détériorée par un long esclavage, entraîne toujours des désordres et des malheurs d'un moment ? »

Mais, dès l'*Avis au peuple français* (28 août 1790), percent son mécontentement et son opposition future. Parlant des émigrés, des premiers émigrés, c'est-à-dire des plus haineux, il regrette que les patriotes n'aient pas su les retenir en France. L'enthousiasme populaire l'effraie et déjà l'écœure secrètement, lui qui s'écriera avec injustice : « Je me défie du courage qui naît de l'ivresse. » Mais cette ivresse n'était pas passagère : c'était celle du bon sens et du patriotisme surexcités ; les effets s'en feront sentir pendant un demi-siècle. Pourquoi André Chénier la méprise-t-il, cette généreuse ivresse ? Parce qu'elle vient d'en bas, de la foule, des ignorants, du peuple ; parce qu'elle sort de la rue et de l'atelier, cette ardente aspiration nationale, au lieu de prendre sa source dans les salons dorés du club de 1789, parmi les artistes, les lettrés et les délicats. Il faut le voir, en ce pamphlet, monter dans sa tour d'ivoire, comme fera Vigny, et du haut de sa solitude insulter la foule. Il faut l'entendre, avec une éloquence cruelle et alors injuste, exalter les citoyens « qui savent dédaigner la popularité pour mériter l'estime publique, quand la popularité et l'estime publique ne sont pas la même chose. » Certes, le mot est beau et vrai : mais qu'entendait Chénier par l'estime publique, sinon l'estime de quelques amis choisis, cercle distingué, mais étroit et fermé au souffle de la Révolution ?

Chose extraordinaire ! ce journaliste, rédacteur intermittent du *Moniteur* et du *Journal de Paris*, ne s'adresse pas au public, au peuple ; il constate d'avance que ses articles seront de nul effet sur l'opinion, et on dirait qu'il s'en réjouit. Il voit bien que « l'exemple d'une courageuse franchise ne sera d'aucune utilité ». Mais il lui semble que « démasquer sans aucun ménagement des factieux avides et injustes est un plaisir qui n'est pas indigne d'un honnête homme ».

Et qui sont ces factieux avides et injustes ? Tous les citoyens que ne rassurent pas la loyauté de Louis XVI, le patriotisme de Marie-Antoinette, le civisme de Montmorin et de Breteuil, la sincérité révolutionnaire de M. Delessart. Oui, quiconque croit la Révolution trahie par la cour n'est, selon le mot d'André Chénier, qu'un *brouillon famélique*. Personne ne trouve grâce devant l'amer satirique. Quoi ! pas même Vergniaud, le grand artiste, le poète orateur ? Non, Vergniaud n'est qu'*un rhéteur pompeux*. Et Condorcet, le sage Condorcet, le maître de philosophie de Chénier ? Condorcet fut un grand homme tant qu'il fréquenta le club de 89, tant qu'il crut en Louis XVI. Mais, depuis que les perfidies de la cour lui ont ouvert les yeux, depuis que, dans ce duel entre le roi et la nation, il s'est rangé du côté de la nation, il n'est plus qu'un vil et odieux libelliste « qui s'assied majestueusement entre Brissot et Marat ». Et Brissot, cet honnête homme de bonne volonté, cet innocent si calomnié, qu'en pense le poète ? Il est, pour lui, « le libelliste qui barbouille avec de la fange et du sang les premières pages du *Patriote français* ». Rappelant que Brissot, sous l'ancien régime, flatta la cour par une boutade contre Damiens, il ajoute avec fiel : « Les mauvais citoyens l'ont accusé d'inconstance. Quelle ineptie ! Il encensait les puissants d'alors ; il encense les puissants d'aujourd'hui. Appelez-vous cela changé ? » De même, Collot d'Herbois, transfuge du club de 1789, n'est qu'un menteur (et peut-être André Chénier n'avait-il pas tort). Même la timide tentative libérale de M. de Narbonne et de Mme de Staël le trouve sans indulgence. Il ne veut pas de cette politique qui sort, dit-il, *des boudoirs des catins*. C'est un Alceste feuillant

IV

Il y a eu, dans la Révolution, deux sortes de monarchistes. Les uns voulurent fonder une monarchie constitutionnelle, et, du moins, à titre transitoire, établir un état de choses où la liberté serait conciliée avec un pouvoir royal aux attributions restreintes. On appelait cela, dans le jargon politique d'alors, la *démocratie royale*. La France accepta cet accommodement tant qu'elle crut à la sincérité de Louis XVI, et ces libéraux, qui représentaient l'opinion, restèrent monarchistes tant que la monarchie ne trahit pas la nation. Cette trahison une fois opérée, la lumière se fit dans les esprits, dans les uns tout d'un coup, dans les autres peu à peu, et l'idée républicaine eut son heure chez ces anciens monarchistes qui s'appelaient Danton et Marat. D'autres restèrent monarchistes, *après la trahison*, et quelques-uns persistèrent à se dire patriotes, parce qu'ils étaient d'autant plus d'amour et de confiance en Louis XVI qu'il était plus évidemment traître et parjure. André Chénier fut un de ces monarchistes bornés et aveugles. Le roi jésuite, à qui sa conscience élastique permettait de faire connaître à l'ennemi les plans de campagne de l'armée française, devint, aux yeux prévenus du poète, un roi martyr, et le fier écrivain, qui vécut sans mensonge, fit paraître une sympathie bruyante pour le personnage médiocre et cauteleux dont le manque d'âme irritait jusqu'à ses amis.

On sait le rôle, parfaitement honorable et courageux, que joua le poète dans le procès de Louis XVI, à la défense duquel il collabora avec un dévouement sans bornes. Il me plaît moins de rencontrer André Chénier parmi les inspirateurs de l'ambassadeur d'Espagne, lors de la démarche que fit cette puissance auprès de la Convention pour sauver Louis XVI. On admet presque qu'il collabora à la première missive espagnole, lue à la Convention, le 28 décembre 1792. Il paraît qu'à son départ, le chargé d'affaires de l'Espagne l'aurait chargé de garder et de soustraire aux recherches les correspondances qu'il avait échangées avec le parti constitutionnel. Ce fait fut reproché à André Chénier par le tribunal révolutionnaire, — soit dit sans vouloir excuser en rien l'odieux assassinat judiciaire dont le journaliste-poète fut victime.

En tous cas, il ne faut pas se le représenter comme un *mouton bêlant* mené à la boucherie. C'était un homme de combat, sans faiblesse et sans pitié. Il lutta corps à corps, à visage découvert, non seulement contre Brissot et Desmoulins, mais contre la grande puissance morale et politique de ce temps-là, contre les Jacobins. Cette violente dictature d'une minorité, il ne comprend pas que la cour l'a rendue nécessaire par ses trahisons. Il appelle le club « cette corporation, la plus destructive, la plus antisociale qu'il y ait jamais eu sur la terre, et que je ne cesserai de poursuivre tant qu'elle existera ou tant que j'existerai ». Quels services ont rendus à la patrie *ces attroupements d'idiots?* Ils n'ont commis que des crimes. A ses yeux, les moines et les jésuites n'ont pas été pires.

« Ces sociétés, dit-il, se tenant toutes par la main, forment une espèce de chaîne électrique autour de la France. Au même instant, dans tous les recoins de l'empire, elles s'agitent ensemble, poussent les mêmes cris, impriment les mêmes mouvements, qu'elles n'avaient certes pas grand'peine à prédire d'avance. » Il ne s'aperçoit pas qu'il atteste ainsi lui-même aux yeux de la postérité l'importance et l'utilité révolutionnaire de la célèbre société. Qui oserait affirmer que sans le club des Jacobins la France de 1793 aurait fait reculer l'Europe?

C'est surtout à l'occasion de la fête en l'honneur des soldats de Châteauvieux que se montre toute *l'inintelligence* du poète à l'endroit de la Révolution. Dans cette grande excuse fraternelle adressée par Paris aux victimes d'une féodalité étrangère, victimes dont la France s'était constituée la geôlière, il ne voit qu'un hommage rendu à l'indiscipline. Il ne comprend pas, il ne veut pas comprendre le sens profond et symbolique de ce triomphe. Relisez Michelet, et vous verrez combien l'auteur de la *Jeune Captive* fut fermé aux généreuses émotions populaires de 1792, et combien la sécheresse de son cœur égara son haut esprit, jusqu'à ne lui faire voir, dans cette belle journée, qu'une *ignominieuse bambochade*, et, dans les Girondins qui l'avaient laissé faire, *la lie et la honte de l'espèce humaine.*

Quand Roland fut chassé, il exulta, puis s'inquiéta à l'idée que ces *féroces* Girondins pussent revenir. A ceux qui prennent André Chénier journaliste pour un moraliste inoffensif et prudent je recommande ces trois lignes, qui parurent dans le *Journal de Paris* du 21 juillet 1792, sous la date du 19 : « Au Roi. On prétend, mais cela n'est pas possible, que le ministère va de nouveau être abandonné à Roland, Clavière et Servan. Ah ! Sire, voudriez-vous gâter le 20 juin ? — André Chénier. » Pouvait-on provoquer l'opinion avec plus d'audace et de hauteur ?

V

Non, André Chénier ne fut point un mouton bêlant. La passion politique brûlait ses veines; il haïssait éperdûment. Dans sa prison, il écrivait un *iambe* où, apostrophant le gibet, qu'il appelait le sauveur futur de la France, il y suspendait Danton, Robespierre, Cloots, tous les patriotes, et il disait au gibet :

> ... Tu les enverras tous au fond des ténèbres
> Lécher le c.. du bon Marat ! (1)

Dans le canevas d'une autre pièce, il dit à l'Être Suprême : « Tu n'es pas réduit comme nous à reconnaître un Couthon à ses actions et à la bassesse de son affreux visage. Tu vois, au lieu d'un cœur, bouillir dans sa poitrine un fétide mélange de bitume, de rage, de haine pour la vertu, de vol, de calomnie et de m.... et de fange (2). »

Et encore ce n'est pas ici que la passion politique aveugla davantage André Chénier. Croirait-on que ce lettré exquis méconnut le talent de Camille Desmoulins, si grec et si français à la fois, si digne d'être comparé au sien et si dissemblable, où tant de verve se mêle à tant d'art, avec un sentiment hellénique de la proportion et de la juste mesure ? Ce sentiment n'aurait-il pas dû suffire à provoquer une sorte de sympathie littéraire entre ces deux hommes, que notre admiration rapproche sans les confondre, et qui sont, l'un le grand poète, l'autre le grand prosateur de l'époque révolutionnaire ?

4 juin 1886.

(1) *Œuvres politiques d'André Chénier*, éd. Gabriel de Chénier, t. III, p. 275.
(2) *Ibid.*, p. 277.

VI

LA PROCLAMATION DE LA RÉPUBLIQUE EN 1792

On sait que M. Camille Dreyfus a fait à la Chambre des députés la motion de célébrer par une fête nationale le centième anniversaire de la proclamation de la République en France (1), et il a demandé que cette fête fût fixée au 22 septembre. D'autres personnes proposent pour la même fête la date du 21 septembre. Elles se trompent, et c'est M. Dreyfus qui a raison. Le 21 septembre 1792, la Convention abolit la royauté : le 22, elle établit la forme républicaine. Mais comment se fait-il que vingt-quatre heures se soient écoulées entre l'abolition de la royauté et la proclamation de la République ? Est-ce que nos pères ne considéraient pas cette seconde mesure comme la conséquence immédiate de la première ? Avaient-ils donc peur du mot République ? Les faits et les textes vont nous indiquer la réponse à ces questions, que peu d'historiens se sont posées, et cette réponse,

(1) Cette étude a été écrite au moment où la motion fut faite à la Chambre des députés, le 7 janvier 1892, de célébrer comme fête nationale le centième anniversaire de l'établissement de la République en France.

en dissipant les légendes passionnées, nous dira peut-être au vrai comment la République et l'idée républicaine furent pour la première fois introduites en France.

I

Quand on compare les deux proclamations de la République qu'a entendues notre siècle avec l'acte du 22 septembre 1792, on est tout d'abord frappé de la différence de ton et de style.

Le 24 février 1848, le gouvernement provisoire constitué à l'hôtel de ville, sous la présidence de Dupont (de l'Eure), commence par publier une proclamation où on lit :

« Le gouvernement provisoire veut la République, sauf ratification par le peuple, qui sera immédiatement consulté. »

Par décret du 5 mars 1848, une Assemblée nationale constituante est convoquée; elle se réunit le 4 mai et adopte, à cette date, la proclamation suivante :

« L'Assemblée nationale, fidèle interprète des sentiments du peuple qui vient de la nommer, avant de commencer ses travaux, déclare :

« Au nom du peuple français, et à la face du monde entier, que la République, proclamée le 24 février 1848, est et restera la forme du gouvernement de la France.

« La République que veut la France a pour devise :

Liberté, Égalité, Fraternité. — Vive la République ! »

Le 4 septembre 1870, le gouvernement de la Défense nationale, qui prit la place de l'Empire, publia cette proclamation :

« FRANÇAIS,

« Le peuple a devancé la Chambre qui hésitait ; pour sauver la patrie en danger, il a demandé la République. Il a mis ses représentants, non au pouvoir, mais au péril. La République a vaincu l'invasion en 1792, la République est proclamée. La révolution est faite au nom du droit, du salut public. Citoyens, veillez sur la cité qui vous est confiée ; demain, vous serez, avec l'armée, les vengeurs de la patrie. »

Ces deux proclamations sont aussi nettes que solennelles ; à chaque fois, c'est le parti républicain qui arrive au pouvoir par une révolution, c'est la République qui s'installe avec éclat et qui se définit elle-même rien qu'en se nommant, parce qu'en 1848 et en 1870, tout le monde en France connaît et comprend ce mot haï des uns et adoré des autres : la République.

Au contraire, le 22 septembre 1792, la Convention nationale se borne à décréter incidemment « qu'on datera dorénavant les actes : *l'an premier de la République française* ». Nulle solennité, nul éclat ; la presse en général mentionne cette décision sans commentaire et comme insignifiante ; même le plus connu des journaux d'alors, *le Moniteur*, ne l'annonce qu'au bout de quatre jours.

En 1848 et en 1870, ce mot de République provoquera une explosion bruyante d'enthousiasme populaire. En 1792, il n'est prononcé qu'à demi-voix, du bout des lèvres, et aucun écho de l'opinion nationale ne semble répondre d'abord au décret de la Convention.

C'est que la France révolutionnaire ne savait pas ce que voulait dire ce mot, plus tard magique, alors inconnu ou équivoque.

N'hésitons pas à le dire : la France de septembre 1792 n'était pas encore républicaine.

En 1789, elle avait voulu faire la Révolution par la monarchie. Louis XVI n'était pas seulement l'homme le plus populaire de son royaume : on voyait dans le roi le guide héréditaire, le possesseur du talisman qui devait conduire la nation à ses destinées, le détenteur du secret de la tradition et de la force, celui en qui se personnifiait la souveraineté de la nation.

Voici qu'une première fois le roi se dérobe à sa mission par la fuite à Varennes : on le reprend, on le replace sur le trône, on lui refait de force une loyauté, une virginité politique. Quelques esprits hardis se détachent alors de la royauté, et le mot de République est prononcé par Condorcet, par Thomas Paine, par Achille Duchastellet, par les Cordeliers (1) : la masse du peuple reste monarchique.

(1) Voir le Journal intitulé : *le Républicain ou le Défenseur du gouvernement représentatif, par une Société de républicains*; Paris, juillet 1791, in-8. — Bibl. nat. Lc 2/613. — Le premier numéro est daté de juillet 1791, sans jour; le quatrième et dernier,

Arrive la guerre.

L'office essentiel de la royauté, à travers les siècles, avait été de maintenir et d'accroître le territoire.

La royauté manque à cet office, qui est sa raison d'être aux yeux du peuple. Louis XVI déserte son devoir militaire ; le peuple de Paris l'avertit avec dureté dans la journée du 20 juin 1792, le coiffe brutalement du bonnet rouge, mais le laisse sur le trône.

Louis XVI trahit, et le manifeste de Brunswick fait éclater cette trahison ; le peuple de Paris le jette à bas du trône dans la journée du 10 août 1792.

II

Aujourd'hui, à distance, puisque la conséquence ultérieure de la journée du 10 août fut l'établissement de la République, il nous semble que les auteurs de cette journée eurent en vue la destruction systématique de la royauté.

C'est une erreur : il ne pensèrent pas, en général, à détruire pour toujours le trône : ils s'armèrent plutôt contre Louis XVI que contre la monarchie (1).

Les Français les plus démocrates d'alors, ceux de

du 16 juillet 1791. — Voir aussi le placard républicain qui fut affiché, le 1er juillet, à la porte même de l'Assemblée constituante ; Buchez, t. X, p. 449.

(1) Cependant, après sa victoire, le peuple abattit les statues des autres rois, même celle d'Henry IV. (*Courrier* de Gorsas du 12 août 1792.)

Paris, trouvèrent à ce moment-là un ardent et fidèle interprète dans le Conseil général de la Commune, lequel, le 3 août 1792, présenta à l'Assemblée législative une pétition qui parut violente et fit du bruit. On n'y demandait cependant ni la République ni même la destruction de la royauté, mais seulement la déchéance de Louis XVI. Et au nom de quoi la demandait-on ? La pétition le dit expressément : au nom de la constitution monarchique de 1791.

Et, quand Louis XVI, délogé par le peuple, se fut réfugié dans le lieu des séances de l'Assemblée législative, alors que le triomphe de l'insurrection était assuré, les députés ne rendirent qu'un décret de suspension.

Les termes de ce décret sont remarquables :

L'Assemblée considère « que les dangers de la patrie sont parvenus à leur comble ; que ces maux dérivent principalement des défiances qu'a inspirées la conduite du chef du pouvoir exécutif dans une guerre entreprise en son nom contre la constitution et l'indépendance nationale ; que ces défiances ont provoqué de diverses parties de l'empire un vœu tendant à la révocation de l'autorité déléguée à Louis XVI ; que néanmoins le Corps législatif ne doit ni ne veut agrandir la sienne par aucune usurpation ; que, dans les circonstances extraordinaires où l'ont placé des événements imprévus par toutes les lois, il ne peut concilier ce qu'il doit à sa fidélité inébranlable à la constitution avec sa ferme résolution de s'ensevelir sous les ruines du temple de la Liberté, plutôt que de la laisser périr, qu'en recourant à la souveraineté du peuple et prenant en même temps les précautions indispensables pour que ce recours ne soit pas rendu illusoire par des trahisons... »

Et il est décrété« que le peuple français est invité à former une Convention nationale ; que le chef du pouvoir exécutif est provisoirement suspendu de ses fonctions, jusqu'à ce que la Convention nationale ait prononcé sur les mesures qu'elle croira devoir adopter pour assurer la souveraineté du peuple et le règne de la liberté et de l'égalité ».

Cette Assemblée législative qui , au milieu même de la réaction populaire et sans que l'opinion proteste, se déclare fidèle à la constitution monarchique de 1791, entend si peu détruire la royauté, que dans le même décret elle décide que les ministres actuels du roi resteront provisoirement en fonctions ; et l'idée même de changer l'ordre de succession au trône lui vient si peu à l'esprit, qu'elle décide en même temps qu'un gouverneur sera nommé au prince royal.

Elle ne consacre d'abord l'esprit nouveau, qu'elle semble voir et craindre, que par un serment vague : celui de maintenir la liberté et l'égalité ou de mourir à son poste.

Quelques heures plus tard, elle se décide à prendre en main l'intérim du pouvoir exécutif, comme la Constituante l'avait fait au 21 juin 1791, et elle nomme provisoirement les ministres.

Quant au gouverneur du prince royal, elle en

ajourne la nomination, mais sans dire qu'elle renonce à le nommer.

Pour remplacer la sanction royale, elle décrète que le ministre de la justice apposera lui-même sur les lois le sceau de l'État; mais ce sceau porte encore les attributs royaux. Ce n'est que cinq jours plus tard, le 15 août, que la Législative lui donne une figure purement nationale, et encore décrète-t-elle qu'on se servira de l'ancien sceau, en attendant que le nouveau soit prêt.

En résumé, la révolution du 10 août maintient la monarchie, et, en dépit du décret du 15 août, la devise: *La nation, la loi, le roi*, se retrouve, jusqu'au 22 septembre, sur presque tous les actes publics, même sur les procès-verbaux de l'élection des conventionnels.

III

Que se passe-t-il dans la période comprise entre la suspension de Louis XVI et l'avènement de la République?

On a vu que la Législative avait décrété la réunion d'une Convention nationale; et une Convention nationale, c'était, dans la langue politique du temps, une assemblée de revision. Elle fut nommée, non par un suffrage restreint et censitaire, comme l'avait été la Législative, mais par le suffrage universel, avec deux degrés d'élection. Les électeurs du premier degré, c'est-à-dire tous les citoyens âgés de vingt et un ans, nommèrent des électeurs du second degré, choisis parmi les citoyens âgés de vingt-cinq ans et domiciliés depuis un an : ceux-ci élurent les conventionnels (1).

Les élections eurent lieu sous le coup d'une grande émotion patriotique causée par l'invasion prussienne. Mais, sauf à Paris, l'impression produite par les massacres de septembre n'influa en rien sur le choix des électeurs, puisque les élections étaient partout à peu près achevées quand la nouvelle des massacres parvint aux départements.

Quels furent les pouvoirs, les mandats des nouveaux députés ? Voilà ce qu'il est indispensable de rechercher pour comprendre dans quel état d'es-

(1) L'Assemblée législative n'arriva pas du premier coup à fixer la législation électorale pour la future Convention. Le 10 août 1792, elle accorda le droit de vote « dans les assemblées de commune et dans les assemblées primaires » à tout Français « âgé de vingt-cinq ans, domicilié depuis un an, vivant du produit de son travail ». Le 11 août, elle renonça, malgré le rapport de la Commission extraordinaire, à maintenir cette limite d'âge, et elle étendit le droit de vote au premier degré à tout Français « âgé de vingt et un ans, domicilié depuis un an, vivant de son revenu ou du produit de son travail et n'étant pas en état de domesticité »; mais elle décréta que, pour être éligible comme député ou comme électeur, il fallait « être âgé de vingt-cinq ans et réunir les conditions exigées par l'article précédent ». Le ministre de l'intérieur Roland demanda à l'Assemblée de supprimer, par un décret définitif et clair, la contradiction que l'opinion croyait saisir entre le décret du 10 août et celui du 11. L'Assemblée rendit, le 21 août, le décret suivant, d'après lequel se firent les élections : « L'Assemblée nationale, après avoir décrété l'urgence et dérogeant à son décret du 10 de ce mois, décrète, conformément à l'article 2 de son décret du 11, que, pour la formation de la prochaine Convention nationale, tout Français âgé de vingt et un ans, domicilié depuis un an, vivant du produit de son travail, sera admis à voter dans les assemblées primaires ; mais que, conformément à l'article 3 du décret du 11, l'âge de vingt-cinq ans sera nécessaire

rit les conventionnels établirent la République (1).

En demandant à la France d'exercer sa souverai-
eté pour obvier aux maux de la patrie, la Législative
'avait indiqué au peuple aucune solution, ne lui
vait posé aucune question. Même dans l'adresse à
a nation, que le républicain Condorcet lui avait fait
oter le 13 août, elle s'était bornée à recommander
ux électeurs, au nom de l'intérêt public, d'investir
urs représentants de pouvoirs illimités (2).

ur être éligible comme électeur et comme député à la Convention
tionale. Le présent décret sera envoyé par un courrier extraordi-
aire. » La Convention fut donc nommée par le suffrage à deux
grés ; mais c'était un suffrage universel, et en effet on remarquera
e, dans son décret définitif, elle ne prononça plus d'exclusion
ntre les domestiques ; nulle part, dans aucun procès-verbal d'as-
mblée électorale de département, lors de la validation des pouvoirs
s électeurs, on ne rechercha si des domestiques avaient pris part
x élections du premier degré. — Le décret du 21 août 1792 a
happé à tous les historiens, à la plupart des journaux du temps, et
us-même en ignorions l'existence quand nous rédigeâmes, pour la
ande Encyclopédie, l'article Convention nationale. — Quant
décret du 10 août, qui avait primitivement fixé l'âge de l'électo-
en général à vingt-cinq ans et que nous empruntons au procès-
rbal, c'est-à-dire à la vraie source, il fut exactement reproduit
ns la Collection du Louvre. Mais Baudouin crut devoir imprimer :
ngt et un ans, sans doute parce qu'il n'imprima qu'après avoir
nnu le décret du 11. Duvergier n'a pu expliquer cette contradic-
n entre deux textes officiels ; mais nous croyons que le lecteur en a
intenant l'explication.

1) M. Gustave Bord avait commencé à étudier cette question dans
s articles sur la proclamation de la République de 1792, parus
ns la Revue de la Révolution, années 1883 et 1884 ; mais il n'a
blié que la moitié de son travail.

2) La Législative renouvela cette recommandation dans la loi du
août 1792.— Voir aussi, dans le Patriote français du 24 août 1792,
e Adresse aux assemblées primaires rédigée par plusieurs
mbres patriotes du Corps législatif, qui était l'œuvre de Claude,
uchet : on y demande des pouvoirs illimités pour les futurs députés,
is on n'y prononce pas le mot de République.

Sans doute, le 4 septembre 1792, émue par un spectacle terrible et voulant calmer Paris en flattant ses aspirations démocratiques, l'Assemblée, sur la motion de Chabot, jura haine aux rois et à la royauté. Mais aussitôt, se désavouant à demi, elle déclara à la France, dans une adresse rédigée par Guadet, que les députés avaient prêté ce serment comme citoyens et comme individus, non comme représentants du peuple (1).

Les électeurs obéirent docilement à l'invitation de la Législative et ne firent en général que suivre le règlement électoral qu'elle avait édicté.

Les assemblées primaires nommèrent en effet, le 26 août, les assemblées électorales de département, en leur donnant presque partout des pouvoirs illimités. Il n'y eut peut-être pas un million de citoyens qui se rendirent à ces assemblées primaires ; mais ils représentaient les forces vives de la France, et, si les abstentions furent nombreuses, c'est que la masse de la population rurale et ouvrière se voyait appelée pour la seconde fois seulement à l'exercice de ses droits politiques, dont la nouveauté déconcertait son ignorance et son héréditaire timidité.

Les électeurs du second degré se réunirent, le 2 septembre, dans une ville désignée par la Législative (2). Ces électeurs étaient un peu moins nombreux

____

(1) *Moniteur*, XIII, 618.
(2) Cette ville se trouva être partout un chef-lieu de district, mais presque nulle part un chef-lieu de département. Ainsi l'assemblée électorale du Gard siège à Beaucaire ; celle de la Haute-Vienne, au Dorat ; celle de la Vendée, à la Châtaigneraie. Voir le tableau de ces villes dans le *Moniteur*, XIII, 440.

que nos électeurs sénatoriaux actuels : ils formaient l'élite des patriotes et avaient été presque tous choisis dans les rangs de la bourgeoisie libérale.

Leur session dure en moyenne cinq à six jours. Ils la commencent en général par une messe et la finissent par un *Te Deum*, eux qui, dans un an, vont assister ou même participer au culte de la Raison. Ils vérifient leurs pouvoirs ; ils prêtent, conformément au décret qui les convoque, le serment de maintenir la liberté et l'égalité ou de mourir en les défendant ; ils font lecture de la proclamation du Conseil exécutif provisoire du 25 août et, souvent, d'une lettre patriotique des Jacobins du lieu. Puis ils nomment les députés à la Convention, les suppléants, et parfois profitent de la circonstance pour compléter les corps administratifs et judiciaires du département.

Si on parcourt les curieux procès-verbaux de ces élections, qui se trouvent presque tous aux Archives nationales (1), on voit que la question qui nous occupe, celle des pouvoirs et des mandats, ne se pose pas toujours. A cette époque, on affecte de n'être pas candidat ; on ne fait pas de profession de foi ; on ne veut être élu que sur sa bonne renommée. Et les procès-verbaux eux-mêmes nous apprennent que dans trente-quatre départements les électeurs ne firent aucune allusion aux pouvoirs dont leurs députés seraient revêtus. Dans trente-six, on leur donne,

---

(1) Archives nationales, C 178 à 181. Il ne manque, dans ces quatre cartons, que les procès-verbaux de l'Ardèche, du Nord, de la Haute-Vienne.

mais presque toujours sans phrases et sans explication aucune, des « pouvoirs illimités » ou une « confiance illimitée ». Dans deux départements, les Basses-Pyrénées et la Somme, la question préalable est opposée à la demande de définir ou limiter les pouvoirs. Dans un seul, la Charente, on donne comme mandat le serment même de maintenir l'égalité et la liberté. Dans les départements de l'Aisne, d'Eure-et-Loir et de Paris, ce sont de pleins pouvoirs, mais avec cette restriction que les lois constitutionnelles à faire seront soumises à la ratification du peuple.

Toutefois, si on lit avec soin tous ces procès-verbaux, si on les rapproche de l'adresse de Condorcet aux Français, on voit bien que tous les départements sans exception donnèrent à leurs députés de pleins pouvoirs; seulement les uns jugèrent à propos d'inscrire la formule indiquée par la Législative : *pouvoirs illimités;* les autres l'omirent comme inutile et sous-entendue.

Et la question *République ou Monarchie?* A en juger par les circonstances, il semblait que les élections dussent être un véritable plébiscite sur cette question. Eh bien, sur les quatre-vingt-trois corps électoraux, un seul, celui de Paris, aborda nettement cette question : Il demanda « la forme d'un gouvernement républicain (1) ». Dans les quatre-vingt-deux

(1) Il n'y a aux Archives nationales, pour Paris, que le procès-verbal de l'élection de chaque conventionnel. Les pouvoirs donnés par l'assemblée électorale à ses députés ne nous sont connus que par le *Journal des Jacobins* du 14 septembre 1792, qui en donne un extrait. — Quant aux pouvoirs donnés aux députés du Nord, nous

autres procès-verbaux, le mot de République n'est pas prononcé. Un seul département, le Jura, précise à peu près la forme du gouvernement à établir : ce sera « un pouvoir exécutif temporaire, amovible, à la nomination du peuple (1) ». Mais il ne dit pas : ce sera la République.

Quatre départements seulement se prononcèrent en forme contre la royauté, envers laquelle ils jurèrent une haine immortelle : ce furent l'Aube, la Charente-Inférieure, le Jura et Paris.

Aucun département ne demanda le maintien de la monarchie, mais il y eut une petite minorité d'assemblées primaires qui le demandèrent, et cela dans quatre départements, à savoir cinq assemblées primaires dans l'Allier, une dans l'Ariège, trois dans la Gironde et deux dans le Lot-et-Garonne.

La faiblesse de cette minorité opposante, alors que la question de la forme du gouvernement était implicitement posée, montre bien que la France révolutionnaire faisait, en vue de la défense nationale, le sacrifice de la monarchie.

les connaissons par les *Souvenirs* du conventionnel Fockedey. (*Documents pour servir à l'histoire de la Révolution*, par Ch. d'Héricault et Gustave Bord, 2e série, p. 139.)

(1) Déjà les assemblées primaires du canton de Lons-le-Saunier, en nommant leurs députés à l'assemblée électorale de département, avaient demandé l'abolition de la royauté. (*Annales patriotiques*, supplément au numéro du 7 septembre 1792.)

IV

Si, en dehors des procès-verbaux d'élection, nous cherchons à savoir ce que pensait l'opinion de la question République ou Monarchie, nous voyons que, dans les clubs, dans les journaux, on déclame contre Louis XVI, on lance parfois l'anathème à la royauté; on ne demande pas formellement la République.

Une partie même du peuple de Paris marque un grand dédain pour la forme du gouvernement. Le 16 août 1792, un députation du faubourg Saint-Antoine est à la barre de la Législative et dit, par l'organe de Gonchon : « République ou Monarchie? Président ou roi? Eh? peuple enfant! que nous importent les mots, pourvu que nous ayons un gouvernement à l'ombre duquel nous puissions vivre heureux et libres ? (1) »

Le mot et l'idée de République ne s'imposent donc pas aux esprits. En dehors de la royauté des Bourbons, il semble possible qu'il s'établisse, à défaut d'un roi étranger (2) auquel quelques-uns rêvent, un protectorat, une dictature, un triumvirat. Le 17 juin 1790, un inconnu avait demandé, dans le club des Jacobins, que Louis XVI fût revêtu du titre d'empe-

(1) On trouvera le texte de cette adresse dans le *Courrier des départements* du 17 août 1792, p. 266. — Gorsas ajoute en note que le rédacteur de toutes les adresses de Gonchon est P.-T. Fourcade.

(2) Gorsas, dans le *Courrier* du 18 septembre 1792, p. 282, raconte qu'on insinue dans le public qu'il faudrait mettre sur le trône un prince étranger.

reur, comme plus convenable à la situation nouvelle (1). Qui sait si dès lors l'idée de donner ce titre et ces pouvoirs romains à un général victorieux ne se présenta pas à quelques esprits ? En tout cas, il est visible que les publicistes craignent de s'engager, de se compromettre, sur cette question de la forme ultérieure du gouvernement. Sans doute Carra, dans ses *Annales*, exhale l'indignation nationale contre Louis XVI en violentes figures de rhétorique et propose d'*enterrer vif* quiconque demandera un roi (2), mais le mot de République ne se place jamais sous sa plume. Je ne vois que Gorsas qui ose parler d'une « Convention républicaine (3) ».

Les députés à la Législative se gardent bien davantage encore de prononcer le mot redoutable : ne viennent-ils pas, lors du baiser Lamourette, le 7 juillet, de jurer haine à la République ?

En dehors de l'Assemblée, les chefs de l'opinion sont muets sur la grande question, et on voit alors se dérober à l'envi et Robespierre, qui hier encore publiait son *Défenseur de la Constitution*, et Marat, qu'absorbent tout entier ses fureurs contre les personnes, et même Danton, dont la politique fonda pourtant le régime républicain en France : sa circulaire du 19 août aux tribunaux est plutôt une critique de Louis XVI que de la royauté (4).

(1) Voir mon recueil *la Société des Jacobins*, t. I, p. 153.
(2) *Annales patriotiques* du 1ᵉʳ septembre 1792.
(3) *Courrier des 83 départements* du 11 septembre 1792, p. 168.
(4) *Aux tribunaux*, signé: *le Ministre de la justice*, DANTON. Imp. de Gorsas, s. d. (19 août), in-8°. — Bibl. nat., Lb 39/10817.

Aucun de ces hommes ne dit ou n'écrit : nous voulons la République.

Jean-Jacques Rousseau n'avait-il pas professé que le gouvernement républicain ne convenait pas à un grand État ? On craignait que la République ne fût l'anarchie ou le fédéralisme, à un moment où il fallait unifier la France contre l'étranger. Le dictateur que demandait Marat semblait peut-être à l'instinct populaire plus convenable aux circonstances. Condorcet, qui avait hautement recommandé la chose et le mot en juin et juillet 1791, se taisait à cette heure décisive ; Danton et lui craignaient sans doute que le mot de République, si on le prononçait trop tôt, n'effarouchât le peuple, et ils préféraient laisser aux circonstances le soin d'imposer aux masses la leçon de logique dont elles avaient besoin pour accepter la conséquence nécessaire de l'abolition de la royauté, c'est-à-dire la République.

Rien n'est plus caractéristique, à ce point de vue, que l'attitude du club des Jacobins, qui était autant l'interprète que le régulateur de l'opinion publique.

Sans doute, le 13 août, il avait pétitionné pour qu'il n'y eût pas de gouverneur du prince royal ; mais, le 27 août, dans une adresse aux Sociétés affiliés sur les élections prochaines, il s'était borné à demander « une constitution conforme à la déclaration des droits et à l'intérêt du plus grand nombre ». La question de la forme du gouvernement l'intéresse bien moins que celle du suffrage universel direct, dont il est partisan, à l'encontre de l'Assemblée législative.

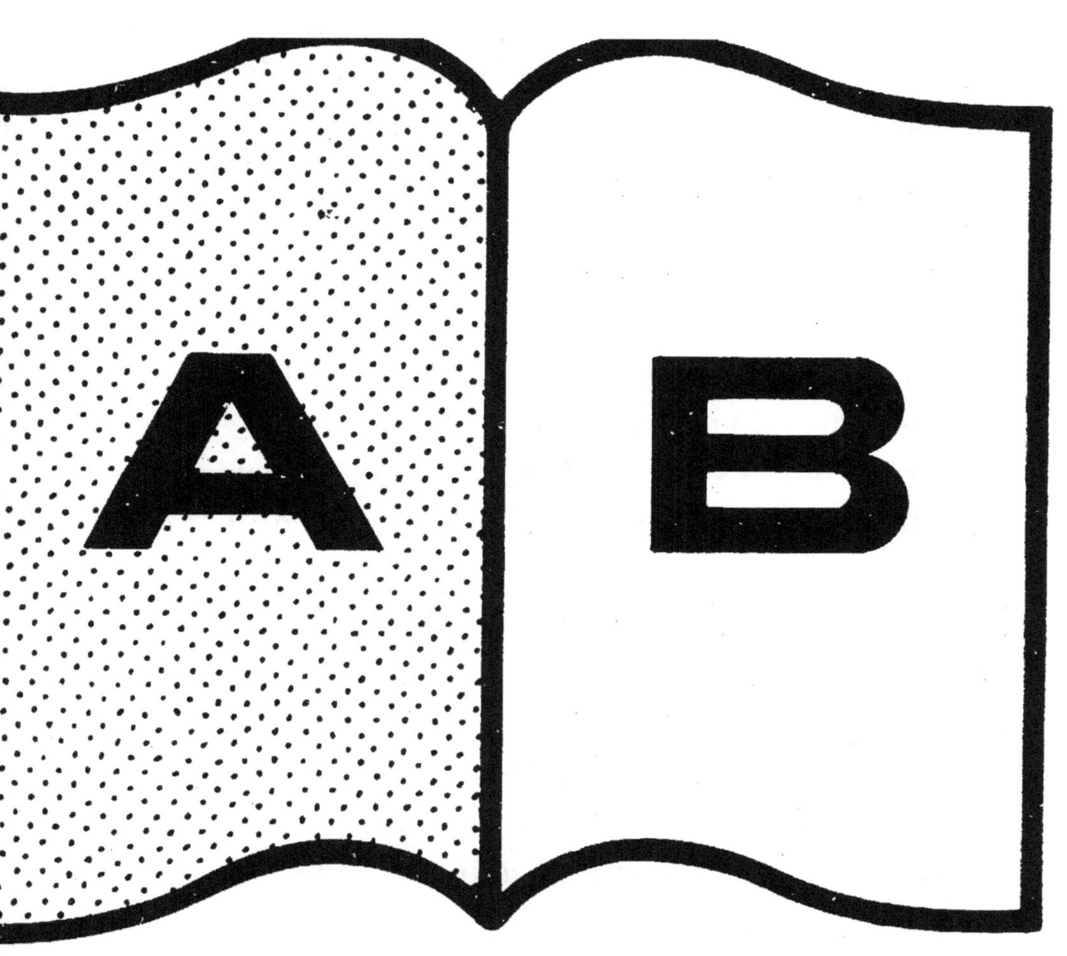

Contraste insuffisant

Le 2 septembre 1792, un des plus obscurs Jacobins, un certain Moras, affirme qu'il y aurait tout à gagner si on se passait du roi : la Société fait la sourde oreille. Le lendemain, un citoyen de Marseille, Auguste Mossy, écrit pour demander un « gouvernement républicain » : la Société ne répond pas. Le 7 septembre, Chabot fait mettre à l'ordre du jour « la forme de gouvernement à donner à l'empire français ». La forme « départementaire », c'est-à-dire fédéraliste, lui convient-elle? Chabot pense que non. Le 10, Terrasson prône le système fédéraliste et allègue Jean-Jacques. Chabot le combat. La Société écoute et ne se prononce pas. Le 13, on propose de discuter le programme républicain des électeurs de Paris, qui ont siégé dans la salle même du club : les Jacobins ne disent d'abord ni oui ni non, et ce n'est que sous la pression de l'opinion parisienne qu'ils se décident à adopter ce programme (1). Le 16, un membre demande que la Convention débute par abolir la royauté ; mais on ne l'écoute pas. Enfin, le 21, après le décret d'abolition de la royauté, Gerbet jeune propose aux Jacobins de s'intituler désormais *Amis de la République* : ils refusent, et, s'appliquant la formule du serment légal, ils s'intitulent pour toujours : *Société des Jacobins, amis de la liberté et de l'égalité.*

C'étaient là, il faut l'avouer, de tièdes confesseurs de la foi républicaine.

(1) Voir plus haut, page 90.

V

En somme, quand les conventionnels arrivent à leur poste, une seule assemblée électorale s'est prononcée formellement pour la République : mais cette assemblée, c'est Paris, c'est la capitale dirigeante, dont le prestige et l'autorité n'ont encore été diminués par aucune atteinte.

Sur 749 députés dont la Convention devait se composer, 371 ouvrent la session. Ils se constituent le 20 septembre (1). Le lendemain, 21, l'Assemblée, alors plus nombreuse, se voit obligée de parler à la France, de décréter son programme.

Elle évite d'abord le grave problème ; en présence du pas énorme à sauter, de la monarchie séculaire à détruire, il semble qu'elle hésite, qu'elle éprouve un frisson de peur.

Ce sont d'abord des décrets rassurants, et, étant données les circonstances, conservateurs :

« La Convention nationale décrète : 1° qu'il ne peut y avoir de constitution que celle qui est acceptée par le peuple ; 2° que les personnes et les propriétés sont sous la sauvegarde de la nation. »

« La Convention nationale décrète que, jusqu'à ce qu'il en ait été autrement ordonné, les lois non abrogées seront provisoirement exécutées ; que les pouvoirs non révoqués ou non suspendus sont provisoi-

(1) Et non le 21, comme on le dit trop souvent

roment maintenus, et que les contributions publiques existantes continueront à être perçues ou payées comme par le passé. »

Déjà la séance touche à sa fin (1), et on annonce qu'une compagnie de chasseurs demande à prêter serment devant l'Assemblée et à défiler dans son sein.

Alors Collot d'Herbois (comment laissa-t-on cette gloire à un histrion ?) s'élance à la tribune. Il dit qu'aux déclarations solennelles faites par la Convention nationale il en est une qu'on ne saurait différer d'ajouter, parce qu'elle est dans le cœur de tous les Français : c'est l'abolition de la royauté.

En vain Quinette s'oppose à cette motion, au nom du droit du peuple : le président Petion s'apprête à la mettre aux voix. Alors, dit le *Procès-verbal*, « tous les membres de l'Assemblée se lèvent par un mouvement spontané, et, par des acclamations unanimes, ils protestent de leur haine contre une forme de gouvernement qui a causé tant de maux à la patrie ».

Basire, pourtant ami de Danton, essaye des objections ; il observe que, quelque unanime que soit l'opinion de l'Assemblée sur une question aussi importante, il est de sa dignité de se défendre de l'enthousiasme. On lui répond que l'Assemblée ne cède point en cette occasion à l'enthousiasme, mais aux sentiments d'indignation dont tout homme libre doit être pénétré contre la royauté, et c'est alors que Gré-

____

(1) « Déjà la séance allait être levée. M. Collot d'Herbois s'élance à la tribune... » (*Journal du soir.*)

goire s'écrie : « L'histoire des rois est le martyrologe des nations ! »

La proposition est mise aux voix et décrétée, *à l'unanimité*, en ces termes :

« La Convention nationale décrète que la royauté est abolie en France. »

« Il est impossible, dit le *Journal de Perlet*, de peindre à nos lecteurs l'impression que ce décret a faite sur tous ceux qui l'ont vu rendre. Applaudissements, bravos, chapeaux en l'air, serments d'en maintenir l'exécution contre tous les tyrans réunis, cris de : *Vive la liberté et l'égalité!* voilà une faible esquisse de ce que nous avons vu. Qu'on y ajoute les frémissements de tous les cœurs, et l'on se formera une légère idée de ce spectacle. »

La compagnie de chasseurs dont il a été question plus haut défila alors dans l'Assemblée et salua de ses applaudissements et de ses serments l'abolition de la royauté.

On décida ensuite que le procès-verbal de la séance serait envoyé aux départements et aux armées, par des courriers extraordinaires, et que le décret « serait proclamé solennellement demain par la municipalité de Paris, et, dans toutes les municipalités, le lendemain de sa réception. » Un membre proposa que, « pour célébrer un si mémorable événement, le canon fût tiré et que le soir on illuminât les rues de Paris ; mais on passa à l'ordre du jour, sur l'observation que le peuple français aime trop ardemment la liberté, pour qu'il soit nécessaire de l'exciter à témoigner sa joie lorsqu'on prononce la destruction de la tyrannie. »

Tous les journaux enregistrèrent le décret avec solennité, et même la royale *Gazette de France* imprima, dans son numéro 180 : « Quand ce décret a été prononcé, des cris de joie ont rempli la salle, et tous les bras sont restés levés vers le ciel, comme pour le remercier d'avoir délivré la terre de France du plus grand fléau qui ait affligé la terre. »

VI

On a remarqué que, dans cette séance du 21 septembre 1792 où la royauté fut abolie, le mot de République ne fut prononcé par aucun orateur. Ce n'est que le soir, dans la rue, qu'il éclata sur les lèvres de Paris. La ville qui avait fait le 10 Août ne voulut pas attendre au lendemain pour proclamer l'abolition de la royauté. On fit, dès le 21, la proclamation aux flambeaux, au milieu d'un concours immense, malgré le mauvais temps. On voulut illuminer, mais le vent et la pluie éteignaient les lampions. *C'est partie remise, et l'octave,* disait le peuple, *n'est point passé.* Mais ce qui est notable, c'est qu'au milieu de l'allégresse parisienne, un cri nouveau fut entendu : *Vive la République !* Paris avait joyeusement tranché le problème qui faisait trembler les politiques (1).

(1) Nous empruntons ces détails au *Courrier des départements* du 22 septembre 1792.

L'Assemblée avait ce soir-là une seconde séance. Deux sections de Paris vinrent à sa barre lui jurer de maintenir... la République, — cette République dont la Convention n'avait pas encore parlé. Et une députation de la municipalité de Versailles annonça que de nouveaux volontaires venaient de se mettre en marche en jurant de *sauver la République*. L'Assemblée s'étonna, mais elle applaudit (1).

Le sort en est jeté : la Convention va accepter la République (2).

Le lendemain, 22 septembre 1792, après la lecture du procès-verbal de la veille au soir, Billaud-Varenne propose que l'on date dorénavant les actes : *l'an premier de la République française.*

Aucun journal ne relate que cette proposition ait été reçue avec enthousiasme. Le conventionnel Salle proposa même de délayer, en quelque sorte, cette formule, en y ajoutant l'ancienne : *l'an quatrième de la liberté.* Lasource fit écarter l'amendement, et on décréta la proposition de Billaud-Varenne.

On décréta aussi que tous les sceaux publics seraient changés « et porteraient pour type une femme appuyée d'une main sur un faisceau et tenant de l'autre une lance surmontée du bonnet de la liberté ».

(1) *Mercure français.*
(2) Nous avons rédigé le récit qui suit au moyen du *Procès-verbal* complété par le *Journal des débats et des décrets* et par d'autres journaux.

Quelqu'un demanda qu'on changeât la cocarde nationale, pour en retrancher la couleur royale. On répondit en riant qu'il fallait renvoyer cette motion à un comité de marchandes de modes, et la question préalable fut adoptée (1).

L'incident n'avait duré que quelques minutes, et l'Assemblée passa aussitôt à d'autres objets.

Les journaux ne parlèrent presque pas, je le répète, de l'établissement de la République, et *le Patriote français*, rédigé par Girey-Dupré, fut le seul à s'écrier : « Maintenant, le soleil de la République est levé ; les ténèbres de la royauté sont évanouies... »

Il n'est pas facile de savoir comment l'opinion accueillit, dans les départements, la première nouvelle du décret. On lit seulement dans les Mémoires du conventionnel Fockedey, qui, du 22 au 24 septembre, voyagea sur la route de Douai à Paris pour se rendre à son poste, qu'à son passage il lui parut que l'opinion était divisée au sujet de la République (2). Il est évident que bien des objections furent exprimées : le journal de Prudhomme nous les fait con-

(1) « Un membre voulait que l'on fixât un mode pour le mélange des couleurs nationales, dont il pense que l'on a fait souvent quelque combinaison royaliste. Un autre membre a demandé, en plaisantant, le renvoi de cette matière à un comité de marchandes de modes. L'Assemblée a ri de cette saillie et a passé à l'ordre du jour. « (*Journal du soir.*) « On est passé à l'ordre du jour sur la proposition de proscrire les fleurs de lys et la couleur blanche dans la cocarde nationale : on a pensé qu'un pareil soin appartenait au goût des marchandes de modes, plutôt qu'à la sagesse des législateurs. » (*Gazette de France.*)

(2) *Documents pour servir à l'histoire de la Révolution,* par Ch. d'Héricault et Gustave Bord, 2ᵉ série, p. 140.

naître par le résumé qu'il en a donné en les réfutant dans un long article gouvernemental (1). On ne craignait plus tant l'anarchie, puisque la Convention avait montré, dès son début, de la décision et de la force, puisque Danton avait donné une impulsion énergique au pouvoir exécutif. Mais on craignait le fédéralisme, qui se présentait sous deux formes opposées : fédération des provinces, et c'était là le rêve attribué à quelques Girondins ; fédération des communes sous la dictature de la commune de Paris, et c'était là le système formulé par Marat.

La Convention répondit à ces craintes et fonda véritablement la République en décrétant, le 25 septembre, « que la République française est une et indivisible ».

VII

J'espère avoir fait comprendre, par ce court récit, comment la royauté fut abolie en France et comment la République lui succéda. Les textes authentiques que nous avons cités ou suivis montrent bien la différence de ces deux actes, que sépara un intervalle de vingt-quatre heures. Le 21 septembre 1792, le trône est renversé, avec solennité, avec enthousiasme, avec un élan patriotique. Le 22 septembre, la conséquence de l'abolition de la royauté, hardiment tirée la veille au soir par Paris, est timidement acceptée

____

(1) *Révolutions de Paris*, n° 168, du 22 au 29 septembre 1792.

par la Convention. Elle semble dire : « Que voulez-vous ! c'est la logique : il n'y a pas moyen de faire autrement. » Pour cette proclamation modeste de la République, point de courriers, point de flambeaux, point de joie officielle. Visiblement, on craint que la France ne prenne mal la chose.

Toutefois, le sentiment républicain était déjà né en France, encore qu'il s'ignorât. Ce sentiment ne procédait pas des livres et, comme on l'a dit avec quelque pédantisme, de systèmes *à priori*, mais d'une simple et patriotique *leçon de choses*. On avait vu que la royauté manquait à son devoir en temps de guerre, et on avait tremblé pour l'indépendance nationale : de là le divorce de la France avec la royauté. L'expérience prouva ensuite la possibilité de la République. Déjà l'interrègne du 21 au 26 juin 1791 avait indiqué cette possibilité à quelques esprits d'élite : l'interrègne beaucoup plus long du 10 août au 21 septembre 1792 fit voir à la masse du peuple qu'on pouvait se passer de roi.

L'armée, qui avait plus souffert des trahisons de Louis XVI, fut la première à entendre cette voix de l'expérience. Dès le 9 septembre, le général Valence écrivait à Dumouriez, ce que Danton n'osait pas dire, *qu'il courrait à la République avec transport*. Prieur (de la Marne) souleva l'enthousiasme de l'armée des Ardennes en lui annonçant, le 29 septembre, l'avènement de la République (1). Tout de suite, on fut

____

(1) Voir l'émouvant récit de M. Chuquet, dans la *Campagne de l'Argonne*, pp. 408 à 410.

heureux de se battre, non plus pour un homme, mais pour la nation se gouvernant elle-même, et les armées devinrent et restèrent longtemps républicaines.

Ce sentiment nouveau était donc né à Paris et dans les armées. Voici comment il se répandit de Paris et des armées dans toute la France.

Quelques instants après le décret sur la République, la Convention reçoit la nouvelle de la bataille de Valmy, livrée le 20 septembre. Est-ce une victoire? Oui, puisque les Prussiens battent en retraite. Le territoire va être libéré. Encore quelques semaines, et il n'y aura plus d'ennemis sur le sol de la patrie. Eh quoi! la République fait donc ce que la monarchie n'a pas su faire : elle sauve l'indépendance de la France. Les préjugés anciens disparaissent; l'idée républicaine se popularise. Le peuple ratifiera le décret du 22 septembre 1792 en acceptant par son vote la constitution de 1793. On mourra pour la République, puisqu'elle est la patrie victorieuse et indépendante. De là le cri : *La République ou la mort !* La République va avoir ses héros, ses apôtres et son culte : elle est, de 1792 à 1795, la personnification de la conscience nationale (1).

(1) Ces vues n'étaient pas étrangères aux contemporains, et il faut signaler les remarquables paroles que Barère prononça à ce sujet, le 5 frimaire an II, à la tribune de la Convention : « Où était, dit-il, la République au commencement de la campagne ? Dans quelques décrets, dans le cœur d'un petit nombre d'hommes fermes et dévoués à la mort pour s'être élevés à la liberté. Où est aujourd'hui la République ? Dans le vœu constant des représentants, dans le cou-

On voit qu'au début la République fut acceptée par la France comme un moyen supérieur de défense nationale. Elle voulut être ensuite, et c'est aussi sa gloire, la réalisation de la pensée du siècle ; elle voulut réformer et fonder. Mais l'esprit nouveau n'avait pas encore pénétré assez profondément dans l'âme d'un peuple si longtemps façonné à l'obéissance et si ignorant. Quand les victoires eurent sauvé la patrie, il ne montra plus le même amour pour la République, dont l'office essentiel lui semblait rempli. Il laissa, après Thermidor, les royalistes relever la tête ; il revint à l'habitude héréditaire, ne garda de la Révolution que l'idée de nation une et l'idée d'égalité, — et, enfin, demanda à un soldat de lui garantir, au prix de la liberté, ces deux conquêtes.

30 janvier 1892.

rage des armées, dans la volonté du peuple, dans les sociétés populaires, dans les victoires de la Vendée et de Lyon, et dans le cœur de ces francs sans-culottes, dégagés des préjugés monarchiques et religieux et ne connaissant plus que le Dieu de la nature et de la liberté. »

VII

LES COMPTES DE DANTON

La légende veut que Danton ait dilapidé, étant ministre, l'argent de la France. Ce reproche lui fut adressé pour la première fois par les Girondins. Mme Roland le fixa dans ses *Mémoires*, et la postérité malveillante l'y a recueilli pour la grande joie des fils renégats de la Révolution. « Jamais, dit Mme Roland, Danton n'a rendu de compte à l'Assemblée ; il s'est contenté de lui attester qu'il l'avait rendu au Conseil, et, à ce Conseil, il s'est borné à dire dans une séance où Roland n'était pas, pour cause d'indisposition, qu'il avait donné vingt mille francs à tel, dix à tel autre, et ainsi du reste, pour la Révolution, à cause du patriotisme, etc. C'est ainsi que Servan me l'a répété. Le Conseil, interrogé par l'Assemblée sur la question de savoir si Danton avait rendu des comptes, répondit simplement que oui. Mais Danton avait acquis tant de puissance que ces hommes timides craignaient de l'offenser. »

Mme Roland veut parler du compte des dépenses faites par Danton sur les fonds accordés au Conseil pour dépenses secrètes et extraordinaires. Elle affirme, on le voit, que *jamais* Danton ne rendit compte à la Législative ou à la Convention de semblables dépenses, et M. Robinet lui-même (1), tout en protestant contre les conséquences que Mme Roland tire de ce *jamais*, reconnaît que Danton ne rendit compte à l'Assemblée que des *dépenses courantes* de son ministère et non pas des *dépenses extraordinaires*.

I

Ce compte, qu'on a cru jusqu'ici n'être qu'un compte administratif et de dépenses courantes, fut rendu par l'ex-ministre de la justice dans la séance du 6 octobre 1792. Le procès-verbal de la Convention nous l'apprend en ces termes :

« On lit une lettre de Danton, ex-ministre de la justice. Il fait passer le compte de son administration. Il fait aussi remettre sur le bureau les anciens sceaux de l'État, contenus dans une boîte de vermeil, et les deux masses destinées aux huissiers de l'ancienne chancellerie.

« Le compte de l'ex-ministre Danton est renvoyé au Comité de l'ordinaire des finances, et, sur la motion d'un membre, la Convention nationale décrète que les sceaux de l'État seront brisés et portés à la Monnaie.

« On ajoute à cette proposition celle de faire briser

(1) *Danton. Mémoire sur sa vie privée,* 1re éd., p. 98.

le sceptre et la couronne, et de les faire également porter à la Monnaie.

« Cette seconde proposition est aussi décrétée (1). »

Jusqu'ici, j'avais vainement cherché ce compte dans les papiers du Comité des finances, dont on n'a plus que des résidus, et je le croyais perdu.

Heureusement que le renvoi ordonné par la Convention n'avait pas été fait, et les secrétaires en fonction le 6 octobre avaient gardé ou oublié le compte de Danton parmi les pièces annexées à la minute du procès-verbal (*Arch. nat.*, C ii, 50). C'est là que je

(1) Voici comment le *Journal des débats et des décrets* (p. 302) rapporte cet incident, que le *Moniteur* écourte et qui a son intérêt, bien qu'il ne touche pas à notre sujet :

« On demande que les anciens sceaux de l'État, remis par le ministre de la justice, soient publiquement brisés avant d'être envoyés à l'hôtel des Monnaies.

« On demande aussi que le sceptre et la couronne royale soient brisés et convertis en monnaie.

« Un membre veut que cette opération se fasse solennellement dans la salle de l'Assemblée, afin que les Français se souviennent qu'à telle époque on a brisé les attributs de la royauté.

« Un autre voulait que cette cérémonie fût faite sur la place du Carrousel, et en présence du peuple.

« Enfin, Cambon a demandé la question préalable sur toute cérémonie :

« La grande et véritable cérémonie, a-t-il dit, s'est faite le 10 août ; « c'est là que le peuple a détruit la royauté. Le jour le plus solennel « est celui où nous l'avons abolie par un décret national. »

« Cambon a été applaudi, et la Convention nationale, adoptant les deux premières propositions, a passé à l'ordre du jour sur les autres.

« Elle a décrété ensuite, sur la proposition de Camus, que des commissaires du pouvoir exécutif feraient transporter à la Trésorerie nationale et à l'hôtel des Monnaies tous les attributs de la royauté qui sont déposés à Saint-Denis. »

j'ai trouvé récemment et, comme il arrive, en cherchant tout autre chose.

Danton expose d'abord à la Convention ses actes comme ministre de la justice :

« 6 octobre 1792 (1).

« CITOYENS,

« Voici le compte de mon administration pendant mon ministère.

« J'ai trouvé les tribunaux mal composés ; vous en avez fait justice en décrétant qu'il serait procédé à leur réélection.

« Le tribunal criminel établi le 10 août dernier (2) mérite de fixer votre attention. Il a rendu de grands services à la chose publique depuis son installation. Les membres qui le composent ont travaillé jours et nuits, et ils n'ont rien reçu de leurs traitements, qui sont dans la plus grande disproportion avec leurs travaux. Ils sont évalués à 241,200 l. par an, et ce tribunal a jugé en deux mois plus de soixante affaires. La haute Cour nationale coûte près de 3,000,000 l. et n'a jugé que trois affaires (3‘

(1) Cette date est d'une autre main que le compte rendu, lequel est de l'écriture d'un secrétaire quelconque. Mais les six derniers mots de la lettre (... *comme membre de la Convention nationale*) sont de la main de Danton ainsi que la signature.

(2) Il veut parler du tribunal organisé par un décret du 17 août, mais dont le principe avait été posé dès le 10 août.

(3) Danton a joint à son rapport différentes notes et lettres émanées de membres du tribunal du 17 août, du Bail, Hardy, Osselin, Lavau. Il y a notamment un résumé des opérations de la 2e section du tribunal qui ne manque pas d'intérêt pour l'histoire (affaires

« Je prie la Convention de s'occuper sans délai de cet objet.

« L'envoi des décrets avait été négligé : j'ai établi un ordre nouveau ; plus de huit cents ont été expédiés, et maintenant le bureau qui est chargé de cette partie est au courant.

« Mes prédécesseurs et moi avons été chargés de faire exécuter certains décrets et d'en rendre compte. J'ai fait tout ce qui a été en mon pouvoir à cet égard.

« Je joins ici le tableau de ces décrets et de ce qui a été fait en conséquence.

« Je suis obligé de vous dire aussi que plusieurs fournisseurs et employés par mes prédécesseurs au département de la justice réclament plusieurs sommes qui leur sont dues. Je n'ai pas cru devoir prendre sur moi de les payer. Je les ai renvoyés à la Convention, qui prendra sans doute des mesures pour les acquitter.

« Je ne vous parle pas ici de beaucoup de grandes questions qui se sont présentées dans l'ordre judiciaire pendant la durée de mon ministère ; j'en ai pris note, et je me réserve en temps et lieu de vous les soumettre, comme membre de la Convention nationale.

« Le ministre de la justice,

« DANTON. »

Laporte, d'Ossonville, Bachmann, Watriguant, Roussel, Cazotte, Chancieux et femme Marie Boudard. Bottot, du 23 août au 29 septembre 1792).

Danton rend ensuite compte de la manière dont il a exécuté les lois qui regardaient particulièrement son ministère :

MINISTÈRE DE LA JUSTICE

NOTICE DES DÉCRETS DONT L'EXÉCUTION LUI EST CONFIÉE

1. *Décret du 11 août 1792.*

Décret du 11 août 1792 qui charge le ministre de faire mettre en liberté le sieur Saint-Huruge.

Le 12, envoyé une expédition en forme au tribunal de Péronne.

Le 13, envoyé par duplicata une expédition au même tribunal.

Depuis il a été mis en liberté.

2. *Décret du 14 août.*

Le ministre est chargé, par le décret du 14 août, de poursuivre l'auteur d'un libelle publié au nom de Jean-Baptiste Gratien, évêque de la Seine-Inférieure.

Le 30 août, expédié au président du Comité de législation copie du décret du 14, en le priant de faire passer un exemplaire de cet écrit.

Le 10 septembre, M. Paul, secrétaire-commis du Comité de législation, a répondu que cet écrit n'est jamais parvenu à ce Comité, qu'on l'a fait chercher dans d'autres Comités, et qu'il ne s'y est pas trouvé.

3. *Décret du 15 août.*

L'article 4 du décret du 15 août 1792 charge le ministre de faire poursuivre et juger les membres et commissaires du roi du tribunal criminel provisoire établi à Avignon.

Un nouveau décret du 19 août a rectifié cette disposition et a mandé à la barre le citoyen Hullin, ci-devant commissaire du roi à Avignon. Il a comparu, a rendu compte.

4. *Décret du 17 août.*

Le décret du 17 août 1792 envoie la plainte des sieur et dame Formentin contre le tribunal du Ve arrondissement au pouvoir exécutif pour qu'il se conforme à l'article 7 du chapitre v du titre III de l'acte constitutionnel, et le charge de lui en rendre compte dans trois jours.

Le 23 août, écrit au président du tribunal du Ve arrondissement d'envoyer sans délai une expédition en forme du jugement.

Le même jour, transmis au commissaire national près le tribunal de cassation le jugement rendu le 21 mars 1791 par le tribunal du Ve arrondissement, la dénonciation des sieur et dame Formentin, et les pièces tendant à prouver que, lors de la rédaction du jugement, il avait été fait des changements dans quelques-unes de ses dispositions, en lui recommandant de dénoncer sans délai ce jugement au tribunal de cassation pour qu'il l'annulât et examinât s'il y avait lieu de le renvoyer au Corps législatif pour fait de forfaiture.

Le même jour du 23 août, écrit au président de l'Assemblée nationale de faire part de ces détails à l'Assemblée.

5. *Décret du 18 août.*

Décret du 18 août (remis le 20 au ministre) qui le charge de faire parvenir à l'Assemblée nationale dans le plus court délai copie de la procédure instruite contre le sieur Dublou, détenu dans les prisons de Privas, département de l'Ardèche.

Le 9 septembre, écrit au président de l'Assemblée nationale que l'accusateur public près le tribunal criminel du département de l'Ardèche, à qui ont avait demandé le 23 août le nom du juge de paix qui avait instruit la procédure, venait de répondre qu'il avait envoyé cette procédure le 30 juillet à l'Assemblée nationale, que M. le Président lui en avait accusé réception le 7 août, et que depuis il était intervenu un décret qui déclare n'y avoir lieu à accusation contre les prévenus.

6. *Décret du 19 août.*

Décret du 19 août 1792, renvoyé au pouvoir exécutif pour exécuter les opérations pour les changements du sceau de l'État.

Cela a été fait.

Second décret du même jour.

Décret du même jour qui charge le pouvoir exécutif de lui rendre compte sous trois jours des mesures qu'il a dû prendre pour poursuivre et punir La Fayette et les officiers complices de la désertion.

Le 27 août, informé le président de l'Assemblée nationale que l'accusation portée le 19 contre ce général a été envoyée le même jour aux ministres de l'intérieur et de la guerre, que le 20 on l'a fait passer au commissaire du pouvoir exécutif près la haute Cour, et qu'elle va être adressée à tous les tribunaux de l'empire français.

8. *Décret du 25 août.*

L'article 13 du décret du 25 août sur l'organisation de la Haute Cour nationale charge le ministre d'envoyer à Orléans deux commissaires pour s'assurer de l'état des procédures instruites par la Haute Cour nationale, de l'état des prisons et des précautions prises pour la sûreté des prisonniers, et d'en faire rendre compte sans délai à l'Assemblée.

Ledit jour 25, écrit à MM. du Bail, Perdry et Léonard

Bourdon qu'on les a choisis pour être chacun un de ces commissaires et qu'on les prie de marquer s'ils acceptent cette mission.

MM. du Bail et Léonard Bourdon s'en sont chargés; M. Perdry a refusé. Ces commissaires ont fait leur rapport. Il a été imprimé et envoyé à l'Assemblée législative.

9. *Décret du 2 septembre*

Le décret du 2 septembre 1792 charge le pouvoir exécutif d'envoyer des commissaires à Orléans, à l'effet de faire transférer à Saumur les prisonniers de la Haute Cour nationale.

Le 4 septembre, écrit à M. le Président de l'Assemblée nationale que le ministre a expédié une heure après sa réception le décret de translation à Saumur par un courrier extraordinaire, qui vient d'arriver avec l'accusé de réception des commissaires du pouvoir exécutif déjà à Orléans.

10. *Décret du 2 septembre*

Le décret du 2 septembre, exécuté le 8 même de ce mois, renvoie au pouvoir exécutif différentes pièces relatives à l'arrestation de M. Adrien du Port et le charge de statuer sur la légalité de ladite arrestation.

Le 18 septembre, lettre du commissaire du pouvoir exécutif près le tribunal du district à Melun, qui, en accusant la réception d'une lettre du ministre de la justice adressée au tribunal, tendant à faire statuer promptement sur la légalité ou illégalité de l'arrestation de M. du Port, informe que son tribunal a ordonné la relaxation de ce citoyen.

11. *Décret du 6 septembre.*

Le décret du 6 septembre autorise le ministre de la justice à faire mettre en liberté le sieur Tisserand, condamné à trois ans de galères.

Le 13 septembre, envoyé une expédition de ce décret au commissaire du pouvoir exécutif près le tribunal criminel du département du Doubs, une seconde expédition au ministre de l'intérieur pour la transmettre à la commune de Strasbourg ; et, le 19, une autre expédition au commissaire du pouvoir exécutif près le tribunal du district de Besançon, en le priant de faire tout ce qui sera de son ministère pour la prompte exécution de ce décret.

12. *Décret du 12 septembre.*

Décret du 12 septembre qui charge le pouvoir exécutif de donner des ordres pour que les hauts jurés et les témoins appelés à la Haute Cour nationale se retirent chez eux.

Ce décret a été envoyé à la Haute Cour, le 14 septembre.

13. *Décret du 19 septembre.*

L'article 16 du décret du 19 septembre sur la police de Paris charge le ministre de veiller à ce que l'accusateur public poursuive ceux qui ordonneront ou signeront des arrestations arbitraires.

Ce décret a été envoyé le jour même au ministre et à la municipalité, le lendemain aux tribunaux.

Une troisième pièce, que l'insignifiante mention du procès-verbal ne faisait pas prévoir, donne le compte détaillé d'une partie des dépenses de Danton et emprunte à tant de calomnies une sorte d'éloquence :

COMPTE DE L'EMPLOI DES CENT MILLE LIVRES TOUCHÉES PAR M. DANTON POUR DÉPENSES EXTRAORDINAIRES.

Remis à M. Santerre, pour payer les piques faites dans les sections, trente mille livres, ci.   30.000

Remis aux commissaires envoyés à Orléans cinq mille cinq cent dix livres, ci. 5.510

Remis aux commissaires envoyés dans le département de l'Aisne pour les tribunaux,
douze cents livres, ci 1.200
Remis aux courriers extraordinaires pour
Orléans, six cents livres, ci   600
Payé aux employés dans les bureaux du dé-
partement de la justice pour le double mois
d'août, quatre mille six cent soixante-quinze
livres, ci. 4.675
Payé pour gratification extraordinaire d'u-
sage à la fin de chaque trimestre à tous les
employés dans les bureaux du département
de la justice, la somme de seize mille cinq
cent quatre-vingt-dix livres, ci. 16.590
Prix des meubles achetés pour l'appartement
occupé par M. Robert, chef des secrétaires particuliers, d'après l'estimation faite par un
tapissier, deux mille quatre cents livres, ci. .   2.400
Pour effets laissés par M. Le Roux, chef de
bureau de correspondance, dans l'appartement à l'hôtel de la chancellerie, cinquante
livres, ci.   50
A un ancien commis pour journées, quarante
livres, ci.   40
A un autre renvoyé pour arriéré, ci.   125
Pour frais de copies extraordinaires et ar-
riérés, deux cents livres, ci.   200
Pour frais de veillées de timbreurs extraordinaires, trois cent soixante livres, ci.   360
Au valet de chambre du cabinet, pour ar-
riéré, trois cent vingt-quatre livres, ci.   324
Pour frais de circulaires et affiches dans
Paris, quinze cents livres. ci. 1.500
Au citoyen Paré, pour ses appointements du
mois d'août, comme membre du conseil judi-
ciaire, trois cent trente-trois livres, ci   333

Au citoyen Denis, oublié dans les états précédents, cent vingt-cinq livres, ci.   125

Donné à des plieuses pour travail extraor-
dinaire, vingt livres dix sols, ci. 20 10

Au citoyen Latouche Chevette, pour frais de
l'expédition dont il a été chargé par ordre du
Comité de sûreté générale, quatre mille livres,
ci. 4.000

Pour frais de papeterie extraordinaire, six
cent trente-deux livres, ci.   632

Total. 68.684 10

Le ministre a reçu . . . .   100.000 »
Il a dépensé. . . . .   68.684 »

Reste . . . .   31.316 »

Le ministre de la justice,

Danton (1).

Il est donc faux de prétendre avec Mme Roland que
« jamais le ministre de la justice Danton n'a rendu de
compte à l'Assemblée nationale ». Dira-t-on qu'elle
ignorait ? qu'il n'y a au procès-verbal imprimé qu'une
insignifiante et obscure allusion à ce compte ? que ce
compte ne fut peut-être connu que du bureau de la
Convention ? Eh bien, les secrétaires en fonction ce
jour-là, 6 octobre, étaient Vergniaud, Lasource,
Guadet, Camus, Sieyès et Buzot. Voilà les personnes
qui virent, touchèrent, lurent et déposèrent aux

(1) A cette pièce est jointe la note suivante :
« *Objets trouvés à la Chancellerie.* Un calice de vermeil avec sa
patène. Quatre chandeliers d'autel. Un crucifix. Deux burettes avec
la jatte. Deux chasubles. »

archives le compte de Danton. Qui oserait dire que
Mme Roland n'aurait pas trouvé, parmi ces témoins,
d'ami capable de la renseigner ?

II

Mais la calomnie ne désarmera pas pour un texte.
Voilà, dira-t-elle, les dépenses *extraordinaires*. Et
les dépenses *secrètes* ? N'est-ce pas de celles-là que
parle Mme Roland quand elle dit, ou plutôt insinue,
que Danton n'en rendit pas compte même à ses collègues ?

Sur cette question des dépenses *secrètes* de Danton,
ministre de la justice, on n'a jamais exposé clairement les faits. Les voici, autant que les documents
nous les livrent.

Le gouvernement du 10 août, pour les dépenses
extraordinaires que nécessitait la plus extraordinaire
circonstance de l'histoire de France, n'avait d'autres
fonds que ceux qui avaient été mis antérieurement,
sous Louis XVI, à la disposition du ministère des
affaires étrangères. Il répugnait à des virements. Il
répugnait plus encore à demander des fonds à l'Assemblée législative, et cette délicatesse excessive
produisait les conséquences les plus fâcheuses. On
n'avait même pas le moyen d'envoyer des courriers
aux armées, dont il était si urgent de connaître, non
seulement les opérations, mais l'esprit.

Cependant, le 27 août 1792, le Conseil exécutif

provisoire se décida à prendre l'arrêté suivant :

« Le Conseil, considérant la nécessité que le pouvoir exécutif puisse avoir en mains des moyens de pourvoir aux dépenses extraordinaires qu'entraînent diverses mesures qu'il importe de prendre dans les circonstances présentes, arrête que les ministres s'adresseront à l'Assemblée générale pour lui demander que les cinq cent mille livres que le ministre de la guerre a remises à l'Assemblée, et qui étaient employées dans son département à fournir des gratifications secrètes et abusives, soient mises à la disposition du pouvoir exécutif pour être destinées aux objets ci-dessus exprimés. »

Le lendemain 28 août, la question fut soulevée devant la Législative, mais non point par les ministres.

Ce jour-là, le Comité de correspondance annonça qu'il venait seulement de recevoir une lettre du général Biron formulant son adhésion à la révolution du 10 août. Comme Albitte s'en étonnait, il lui fut répondu que les fonds manquaient aux ministres pour la correspondance. Alors, sur la motion de Thuriot, l'Assemblée décréta qu'il serait mis à la disposition du Conseil : 1° un million pour dépenses *extraordinaires*; 2° un autre million pour dépenses *secrètes*.

Voici, d'après le procès-verbal, le texte de ce décret, qui n'a encore été cité par personne, quoiqu'il soit le point de départ de tout ce débat sur Danton :

« Lecture est faite d'une lettre du général Biron,

écrite à la Commission de correspondance : il assure
que l'armée qu'il commande, ainsi que lui, sont
animés du plus pur patriotisme.

« Sur l'observation d'un membre, que cette lettre
est la seule que la commission ait encore reçue de
l'armée du Rhin, un autre objecte que les ministres
n'ont pas de fonds pour donner à la correspondance
des armées toute l'activité nécessaire. Il propose
donc et l'Assemblée nationale décrète qu'il sera mis
dans le jour, par la Caisse de l'Extraordinaire, à la
disposition du pouvoir exécutif provisoire un million
pour subvenir aux dépenses extraordinaires déterminées par les circonstances et dont il fera emploi
sous sa responsabilité ; décrète qu'il sera également
mis dans le jour, par la Caisse de l'Extraordinaire, à
la disposition du pouvoir exécutif provisoire la
somme de 540,000 livres, laquelle, ainsi que celle de
460,000 livres recouvrée par le ministre Servan (2),
en assignats et numéraire, et dont la destination était
contraire à l'intérêt national, seront employées aux
dépenses secrètes que ledit pouvoir exécutif provisoire jugera indispensables ; ordonne que le pouvoir
exécutif provisoire prendra sur-le-champ toutes les
mesures nécessaires pour que la correspondance
avec les armées françaises ait la plus grande activité. »

(2) Pour l'explication de ce recouvrement, voir le décret du 19 septembre 1792, *Procès-verbal*, p. 148. Il s'agit de sommes injuste-
ment payées par l'ancien gouvernement et que Servan fit rentrer au
Trésor.

Le 3 septembre suivant, le Conseil exécutif, « considérant que les fonds dont le ministre des affaires étrangères dispose suffisent aux besoin de son département, arrête que les deux millions seront répartis par portions égales entre les cinq autres ministres, et qu'en conséquence la Caisse de l'Extraordinaire paiera à chaque ministre jusqu'à concurrence de la somme de 400,000 livres, sur ses mandats, lesquels seront ensuite convertis en ordonnances suivant la forme accoutumée ».

Danton, démissionnaire dès le 22 septembre 1792, continua provisoirement ses fonctions jusqu'au 6 octobre suivant. C'est ce jour-là qu'il rendit, à la Convention, le compte que nous avons cité de ses 68,684 livres 10 sols de dépenses *extraordinaires* Nul, même parmi ses passionnés adversaires de la Gironde, ne songea, alors, à lui demander compte de ses dépenses *secrètes*.

C'est seulement le 10 octobre que les Girondins, désespérant de vaincre Danton sur le terrain politique, essayèrent de le diffamer comme comptable. Ils montèrent la tête à l'honnête et vif Cambon, qui commença l'attaque. En faisant voter la suppression des gratifications usuellement accordées aux employés des ministères, il eut un mot désobligeant pour Danton : « Le sévère Cambon, dit le *Journal des débats et des décrets*, a démontré l'inconvénient de ces sortes de récompenses, qu'il a qualifiées de déprédations. Il a cité l'exemple du ministre Danton, dans le département duquel une somme de

26,000 livres a été employée de cette manière... »

Quelques instants après, le Comité de l'ordinaire des finances vint proposer de faire délivrer aux ministres leurs fonds secrets et extraordinaires, non plus par la Caisse de l'Extraordinaire, mais par la Trésorerie nationale. A cette occasion, Cambon prononça le discours suivant, dont le texte, fort obscur dans le *Moniteur*, n'offre un sens plausible que dans le *Journal des débats et des décrets* :

« J'ai voulu, dit-il, savoir combien il avait été déjà dépensé sur ces deux millions, et j'ai reconnu qu'à trois époques différentes le ministre de la justice avait pris sur ces fonds une somme de 100,000 livres, ce qui forme une somme totale de 300,000 livres, et que, par conséquent, ce ministre a dépensé à peu près le sixième des fonds destinés aux dépenses secrètes (1).

« On m'a dit qu'une partie de cette somme de 300,000 livres avait été employée à des achats de piques; mais j'observe que le ministre de la justice aurait pu se dispenser de faire cette dépense, parce que l'Assemblée nationale avait destiné deux millions à la fabrication des piques.

(1) On lit dans le texte du *Moniteur* : « J'ai trouvé que le ministre de la justice avait dépensé presque ses 400,000 livres... » C'est un lapsus de l'imprimeur ou de Cambon lui-même. Dans ce débat, il y a une confusion constante entre le chiffre des sommes réellement touchées à la Caisse de l'Extraordinaire et le chiffre de la somme maxima que l'arrêté du 3 septembre autorisait chaque ministre à se faire délivrer. Cette confusion se trouve même dans les notes de Topino-Lebrun, quand il relate la défense de Danton devant le tribunal révolutionnaire.

« Sur les 300,000 livres délivrées au ministre de la justice, 26,000 livres ont été employées à payer les gratifications aux commis, et 31,000 livres restent en caisse. J'observe que le mode suivi par le ministre de la justice détruit tout ordre de comptabilité, car les dépenses faites par les ministres doivent être payées au fur et à mesure, et sur leurs ordonnances, et par conséquent il ne doit jamais leur rester de somme en caisse.

« Le ministre des contributions publiques ne s'est fait délivrer que 20,000 livres (1) pour dépenses extraordinaires.

« Le ministre de la guerre a reçu 65,882 livres pour dépenses secrètes.

« Le ministre de l'intérieur a reçu 23,000 livres pour dépenses extraordinaires : ce ministre n'a rien reçu pour dépenses secrètes (2).

« Le ministre de la marine n'a rien dépensé.

« Voilà, citoyens, le résultat de la vérification que j'ai faite ; et j'observe qu'il était très inutile de mettre deux millions à la disposition du Conseil exécutif pour dépenses secrètes. Je propose à la Convention nationale de rapporter ce décret et de borner aux 408,882 livres déjà dépensées les sommes destinées

(1) Il y a dans le texte du *Journal des débats et des décrets* : « Le ministre... ne s'est fait délivrer que 200,000 livres. » C'est une faute d'impression évidente. Le 4 novembre 1792, Clavière déclara devant le Conseil avoir dépensé *vingt mille livres*.

(2) Erreur grave et inexplicable. On verra plus bas que Roland déclara officiellement avoir fait 51,200 livres de dépenses *secrètes*, et il fit cette déclaration à deux reprises, devant la Convention le 18 octobre 1792, et devant le Conseil le lendemain 19.

à ces dépenses : je lui propose aussi de décréter que les ministres qui ont fait des dépenses secrètes seront obligés d'en rendre compte au Conseil exécutif. »

On remarquera, tout d'abord, que dans ces paroles de Cambon il y a de la mauvaise humeur, de la malveillance, mais nulle accusation d'improbité.

Danton répondit sans amertume, d'après le *Moniteur* :

« Je n'ai rien à objecter au système de comptabilité présenté par Cambon. Ce n'est pas d'aujourd'hui qu'il exerce avec succès la place de contrôleur-général de la République. Mais ce qu'il demande a été fait par le Conseil exécutif. En mon particulier, je dois déclarer que j'ai été autant l'adjudant du ministre de la guerre que ministre de la justice. S'il a paru étonnant que le ministre de la justice ait employé 200,000 livres en dépenses secrètes, et près de 100,000 livres (1) en dépenses extraordinaires, qu'on se rappelle que la patrie était en péril, que nous étions responsables de la liberté. Nous avons rendu nos comptes. J'ai rendu le mien particulièrement. Je crois n'avoir mérité aucun reproche dans ma conduite politique. J'appuie au surplus la proposition de Cambon. »

La majorité girondine de la Convention décréta alors « que les ministres qui avaient fourni des ordonnances sur la Caisse de l'Extraordinaire pour

____

(1) Le *Moniteur* imprime *200.000 livres*. C'est un lapsus évident, comme le prouve le compte de Danton reproduit plus haut.

dépenses secrètes justifieraient de leur emploi au Conseil exécutif provisoire ». Décret superflu, puisque Danton avait déclaré sans être contredit que ces comptes avaient été rendus, décret équivoque, puisqu'il laissait planer une sorte de suspicion sur Danton.

Il est vrai que cette équivoque atteignait aussi Roland, qui n'assistait pas à la séance du Conseil où ces comptes avaient été rendus. Le 18 octobre, il vint rendre les siens *à 'a tribune de la onvention*. « Je ne connais rien de secret, dit-il avec affectation : je désire que mon administration soit mise au grand jour... » (*Moniteur.*)

Le rolandiste Rebecquy demanda alors que *tou* les ministres rendissent compte comme Roland.

Danton répondit :

« Je l'ai déjà dit à l'Assemblée : je n'ai rien fait que par ordre du Conseil pendant mon ministère, et le Conseil a pensé que, d'après le décret de l'Assemblée législative, il n'était comptable qu'en masse. D'ailleurs, il est telle dépense qu'on ne peut pas énoncer ici ; il est tel émissaire qu'il serait impolitique et injuste de faire connaître ; il est telle mission révolutionnaire que la liberté approuve, et qui occasionne de grands sacrifices d'argent. (*On applaudit.*) Lorsque l'ennemi s'empara de Verdun, lorsque la consternation se répandait même parmi les meilleurs et les plus courageux citoyens, l'Assemblée législative nous dit : « N'épargnez rien, prodiguez l'argent, s'il le faut, pour ranimer la confiance et donner l'impulsion à la

France entière. » Nous l'avons fait ; nous avons été forcés à des dépenses extraordinaires ; et, pour la plupart de ces dépenses, j'avoue que nous n'avons pas de quittances bien légales. Tout était pressé, tout s'est fait avec précipitation. Vous avez voulu que les ministres agissent tous ensemble ; nous l'avons fait et voilà notre compte. » (*Murmures.*)

Cambon, bourru mais honnête, ne put s'empêcher alors de défendre Danton : «... Nous ne pouvons cependant pas faire, dit-il, ce que la loi ne prescrit pas ; il ne faut point, pour des dépenses secrètes, demander un compte public... Roland devait assister au Conseil... »

Et il blâma rudement Roland.

Celui-ci répondit, non sans hypocrisie : « Je suis très éloigné de blâmer les dépenses secrètes faites par mes collègues pour opérer le salut de la chose publique. Au contraire, j'en approuve l'objet. Mais j'ai dû déclarer que j'ignorais comment ces dépenses avaient été faites, et à quoi l'on avait employé les fonds pris sur les deux millions. Je ne le pouvais savoir, il est vrai, puisque je n'ai point assisté au Conseil, où ces comptes ont été rendus ; mais j'en ai recherché la trace sur le registre du Conseil, et je ne les ai point trouvés. »

« — J'observe, répartit Danton, que le compte des dépenses secrètes ne se porte point sur le registre du Conseil. »

Alors le fougueux girondin Henri Larivière, appuyé par Lasource, vint prétendre qu'il existait un décret

de la Législative, rendu *après une discussion appro-*
fondie, et ordonnant *que chaque ministre rendrait*
compte à ses collègues des sommes par lui dépen-
sées et qu'il serait fait un arrêté du tout.

Sans vérifier si vraiment le décret de la Législative
existait, la Convention décréta, *ab irato*, « que le
Conseil exécutif justifierait, dans vingt-quatre heures,
de la délibération qu'il a dû prendre à l'effet d'arrêter
le compte des sommes mises à sa disposition pour
dépenses secrètes. »

Eh bien, j'ai lu avec soin le procès-verbal de la
Législative du 10 août 1792 jusqu'à la fin, et je crois
pouvoir dire que le décret allégué par Larivière n'a
jamais existé que dans son imagination. Il est évident
qu'on s'en aperçut après coup. Le Conseil exécutif
ne se pressa pas trop d'obéir à une loi qui n'existait
pas. Il arriva seulement qu'à la séance du Conseil du
lendemain 19 octobre, Roland rendit ses comptes,
ainsi que Le Brun, comme on le verra par cet extrait
du registre des délibérations dudit Conseil exécutif
provisoire :

« Le ministre de l'intérieur a présenté au Conseil et
remis sur le bureau l'état des sommes qu'il a ordon-
nancées, tant sur le million mis à la disposition du
pouvoir exécutif par la loi du 28 août dernier pour
dépenses secrètes que sur l'autre million mis également à la disposition du pouvoir exécutif par la même
loi pour être employé sous sa responsabilité aux
dépenses extraordinaires déterminées par les circonstances. Il résulte de ce compte que le ministre a

ordonnancé sur ce premier million, en différentes
parties, une somme de 51,200 livres et, sur le second
une somme totale de 38,425 livres.

« Le ministre a également présenté les pièces à
l'appui de ce compte. En conséquence, le Conseil
arrête qu'il en sera fait mention sur le registre,
et que ledit état signé du ministre restera déposé
au secrétariat du Conseil.

« Le ministre des affaires étrangères a exposé que,
pendant le temps qu'il a exercé les fonctions de
ministre de la guerre par intérim, il n'a ordonné
aucune dépense sur les deux dits millions, et il a
requis que mention fût faite de sa déclaration. »

D'autre part, le 4 novembre 1792, Clavière renou
vela comme il suit la reddition de ses comptes :

« Le ministre des contributions publiques, en exécution du décret du 10 octobre dernier, a présenté
au Conseil le compte des sommes dont il a disposé,
tant sur le fonds des dépenses secrètes que sur celui
des dépenses extraordinaires, en justifiant l'emploi de
ces sommes par des quittances et autres pièces nécessaires. Il résulte de l'état mis sous les yeux du
Conseil :

« 1° Que le ministre a délivré un mandat de
20,000 livres sur la Caisse de l'Extraordinaire, savoir
15,000 livres à imputer sur le fonds des dépenses
extraordinaires et 5,000 livres sur le fonds des dépenses secrètes ;

« 2° Que, sur la deuxième somme, il a été employé
celle de 13,527 livres, et que la deuxième a été em-

ployée en entier aux objets que le ministre a jugés indispensables et qu'il a détaillés au Conseil. »

Mais la Convention continuait à ne recevoir aucune communication du Conseil exécutif au sujet de la reddition des comptes. Le 26 octobre, le girondin Lidon réclama : la Convention passa à l'ordre du jour. Elle reconnaissait implicitement son erreur et voulait ménager la dignité du gouvernement en lui laissant le soin de choisir son heure. C'est seulement dans la séance de 7 novembre 1792 qu'elle reçut du Conseil exécutif une lettre justificative qui prouve que Danton avait rendu compte, non pas seulement de ses dépenses *extraordinaires*, mais de ses dépenses *secrètes*. Voici cette pièce importante, qui est inédite et n'a pas encore été signalée :

« CITOYEN PRÉSIDENT,

« Quelques difficultés s'étant élevées relativement aux fonds que l'Assemblée législative avait mis à la disposition des ministres pour subvenir aux dépenses secrètes suivant la loi du 28 août dernier, la Convention nationale, par son décret du 10 octobre, en ordonnant le rapport de ladite loi du 28 août, a statué que « les ministres qui ont fourni des ordon- « nances sur la caisse de l'extrordinaire pour « dépenses secrètes justifieront de leur emploi au « Conseil exécutif provisoire ».

« Depuis cette époque, la Convention nationale, par un autre décret du 18 octobre, a ordonné que « le Conseil exécutif justifiera de la délibération qu'il

« a dû prendre à l'effet d'arrêter le compte des
« sommes mises à sa disposition pour dépenses
« secrètes. »

« Nous allons exposer à la Convention nationale
tout ce qui s'est passé à ce sujet.

« Nous devons d'abord l'instruire qu'avant que le
décret du 10 octobre eût été rendu, deux des ministres avaient déjà spontanément satisfait à ce qu'il
prescrit. Le ministre de la justice et celui de la
guerre (1), lorsque tous deux étaient sur le point de
quitter leurs fonctions, avaient proposé au Conseil
exécutif provisoire, dans sa séance du 6 octobre, de
lui soumettre l'état de leur situation par rapport au
fonds de dépenses secrètes qui avait été attribué à
chacun d'eux par la délibération du Conseil du 3 septembre, en exécution de ladite loi du 28 août. Dans
cette séance, tous deux donnèrent connaissance
par détail de l'emploi des fonds, en accompagnant
leur rapport de la présentation de différentes quittances et pièces justificatives, que chacun des
membres présents eut la faculté de parcourir.

« Après le rapport de chacun des ministres, il fut
mis en discussion au Conseil s'il devait être tenu
registre de cette reddition de compte.

« Sur cette question on observa :

« 1° Que, les dépenses dont il s'agissait devant être
et demeurer toujours secrètes, les détails que le Conseil venait d'entendre ne pouvaient être consignés

______

(1) Danton et Servan.

dans son registre qui, par sa nature, était dans plusieurs cas susceptible d'une entière publicité;

« 2° Que ce registre ne devait contenir que les résolutions et arrêtés du Conseil, et que l'objet dont il s'agissait ne pouvait donner lieu à aucune mesure ni délibération;

« 3° Que le compte qu'avaient rendu les ministres n'avait pu être reçu par le Conseil qu'à titre de confiance et en quelque sorte pour la responsabilité morale de chacun d'eux, puisque aucune loi n'autorisait alors le Conseil à le leur demander;

« 4° Qu'en conséquence, ce qui se pratiquait en pareil cas dans [l'ancien Conseil devait être observé; que le compte de dépenses ne pouvait être par sa nature que verbal, et ne devait laisser aucune trace.

« D'après ces réflexions, le Conseil passa à l'ordre du jour, et il fut même convenu qu'il ne serait fait aucune mention de la discussion qui avait eu lieu.

« Depuis, en exécution du décret des 10 et 18 octobre, les ministres de l'intérieur et des contributions publiques ont également justifié au Conseil de l'emploi des sommes par eux ordonnées sur le fonds des dépenses secrètes.

« Le ministre des affaires étrangères a déclaré que, pendant qu'il avait exercé par intérim les fonctions du ministre de la guerre, il n'avait fait aucune dépense de cette nature; et, quant au ministre de la marine, il a déclaré également n'avoir employé aucune portion de la somme mise à sa disposition.

« La Convention nationale verra sans doute que le

résultat de ces faits, dont nous certifions l'exactitude, est que la loi a été exécutée et même prévenue.

« Cette lettre, citoyen président, n'est revêtue que de la signature de trois des ministres (1). La raison en est simple. Deux des ministres actuels (2) n'ont pu attester des faits personnels à leurs prédécesseurs, et, quant au ministre de l'intérieur (3), n'ayant point assisté aux séances du Conseil pendant près d'un mois, il ne se trouvait point présent à celle dont il est ici question.

> « *Les citoyens membres du Conseil*
> *exécutif* (4). »

C'est ainsi que Danton fut lavé par ses collègues eux-mêmes des odieuses imputations lancées contre lui. Croirait-on que le procès-verbal de la Convention mentionna simplement l'envoi de cette lettre, sans en donner ni le texte ni même une analyse ? Et pourtant c'était un ami de Danton, Hérault-Séchelles, qui présidait ce jour-là la séance. Mais Danton dédaignait de se défendre.

(1) La pièce que nous citons n'est qu'une copie (aussi authentique que possible, puisque nous l'empruntons aux papiers du Conseil exécutif, dossier des dépenses secrètes). Les signatures y manquent. Mais il est évident, par ce qui suit, que les trois ministres qui l'avaient signée sont Le Brun, ministre des affaires étrangères, Clavière, ministre des contributions, et Monge, ministre de la marine.

(2) A savoir Pache, ministre de la guerre, et Garat, ministre de la justice.

(3) C'était Roland.

(4) Archives nationales, A F ii, 10, pièce 22.

III

Aussi la calomnie ne fut-elle déconcertée qu'un instant : elle reparut de plus belle, mais sans argument nouveau, dans la grande querelle de Danton et de la Gironde (mars-avril 1793), et au tribunal révolutionnaire, dans le procès de germinal, où elle fut une des armes employées pour tuer Danton.

Sur l'emploi des 200,000 livres de fonds secrets touchés par Danton, nous sommes en état de faire quelques conjectures vraisemblables et même de donner des faits précis.

Et d'abord, les dépensa-t-il entièrement ?

Au tribunal révolutionnaire, il déclara, semble-t-il, n'en avoir dépensé que 130,000 ; mais les textes ne sont pas sûrs et, surtout quant aux chiffres, fourmillent de fautes d'impression.

Prenons pour point de départ les chiffres donnés par Cambon dans la séance du 10 octobre 1792.

Il en est un qui semble certain, c'est celui du total des sommes touchées à la Caisse de l'Extraordinaire par les ministres, soit 408,882 livres : ce chiffre est identique dans le *Moniteur* et dans le *Journal des débats et des décrets*, et il se trouve officiellement consacré par le texte même du décret du 10 octobre 1792 (1).

____

(1) «... La Trésorerie nationale remboursera à la Caisse de l'Extraordinaire les 408,882 livres qui avaient été dépensées et payées d'après ladite loi (du 28 août)... »

Cambon ajoute que Clavière avait dépensé 20,000 livres pour objets extraordinaires; Servan, 65,882 livres pour dépenses secrètes, et Roland, 23,000 livres pour dépenses extraordinaires. « Ce ministre, dit-il, n'a rien reçu pour dépenses secrètes. »

Nous l'avons dit: c'est une erreur grave. On a vu dans le registre inédit du Conseil exécutif, séance du 19 octobre 1792, que Roland déclara à ses collègues avoir fait 48,425 livres de dépenses *extraordinaires* et 51,200 livres de *dépenses secrètes.*

Dans le chiffre de 408,882 livres donné par Cambon comme celui des dépenses totales du Conseil exécutif, les dépenses extraordinaires ne sont pas distinguées des dépenses secrètes. Il faut donc y faire entrer les unes et les autres.

Or, si on additionne les dépenses, tant secrètes qu'extraordinaires, qui furent faites par les ministres, en dehors de Danton, on arrive à un total de 175 mille 507 livres. Défalquez-les des 408,882 livres dépensées par tous les ministres : restent 233,375 livres, chiffre des dépenses de Danton. D'autre part, nous avons vu que les dépenses extraordinaires de Danton s'élevèrent à 68,684 livres 10 sols. Ses dépenses secrètes furent donc de 164,690 livres 10 sols.

Mais il n'a, dira-t-on, avoué que 130,000 livres de dépenses secrètes au tribunal. Je pourrais répondre que le texte de cet aveu est obscur, contradictoire, défiguré à dessein. Il est une autre réponse beaucoup plus probante. C'est que, si Danton n'avait dépensé que 68,684 livres 10 sols pour objets extraordinaires, en revanche il avait touché pour cela, à la Caisse de l'Extraordinaire, 100,000 livres. Or, Cambon avait constaté que 408,882 livres étaient sorties de la caisse. Mais il est fort possible, probable même, qu'il ne songea pas à défalquer de cette somme les 31,315 livres 10 sols que Danton n'avait pas dépensées, bien qu'il les eût touchées et qui étaient, nous dit Cambon lui-même, restées dans la caisse particulière du ministère de la justice. Dans ce cas, le chiffre de ses dépenses secrètes seraient au juste de 133,375 livres, et sa réponse au tribunal se trouverait justifiée.

Toutefois, comme le vrai texte de cette réponse est mal connu, acceptons le chiffre le plus fort et disons qu'il dépensa 164,690 livres 10 sols pour choses secrètes.

Quel fut l'objet de ces dépenses ?

26,000 livres, d'après Cambon, furent employées à des gratifications aux employés du ministère. On sait et on voit que Danton fut, en août et en septembre 1792, comme le chef de la défense nationale. Un travail énorme incomba à ses bureaux. Le secrétaire du sceau, Fabre d'Eglantine, fut chargé de payer largement et à bureau ouvert les auxiliaires de la défense nationale : ce sont, en substance, les explications données par Danton au tribunal révolutionnaire.

Sur ces 26,000 livres, 10,000 environ furent empruntées aux fonds secrets proprement dits, puisque 16,000 livres environ se retrouvent à l'article *gratification* dans le compte des dépenses extraordinaires de Danton.

Il n'est pas difficile de deviner comment le reste de l'argent fut employé. Danton déclara au tribunal que ces fonds avaient servi « à électriser les départements » pour la défense nationale. Comment ? Par l'intermédiaire des cinquante-quatre commissaires envoyés à deux reprises par le Conseil, le 29 août et le 3 septembre. L'un d'eux, Billaud-Varenne, reçut, d'après Danton, 6,000 livres, et reconnut par son silence ultérieur la vérité du fait. Ces fonds, c'est-à-dire plus de 150,000 livres, furent sans doute distribués à ces cinquante-quatre commissaires pour l'œuvre qu'ils avaient à accomplir, surtout aux vingt-quatre commissaires que la Commune prit dans son sein pour les désigner ou les imposer au choix du Conseil exécutif. On n'exigea d'eux, pour ces dépenses secrètes, ni reçu ni compte (1). — Mettez que je me trompe sur ce dernier point, que Billaud seul, parmi les commissaires, ait reçu 6,000 livres. Il n'en reste pas moins acquis que, sur ces fameux fonds secrets, il n'y eut guère que 150,000 livres qui reçurent, pour l'effort caché de la défense nationale, un emploi non public.

C'était une chose si notoire que Danton n'avait usé

(1) Il est bien évident que 150,000 livres ne furent pas suffisantes pour faire voyager dans toute la France ces cinquante-quatre commissaires, auxquels il faut joindre les agents et émissaires secrets, anonymes dont parle Danton. Les fonds du ministère des affaires étrangères servirent aussi à cet objet (voir la séance du Conseil exécutif du 7 novembre 1792). Il est probable que l'argent donné par Danton aux cinquante-quatre commissaires du pouvoir exécutif ne leur servit que pour les opérations secrètes de leur mission, qui, on le sait, était, quant à ses objets généraux, publique et avouée.

des fonds secrets que pour un but patriotique, qu'au tribunal révolutionnaire il put prendre à témoin de ce fait ses pires ennemis, Billaud, Robespierre :

« J'eus, dit-il, 400,000 livres (1), sur les deux millions pour faire la Révolution, 200,000 livres pour choses secrètes (2). J'ai dépensé *devant Marat et Robespierre* pour tous les commissaires des départements. J'ai donné 6,000 livres à Billaud pour aller à l'armée. Les autres 200,000, j'ai donné une comptabilité de 130,000 (3), et le reste, je l'ai remis. »

Voilà ce que lui fait dire Topino-Lebrun. Le *Bulletin* du tribunal lui prête ces paroles :

« Je n'ai dépensé, à bureau ouvert, que 200,000 livres. Ces fonds ont été les leviers avec lesquels j'ai électrisé les départements. J'ai donné 6,000 à Billaud-Varenne et m'en suis rapporté à lui. J'ai laissé à Fabre la disponibilité de toutes les sommes dont un secrétaire peut avoir besoin pour déployer toute son âme, et en cela je n'ai rien fait que de licite. »

IV

Nous pouvons donc conclure, des chiffres et des textes qui précèdent, que Danton, contrairement à l'allégation de ses ennemis, rendit ses comptes. Les

(1) Oui, mais il n'en toucha que 300,000.
(2) On a vu par son compte qu'il n'en eut que 100,000.
(3) Topino-Lebrun mêle ici et confond les dépenses secrètes avec les dépenses extraordinaires.

comptes des dépenses *extraordinaires*, je les ai donnés. Les comptes des dépenses *secrètes*, le Conseil exécutif les reçut, en approuva tout le détail et notifia cette approbation à la Convention. Et ces dépenses ne furent vraiment secrètes que pour 150,000 livres. Et ces 150,000 livres servirent probablement à payer les commissaires du Conseil, certainement à rendre possible ce rôle « d'adjudant-général du ministre de la guerre » qu'exerça, pour le salut de la patrie, celui qui eut la direction effective des affaires, la haute organisation de la défense nationale en août et en septembre 1792 (1). Tout esprit impartial sera surpris de voir qu'en dépensant si peu, Danton ait pu faire sentir sa main partout et préparer de si grandes choses avec de si faibles moyens financiers. Il sort grandi de l'épreuve à laquelle la calomnie l'avait soumis, — et en réfutant à fond cette calomnie, nous croyons avoir, nous aussi, apporté notre pierre au monument que Paris prépare à Danton.

14 octobre 1888 et 14 janvier 1889.

(1) Le fait que le ministre de la justice compte parmi ses dépenses 30,000 piques confirme une fois de plus ce qu'on savait sur la prépondérance du rôle de Danton dans le Conseil exécutif. Il est évident que les Girondins lui laissèrent la responsabilité de tout l'effort compromettant, opérations révolutionnaires et dépenses secrètes, tant que la patrie fut en danger, alors que Roland tremblait et voulait transporter la capitale dans le Midi. Une fois les Prussiens vaincus et le danger passé, Roland et ses amis s'acharnèrent contre Danton et lui reprochèrent ce qu'ils lui avaient demandé de faire, le taquinant sur l'emploi des fonds secrets, d'une misérable somme dont ils avouaient avoir reçu le compte. O rancune féminine !

VIII

LA STATUE DE DANTON

On avait tant dit que M. Wallon produirait contre Danton un texte inédit, et j'ai vu si souvent le vénérable travailleur penché sur les cartons des Archives, que j'ai fini par me demander s'il n'avait pas vraiment déterré un papier probant. Illusion d'interview ! M. Wallon n'avait en main que ses notes ordinaires et la menue monnaie de la légende. Mais je ne l'ai su que trop tard, ayant eu la naïveté d'aller à la séance du Sénat de mardi dernier (1), où ma curiosité badaude a été rudement punie. Quel débat burlesque et ennuyeux ! Non pas que M. Wallon ne soit érudit, non pas que M. Dide ne soit éloquent; mais quoi ! ces paperasses d'Archives, si aimables dans la paisible salle de travail de la rue des Francs-Bourgeois, faisaient une figure bien indiscrètement désagréable à la tribune d'une assemblée politique. Ce qui n'eût été qu'érudition ingénue dans la *Revue* de M. Chuquet semblait pédantisme dans une salle où sié-

(1) Le mardi 7 juillet 1891, il y avait eu au Sénat une interpellation sur le projet d'élever une statue à Danton.

geaient MM. Buffet, Constans et Ferry. Il y a eu un moment d'irrésistible comique : c'est quand M. Dide à son banc, M. Wallon à la tribune lisaient chacun à la fois le même livre, en tirant de la même page des phrases différentes. M. le ministre de l'intérieur a eu beau jeu, avec son fin bon sens de Toulousain civilisé. Danton aura donc sa statue mardi, le gouvernement assistera à la cérémonie — et, j'en demande pardon aux pédants, cet hommage honorera la République et sera glorieux pour la France.

I

Ne vous hâtez pas, cher lecteur effaré des volumineux pamphlets de M. Taine, de faire votre moue inquiète. — Une statue à ce démagogue brutal ! Une statue à ce massacreur! Une statue à ce tribun de ruisseau! Mais où allons-nous? Les ralliés finiront par se décourager ! — Certes, l'érection d'une statue au Danton de la légende, au Danton qu'on vous a montré tenant d'une main la tête de Mme de Lamballe, de l'autre un verre de vin, ce serait un défi au bon sens. Mais le Danton de l'histoire a une autre figure, vraiment française, largement humaine : il eut le génie de l'éloquence, l'amour de la patrie, l'art de l'homme d'État et, s'il commit des fautes, il est pur de sang, pur d'argent. Ce n'est même plus d'ailleurs un procès à reviser: il est tout revisé, par les soins d'érudits patients, comme MM. Robinet, Antonin Dubost,

Albert Sorel (en son dernier volume); et ce serait pour moi une précieuse récompense de mes travaux, si l'on voulait ajouter mon nom à la suite de ceux que je viens de citer. Je sais bien que vous n'avez pas le temps de lire nos textes, nos livres, nos dissertations d'érudits. Aussi vais-je tâcher de résumer en quelques lignes, sinon nos recherches, qui sont compliquées et vous ennuiraient, du moins les résultats qui s'en dégagent.

Mais vous êtes sceptique et vous vous méfiez d'avance du jeu de textes. Je devine cette objection préalable : tant de calomnies, réfutables sur tel ou tel point, doivent avoir quelque base réelle. A cela je réponds : Si Danton est resté plus défiguré par la légende médisante que ses confrères les autres grands calomniés de la Révolution, c'est que, par dédain, par paresse, par crainte de perdre son temps qui était celui de la défense nationale, il ne prit jamais la peine de réfuter la calomnie. La toilette de sa gloire, présente ou posthume, fut toujours le moindre de ses soucis. Orateur, il ne s'occupa jamais de la manière dont les journaux reproduisaient ses discours. Quand du haut de la tribune il avait produit son effet et que les bulletins de vote étaient tombés dans les urnes, il passait à une autre tâche. Robespierre remettait au gazetier son manuscrit laborieux et, en homme de lettres, rectifiait aigrement les erreurs de typographie : Danton n'écrivait rien et ne voyait même pas les bourdes contradictoires qu'on lui prêtait. Ses ennemis, selon le style des temps de discorde civile, le traitaient-ils de voleur et d'assassin ? Il haussait les épaules, leur montrait du doigt le Prussien qui marchait sur Paris et leur répondait : « Nous n'avons pas le temps ; battons l'ennemi, sauvons la patrie. »

On ne croirait pas à la sincérité de cette négligence héroïque et surhumaine ; on la prendrait peut-être pour la rouerie d'une mauvaise conscience, si je n'en citais un exemple qui a échappé même aux plus curieux historiographes de Danton.

On sait que ses ennemis, et en particulier Mme Roland, l'accusèrent d'avoir, étant aux affaires, dilapidé l'argent de la France. Cette accusation fut portée à la tribune de la Convention quand Danton, élu député de Paris, eut quitté ses fonctions de ministre de la justice. Il répondit, vaguement et brièvement, qu'il avait rendu ses comptes, et la calomnie persista. Personne n'a cru à l'existence de ces comptes. Eh bien, ces comptes existent, et j'ai eu la bonne chance de les retrouver et de les publier. Un décret du 28 août 1792 avait mis à la disposition du Conseil exécutif provisoire un million pour dépenses *extraordinaires* et un autre million pour dépenses *secrètes*. Danton, qui ne dirigeait pas seulement la justice, mais aussi et surtout la diplomatie secrète de la Révolution, eut sa part de ces deux millions. Il toucha 100,000 livres pour dépenses extraordinaires, dépensa 68,684 livres (appointements de ses employés, fabrication de piques dans les sections, envoi de commissaires dans les départements, etc.) et remit les 31,316 livres restantes, avec un compte détaillé, auquel le procès-verbal de la séance de la Convention du 6 octobre 1792 ne fait qu'une insignifiante allusion et que Danton laissa dormir, sans daigner le produire, dans les cartons de l'Assemblée, où je l'ai retrouvé (Archives nationales, C ii, 50).

Quant aux dépenses *secrètes*, dont, surtout en révolution, il ne paraît pas qu'il soit bien facile de produire un mémoire comptable, il semble que la calomnie ait beau jeu sur ces dépenses. Il n'en est pas moins vrai que Danton en avait justifié dans la même séance du Conseil exécutif, qui les approuva, *sur la vue des quittances et pièces justificatives* produites. Ses ennemis personnels, les ministres girondins, durent reconnaître que Danton n'avait pas employé un sou de fonds secrets autrement qu'en vue des nécessités de la défense nationale. Ils l'écrivirent à la Convention, le 7 novembre 1792, et leur lettre se trouve aux Archives nationales sous la cote A F ii, 10, pièce 22 : cette pièce détruit d'une façon éclatante la plus spécieuse peut-être des calomnies qui aient été dirigées contre Danton (1). Elle ne fut pas publiée : la Convention, les contemporains, les historiens l'ignorèrent — et Danton ne se donna même pas la peine de la divulguer !

(1) Voir, pour plus de détails, le chapitre précédent.

II

Cet exemple si décisif d'abnégation de soi-même n'explique-t-il pas comment Danton ne répondit aux autres accusations d'improbité, qui d'ailleurs furent jetées à la face de tous les révolutionnaires dirigeants, que par quelques paroles dédaigneuses ou même par le silence ? Un jour cependant, aux Jacobins, alors que déjà Robespierre le détruisait perfidement par de sourdes intrigues, il prononça un grand discours apologétique où il réfuta l'accusation de vénalité et d'agiotage dont on voulait l'accabler. Mais les journaux ne reproduisirent pas son discours, et il ne le publia pas. Ce qu'il disait pour sa justification, M. le docteur Robinet nous l'a fait savoir par des pièces notariées, inventaires après décès, contrats de mariage et de vente, actes d'achat et de remboursement d'une charge d'avocat aux Conseils, par tous les éléments désirables de la certitude humaine. Il ressort de ces textes que la fortune de Danton ne varia pas, qu'elle diminua plutôt pendant la Révolution, et que son train de vie était celui d'un bourgeois aisé. Aimez-vous mieux croire aux cancans posthumes de Mirabeau, de Mme Roland, de Brissot, de La Fayette? Les ennemis de Danton étaient peut-être de bonne foi quand ils le traitaient d'énergumène vénal: contre lui, leur passion était crédule avec délices, et il faut les excuser, bien qu'ils n'eussent pas l'excuse d'avoir été calomniés par Danton, qui ne calomnia jamais personne, parce qu'il ne savait pas haïr. Mais enfin la cour tenait une comptabilité de ses dépenses ; on a la preuve que, par exemple, Mirabeau touchait 6,000 francs par mois sur la liste civile : que ne produit-on cette preuve contre Danton ? Vous voulez qu'on l'ait payé de la main à la main, sans reçu écrit : alors citez une seule circonstance — je dis une seule — où Danton ait fait le jeu de Louis XVI ; a-t-il jamais soutenu une motion, fait une démarche ou même un geste qui fût profitable à la cour ? En réalité, l'histoire nous montre en lui l'ennemi implacable et quotidien, l'ennemi injurieux et habile, non de la monarchie (qu'il crut d'abord, avec ses contemporains, nécessaire à la Révolution), mais de la mauvaise foi antifrançaise de Louis XVI et de Marie-Antoinette. Finalement, convaincu que la République pouvait seule sauver la France envahie, il fut un de ceux qui lancèrent le peuple à l'assaut des Tuileries. Quelle naïveté de croire qu'un tel homme ait reçu de l'argent de la cour !

III

J'arrive au grief principal qu'on objecte aujourd'hui à la statue de Danton, c'est-à-dire à l'accusation relative aux massacres de septembre.

Danton en fut-il l'auteur ou même le complice ?

En ces tristes journées, qui furent le résultat de

l'affolement patriotique où la population parisienne avait été jetée par l'approche des Prussiens et par la certitude exaspérante que les royalistes du dedans étaient d'intelligence avec l'ennemi, que fait Danton, je ne dis pas dans la légende, mais dans l'histoire ? Il assiste avec tristesse ; il reste à son poste, tandis que Roland et les autres ministres parlent de déserter, de se retirer derrière la Loire ; il se garde de toute parole d'approbation officielle. C'est une calomnie trop acceptée, même par les apologistes, que de lui prêter cette distinction cynique et célèbre entre le *ministre de la Révolution* et le *ministre de la justice*. J'ai le droit de dire que le propos est inventé, puisqu'il ne se trouve dans aucun texte émané des contemporains. — Et à la tribune ? A la tribune, Danton ne parla qu'une fois des massacres de septembre (10 mars 1793), et voici en quels termes : « Puisqu'on a osé, dans cette Assemblée, rappeler ces journées sanglantes sur lesquelles tout bon citoyen a gémi, je dirai, moi, que, si un tribunal eût alors existé, le peuple, auquel on a si souvent, si cruellement reproché ces journées, ne les aurait pas ensanglantées ; je dirai, et j'aurai l'assentiment de tous ceux qui auront été les témoins de ces mouvements, que nulle puissance humaine n'était dans le cas d'arrêter le débordement de la vengeance nationale. »

Et, en effet, quand Roland, qui disposait seul, avec le maire de Paris, de la force publique, n'ouvrait la bouche que pour louer la *bonté* des massacreurs, quand Pétion faisait une affiche pour excuser, justifier les massacres, que pouvait le ministre de la justice Danton ? Donner le signal de la guerre civile entre l'Assemblée et la Commune, alors que le roi de Prusse n'était qu'à soixante lieues de Paris ? Il ne se crut pas le droit de perdre ainsi la patrie. Il avait fait tout le possible pour prévenir les massacres, jusqu'à désavouer l'indulgence du tribunal criminel extraordinaire établi le 17 août ; sa conscience était tranquille, si son cœur était déchiré, et, dans cette heure terrible où l'agonie de la France envahie semblait commencer, où il donnait toute son âme à la défense nationale, quand le pays jouait la dernière carte d'une partie qui semblait désespérée, aux affairés, aux importants qui venaient le harceler de leurs conseils, oui, il est bien possible qu'impatienté et irrité il ait répondu brutalement, comme on l'en accuse : « Eh ! je me f... des prisonniers ! Je songe à la Révolution, à la France ! » Mais croire que Danton se réjouit du sang versé dans les prisons, croire qu'il envoya lui-même l'odieuse circulaire des massacreurs, si ce n'est pas de la niaiserie, c'est, à coup sûr, de la mauvaise foi.

N'oublions pas les faits :

Le 2 septembre, sous le coup de nouvelles terribles, une levée de 60,000 hommes est ordonnée à Paris. Ces volontaires, fort enfiévrés, n'entendent parler, au moment de marcher à l'ennemi, que de conspirations royalistes, que de pièges secrets, que de trames ourdies contre la Révolution : « Laisserons-nous derrière nous, se demandent-ils avec énervement, nos plus mortels ennemis prêts à égorger nos femmes et nos enfants ? » Cependant le tocsin sonne sans relâche, les cœurs se troublent, les têtes s'éga_ rent. Danton voit le danger et s'écrie que ce tocsin n'est point un signal d'alarme : « C'est, dit-il, la charge sur les ennemis de la patrie ; pour les vaincre il vous faut de l'audace, encore de l'audace, toujours de l'audace, et la France est sauvée ! » Il voulait tourner contre les Prussiens ces épées déjà tirées. Il était trop tard : une bande de fanatiques exerçait déjà, sur les royalistes enfermés dans les prisons, une justice plus que sommaire et digne de l'ancien régime.

C'est plus tard que les Girondins, pour perdre Danton, lui attribuèrent la responsabilité des massacres qu'ils avaient, eux, excusés publiquement, et qu'il avait, lui, prévus et tenté de prévenir. Il dédaigna ces calomnies. (*Qu'on m'appelle buveur de sang et que la France soit sauvée !*) Il ne songea qu'à la France ; il tendit la main à ces dénonciateurs passionnés, il leur offrit de s'unir à lui pour servir la patrie. Ils repoussèrent ces avances loyales, quoiqu'ils aimassent, eux aussi, la Révolution ; mais ils écoutaient trop les rancunes de Mme Roland, dont l'âme, pourtant haute et républicaine, ne savait pas oublier les injures et qui, effrayée de la figure farou_ che de Danton, irritée de n'avoir pu le soumettre à son influence, le prit en haine et déclara ingénument qu'un homme si laid devait être un bourreau.

IV

Nou voilà donc loin du raisonnement que M. Wallon s'est permis l'autre jour à la tribune du Sénat, quand il a dit textuellement de Danton : « Il a connu les massacres, il les a soufferts, donc il les a voulus. » Et nous pouvons dire, au contraire, que c'est avec des mains pures du sang de Septembre que Danton travailla à l'œuvre de la défense nationale.

On sait comment il y travailla ; c'est sa parole qui souffla au cœur des volontaires l'ardeur de vaincre ou de mourir ; c'est lui qui souleva la France tout entière contre l'invasion ; c'est lui qui fut l'âme de la patrie en danger. Membre du premier Comité de salut public, d'avril à juillet 1793, il dirigea véritablement les affaires militaires et surtout la diplomatie de la jeune République. La paix avec l'Angleterre, l'alliance anglaise fut son plus cher souci : les traces des efforts qu'il fit secrètement dans ce sens subsistent et ont été publiées. En même temps, il chercha à procurer à son pays l'alliance de puissances neutres : Suède, Danemark, Turquie. Surtout, il fit interrompre et désavouer solennellement la politique de propagande révolutionnaire qui nous avait aliéné toute l'Europe ; c'est lui qui inspira le décret du 13 avril 1793 par lequel la Convention déclarait qu'elle ne se mêlerait pas des affaires des autres peuples. Il posa ainsi les bases sur lesquelles on devait, après les victoires, négocier, et, si de son vivant cette politique échoua, elle rendit possibles ces glorieux traités de Bâle, qu'il ne devait pas voir.

Ne le prenez pas pour un doctrinaire fanatique, qui tue les hommes pour faire triompher une conception de sa pensée. Tandis que Robespierre remercie du fond du cœur le dieu de Jean-Jacques qui le délivre de ses ennemis par la guillotine, il s'écrie, et c'est un des traits ordinaires de son éloquence : « Epargnons le sang des hommes ! » Mais il sait à propos faire aux fureurs du temps, dont il gémit, les concessions nécessaires, et il institue le tribunal révolutionnaire, pour terroriser les royalistes de l'intérieur qui conspiraient avec les ennemis du dehors. Et en cela il eut grandement raison, s'il est vrai que les crimes de lèse-patrie doivent être punis de mort. C'est quand il vit que ce tribunal de défense nationale était devenu, sous l'influence de Robespierre, un tribunal d'inquisition au profit d'une doctrine et d'un homme, qu'il demanda pardon à Dieu et aux hommes de l'avoir créé.

Danton était avant tout un homme d'Etat : il voyait la France dans l'Europe et dans l'histoire. Il ne proposa aucune mesure qui ne fût adaptée à la race, au climat, au sol, aux circonstances. Il procède de Mirabeau, et il fait présager Gambetta.

Imbu de l'esprit des encyclopédistes, s'il se prêta un instant à la réaction robespierriste contre le culte de la Raison, c'est parce que les promoteurs de ce culte étaient des violents, c'est aussi pour ramener

Robespierre à la concorde par une habile concession. Mais il représente, dans le domaine pratique, le pur et large esprit de l'*Encyclopédie*. Quoiqu'il soit avant tout homme d'action et naturellement peu spéculatif, il semble être, par les tendances intellectuelles, le confrère du grand Condorcet, si méconnu des contemporains, si inconnu de nous. C'est une tête pensante et bien équilibrée que Sanson trancha, le 16 germinal an II, quand Robespierre la lui eut livrée, toute déshonorée pour le supplice et flétrie par lui de calomnies secrètes et hypocrites. Ce Robespierre, qui eut un si grand talent oratoire et dont plusieurs discours (mais lisez-les) sont dignes de l'antiquité, personnifie en somme, avec son culte obligatoire de l'Être suprême et sa loi royale du 22 prairial, l'esprit de l'ancien régime : Danton, c'est l'esprit moderne, libre du préjugé théologique, orienté vers l'avenir, ouvert à la grande religion de l'humanité (1).

C'est aussi et surtout un esprit français. Il y a de la gaieté, de la verve, un bon sens endiablé et une bonhomie fine dans les discours de ce compatriote de La Fontaine. Il s'y trouve aussi du sublime, mais un sublime qui n'est qu'une exaltation du bon sens, un sublime à la Corneille et à la Voltaire. Voilà un homme

(1) Je n'emploie pas ce mot dans le sens que lui donne Auguste Comte, et il ne s'agit pas ici du positivisme religieux, pas plus que je ne vois en Danton le chef d'une prétendue école de Diderot dans la Révolution. Je ne songe pas davantage à présenter Danton comme un dictateur sage et sublime, comme le seul homme d'État de son temps. Dans le cours que je fais cette année (1892-1893) à la Faculté des lettres de Paris, je tâche précisément de réagir contre la légende comtiste qui fait de Danton une sorte de saint.

qui eut le don de la familiarité dont parle Bossuet !
Ses harangues sont contre toutes les règles de la rhétorique ; ses métaphores n'ont presque jamais rien de
grec ou de latin (quoiqu'il aimât à parler latin). Il est
moderne, actuel, Champenois, jamais trivial ; mais
ses classiques contemporains le prirent parfois pour
un barbare, parce qu'il n'était pas pédant, et ne virent pas qu'il puisait au plus pur courant de la langue
française. Sa culture était pourtant raffinée, mais il
préférait les auteurs modernes, surtout les Anglais,
dont il parlait facilement la langue. Voilà pourquoi
il a, dans les collèges, si triste réputation. Mais quiconque lira ses discours sans prévention et comme
un texte d'études y retrouvera au plus haut degré,
ainsi que dans sa politique, le pur esprit de la France.

V

Cependant, il faut bien avouer que sa mauvaise renommée ne nuisit pas seulement à sa gloire, mais
aussi et surtout à son action gouvernementale. Je ne
suis pas un fanatique de Danton, et je reconnais que,
si son indifférence à se défendre fut magnanime, il
eut tort, dans l'intérêt même de la patrie, qui se con-
fondait ici avec le sien, de ne pas réfuter la calomnie. Homme d'action, je l'ai dit, il était en même temps
paresseux. C'était, pour lui, un supplice de tenir une
plume, et ses autographes se payent à des prix fabu-
leux. J'ai dépouillé presque tous les papiers de la

Révolution aux Archives nationales sans trouver une ligne de sa main (1). C'était même une fatigue pour lui que de signer : ministre, il use et abuse de la griffe ; membre du Comité de salut public, il ne met son nom qu'au bas des expéditions officielles où c'était indispensable. Je ne crois pas que le registre des délibérations du Comité porte une seule fois sa signature. C'est, de tous les membres, celui qui assiste le moins souvent aux séances, ou, quand il y assiste, qui y reste le moins longtemps. On le voit incapable d'assiduité, et s'asseoir à un bureau lui fait horreur. Excellent pour lancer des idées, orienter une politique, il se désintéresse ensuite de l'application, non par indifférence, mais par paresse.

C'est ainsi qu'en définitive il ne sut pas faire mûrir les fruits de sa politique et qu'il parut aux contemporains plus propre aux grandes adjurations éloquentes qu'à un long effort gouvernemental. Robespierre ne quitte pas le tapis vert du conseil, ni la tribune des Jacobins ou de la Convention ; ses idées sont pauvres et surannées : mais il reste assis à en surveiller la réalisation, sans quitter la place d'une seconde. Danton prend le temps d'aimer sa femme, de dîner avec ses amis, d'aller à Arcis-sur-Aube voir la campagne, dont il était idolâtre, non en disciple sentimental de Jean-Jacques, mais en brave homme qui aime le grand air et l'exercice rustique.

(1) Depuis que ces lignes sont écrites, M. Étienne Charavay a retrouvé un assez long projet de décret de la main de Danton.

Ce n'est pourtant pas la faute de sa paresse si ses négociations, habilement commencées avec l'Europe, n'aboutissent pas tout de suite, si l'œuvre de la défense nationale n'était pas achevée en juillet 1793. Mais les contemporains crurent Danton insouciant; ils le virent mal entouré d'hommes trop nerveux, comme le poète Fabre d'Églantine, ou trop épicuriens, comme l'exquis styliste Hérault de Séchelles, ou trop viveurs, comme le bon et brave Basire. Auprès de Robespierre, ce patron indulgent et facile d'un groupe peu recommandable par les mœurs parut lui-même, quoique homme de famille, une sorte de jouisseur impropre à diriger plus longtemps, dans cette crise formidable, les affaires de la République. La Convention ne le réélut pas au Comité de salut public, et Robespierre prit la place que Danton avait laissée vacante. Il eût fallu réserver à l'homme d'État de génie, au diplomate supérieur, à l'orateur entraînant, une sorte de présidence du gouvernement sans portefeuille et laisser à des auxiliaires habiles le soin d'appliquer les idées utiles qui sortaient de cette tête où fermentait, dans ce qu'il avait de plus français et de plus moderne, l'esprit même du temps. Dégoûté, Danton quitta les hommes, qui le quittèrent à leur tour, et Robespierre, après s'être servi de lui contre les Hébertistes, l'envoya traîtreusement à l'échafaud.

VI

C'est à nous, qui connaissons l'ensemble et les conséquences de l'œuvre de Danton, son rôle vrai à une heure décisive de l'histoire de France, comment il reprit à sa manière la *suite des affaires* des grands Français fondateurs de la nation, les Henri IV, les Richelieu, les Turgot, les Mirabeau, — c'est à nous à réparer les injustices des contemporains, qui n'apercevaient qu'une partie ou une apparence de la politique du grand homme d'État de 1792. Et c'est pour cela qu'on élève une statue à Danton.

Je voudrais bien que les orateurs de mardi prochain (1) n'oubliassent pas de citer, au pied de la statue, deux mots lumineux de ce Français, qui nous ont été conservés par son ami Courtois, et qui nous font pénétrer dans le cœur du prétendu massacreur.

Un jour qu'on lui reprochait amicalement son abnégation : « Il faut, répondit-il, qu'un vrai patriote, en révolution, fasse le bien et l'oublie à peu près comme l'autruche qui dépose ses œufs dans le sable sans s'inquiéter de leur sort. »

Une autre fois, on le gourmandait pour son indulgence à l'égard de ses ennemis personnels : « Je vois

(1) C'est le mardi 14 juillet 1891 que fut inaugurée la statue de Danton.

souvent X..., répondit-il, dont le caractère atrabilaire ne m'inspire aucune confiance; je sais qu'il me dénigre toutes les fois qu'il en trouve l'occasion; je pourrais, au besoin, produire plus d'un témoin. En voilà plus qu'il ne faut, sans doute, pour cesser de voir cet homme. Eh bien, quand je pense que je l'ai vu, dès l'enfance, lutter contre sa mauvaise fortune, que je lui ai fait un peu de bien, que je puis encore lui être utile, alors je m'oublie moi-même pour le plaindre d'être si malheureusement né. Sa présence devient une espèce d'étreinte qui m'ôte jusqu'à la force d'examiner les motifs de sa conduite envers moi. »

Voilà les douces pensées à la Térence qui animaient le cœur de Danton, pendant l'épouvantable orage de la Terreur. Ne le croyons pas atteint de la sensiblerie fade des almanachs du temps : terrible dans l'action, épris d'idéal, mais d'un idéal très humain et très voisin, le culte de la patrie, il avait une bonté saine et virile, un esprit de fraternité sans phrases, des accès de pitié aussi ingénus que ses colères. Je ne voudrais pas vous laisser sous l'impression fausse d'un Danton berquinisé. Sa douceur n'était que la sympathie d'un homme pour les hommes, mais d'un homme fort et effrayant, brutal même, d'un athlète capable d'un solide coup de poing, comme d'un sublime coup d'éloquence, pour le succès d'une grande cause.

Cette cause, qui fut celle de la France, s'il ne la gagna pas tout entière de son vivant, il mit ses successeurs à même de la gagner. C'est pourquoi il me semble en vérité que tous les bons Français peuvent et doivent, en dépit des scrupules de M. Wallon, aller saluer, au 14 juillet prochain, la statue de ce grand ouvrier de notre unité nationale.

11 juillet 1891.

IX

LES RESPONSABILITÉS DE CARNOT

On s'est souvent demandé quelle part de responsabilité doit être équitablement attribuée à chacun
des membres de ce gouvernement révolutionnaire
dont l'énergie surhumaine et inhumaine sauva l'indépendance de la France pendant la période si critique qui va de juillet 1793 au 9 thermidor, c'est-à-
dire pendant la Terreur. Quand, après la chute de
Robespierre, on mit sur la sellette les membres du
Comité de salut public, accusateurs et accusés firent
a leur façon l'histoire de l'année sanglante et glorieuse ; ils s'efforcèrent à définir les responsabilités,
ceux-là pour perdre leurs adversaires, ceux-ci pour
sauver leur tête. Jusqu'ici, ce sont trop souvent ces
réquisitoires et ces apologies qui ont servi de base à
l'histoire, et, sur cette question des responsabilités,
on a surtout allégué les mêmes pièces qui servent de
références et d'annexes aux rapports de Courtois, à
celui de Saladin et aux diverses défenses des
membres des anciens Comités de gouvernement. Je
voudrais, à propos de Carnot, donner l'exemple de
sortir enfin de cette routine et mettre directement

sous les yeux du lecteur, par des citations impartiales et des fac-similés, quelques-unes des pièces de ce grand procès historique.

I

Aussi bien, quand on parle de la responsabilité des membres du Comité de salut public, c'est surtout de Carnot qu'il s'agit.

L'organisateur de la victoire, comme la voix publique l'appela justement, s'occupa-t-il d'autre chose que d'organiser la victoire ? Resta-t-il confiné dans ses attributions militaires, seulement occupé du personnel de l'armée, des plans de campagne et de la défense nationale ? S'il lui arriva de signer avec un Robespierre ou un Billaud-Varenne des arrêtés de proscription, fut-il vraiment le complice des proscripteurs, et doit-il être considéré comme un des ministres de la Terreur ?

Disons tout de suite qu'après coup il protesta lui-même contre l'accusation d'avoir participé à la politique terroriste, et qu'il ne cessa, jusqu'à sa mort, de répéter cette protestation, que son fils a encore accentuée dans ses intéressants et pieux *Mémoires sur Carnot*.

C'est le 3 germinal an III, plus de six mois après la chute du gouvernement de Robespierre, que Carnot, à la tribune de la Convention, sépara publiquement sa cause de celle des terroristes, et se donna le rôle que la postérité lui a laissé, c'est-à-dire le rôle d'un patriote qui a consenti à siéger un instant à côté de Robespierre, de Couthon et de Saint-Just pour sauver la France par ses combinaisons militaires, et non pour partager les fureurs de ces « tyrans ».

A ce moment-là, trois membres de l'ancien Comité de salut public, Billaud-Varenne, Collot-d'Herbois et Barère, et un membre de l'ancien Comité de sûreté générale, Vadier, étaient seuls poursuivis. Mais tous les autres se sentaient atteints, et, en les défendant, se défendaient. Carnot prit la parole en faveur des prévenus, mais, en réalité, il plaida pour lui-même et tira fort habilement son épingle du jeu.

C'est dans ce discours qu'à propos des responsabilités de chacun, il parla des signatures en termes qu'il faut citer :

« Les signatures, dit-il, données par les membres de l'ancien Comité de salut public (je parle des signatures en second), étaient une formalité prescrite par la loi, mais absolument insignifiante par rapport à celui qui était tenu de la remplir. Ce n'était de sa part ni une adhésion expresse ni même un acquiescement donné de confiance. Ces signatures enfin n'étaient pas seulement des *certifiés conformes*, car cela supposerait que le signataire aurait lu et collationné, ce qui n'est pas vrai. Elles ne sont précisément et n'ont jamais été que de simples *vus*, une opération purement mécanique, qui ne prouve rien, qui n'atteste rien, sinon que le rapporteur, c'est-à-dire le premier signataire de la minute, s'est acquitté de la formalité prescrite de soumettre la pièce en question à l'examen du Comité. »

Et Carnot affirme qu'il a de la sorte signé sans le savoir une instruction relative à la commission populaire d'Orange, de sanglante mémoire, « lorsqu'il est de fait, dit-il, que j'ai ignoré très longtemps l'existence de cette commission ». De même il aurait signé « une lettre à Joseph Le Bon, pour étendre ses pouvoirs, lorsqu'il conste *(sic)* que je demandais perpétuellement au Comité le rappel de Joseph Le Bon ».

Le 6 germinal suivant, il raconta, en outre, qu'il avait, sans le savoir, mis son nom au bas du mandat d'arrestation de deux de ses secrétaires, — et aussi au bas de celui du traiteur Gervais, demeurant sur la terrasse des Feuillants, chez lequel il allait dîner d'habitude avec Collot-d'Herbois :

« Je puis même, en mon particulier, produire tel acte que j'ai signé et même rédigé, parce qu'il était dans les attributions qui m'étaient confiées, et contre lequel néanmoins j'avais déposé d'avance sur le bureau une protestation positive. »

Et pourquoi arrivait-il ainsi qu'on signât sans lire ?

C'était, à en croire Carnot, par l'impossibilité physique de faire autrement, vu l'affluence des affaires :

« Cette base de responsabilité une fois posée, conclut-il, la plus grande partie des inculpations dirigées contre les prévenus disparaît d'elle-même : les crimes restent à ceux qui les ont commis, au triumvirat que vous avez puni le 10 thermidor. »

Telle est la justification de Carnot, et voilà comment il explique que sa signature ait pu figurer au bas de certains actes territoristes.

Sa théorie des signatures et des responsabilités a d'ailleurs été acceptée par la plupart des historiens : elle est classique.

Eh bien, il faut avouer que l'examen des papiers du Comité de salut public la dément presque entièrement.

Sans doute les expéditions officielles des arrêtés du Comité de salut public sont revêtues de signatures qui sont de simples *certifiés conformes* ou des *vus* et qui n'engagent pas la responsabilité des signataires. C'est là ce que Carnot lui-même appelle justement les *signatures en second*. Aucune personne informée n'a pu alors ni depuis les objecter à Carnot, et, en avocat, il se défend sur un point où on ne l'attaque pas. La véritable responsabilité, et Carnot le savait bien, c'était d'avoir rédigé ou signé les *minutes* des arrêtés. C'était là le point délicat, celui où il se sentait vulnérable, et, fort excusable puisqu'il défend sa tête, il cherche à donner le change par des anecdotes plaisantes, comme l'histoire de son traiteur, qu'il aurait fait arrêter sans le savoir. Mais j'ai vainement cherché ce mandat d'arrestation dans les papiers du Comité, et, quant aux deux secrétaires de Carnot, incarcérés sur la signature de Carnot il n'est pas du tout sûr que cette signature ait été donnée involontairement. L'arrêté est aux Archives, et il en résulte que ces deux jeunes gens, ayant trop bien dîné, avaient été faire du bruit dans une assemblée de section et y avaient menacé les assistants de la guillotine. Carnot signa l'ordre de les arrêter, et il fit bien.

Pour ce qui est des actes qu'il aurait, à l'en croire, signés et rédigés en protestant, en déposant même sa protestation, je n'ai pas trouvé aux Archives un seul exemple de ces protestations.

J'ai eu entre les mains l'ensemble des papiers du Comité de salut public, et, je crois, à peu près toutes les minutes d'arrêtés qui subsistent aux Archives : je n'ai pas vu un seul cas où les signatures parussent provenir d'une adhésion négligente et inconsciente ; je parle, bien entendu, des signatures *en premier*, les seules qui engageassent vraiment la responsabilité des signataires.

Carnot mentait-il donc, en germinal an III, quand il déclarait à la tribune qu'il signait sans lire ?

Non, il ne mentait pas, c'était un honnête homme ; mais, serré de près par la meute thermidorienne, il défendait sa vie avec habileté, avec passion, en avocat, comme il pouvait. Il ne faut ni le blâmer ni le croire. Il plaida, il fut son propre « défenseur officieux », selon l'expression du temps. Il désarma par des efforts d'imagination oratoire la rage de ses implacables adversaires ; il évita l'échafaud. Mais comment a-t-on pu prendre pour de l'histoire cette plaidoirie désespérée et ingénieuse d'un homme qui se sentait menacé par le couperet de la guillotine ?

II

Il est bon de noter ici les indications que l'examen des minutes des actes du Comité de salut public (je parle du second Comité de ce nom) nous donne sur les attributions et la responsabilité de chacun.

Les douze membres de ce Comité de salut public, formé par divers arrêtés rendus entre le 10 juillet et le 6 septembre 1793, étaient Robespierre, Saint-Just, Couthon, Prieur (de la Marne), Prieur (de la Côte-d'Or), Jeanbon Saint-André, Robert Lindet, Barère, Hérault de Séchelles, Billaud-Varenne, Collot-d'Herbois et Carnot.

Robespierre a laissé peu de traces écrites de son activité dans la besogne journalière du Comité. Il y a peu d'arrêtés de sa main, et ils ont pour objet la police ou des arrestations. Il ne donne sa signature que rarement et comme à regret, et il ne la donne guère qu'à des arrêtés de politique générale et à quelques pièces relatives à la marine.

Saint-Just écrit et signe encore moins. Il n'y a d'arrêtés de lui que sur l'armée et pour des incarcérations de généraux.

Même observation pour Couthon, qui est avare de son écriture et de sa signature. Il n'a pas de spécialité : il s'occupe un peu de tout, même de diplomatie.

Prieur (de la Côte-d'Or), au contraire, prodigue son écriture et sa signature. Il a laissé une quantité d'arrêtés sur l'armement, l'artillerie, l'Ecole de Mars, et, par exception, les subsistances, les charrois.

On n'a presque rien de Prieur (de la Marne), qui fut constamment en mission, de même que Jeanbon Saint-André, qui a laissé pourtant quelques arrêtés de sa main sur la marine.

Robert Lindet rédige et signe de nombreux arrêtés sur les subsistances en général, les subsistances de l'armée, les subsistances de la marine, les approvisionnements et aussi les charrois (avec Prieur).

Barère rédige et signe les arrêtés relatifs à la diplomatie, à l'instruction publique, aux beaux-arts.

Hérault de Séchelles s'occupait avec Barère de la diplomatie. Mais son écriture et sa signature sont rares : on sait d'ailleurs qu'il fut guillotiné quatre mois avant la chute de Robespierre.

Billaud-Varenne et Collot-d'Herbois sont chargés de la lourde tâche de la correspondance du Comité, surtout avec les représentants en mission. Il y a peu d'arrêtés de leur main ou signés d'eux.

Enfin Carnot rédige et signe une foule d'arrêtés sur l'armée et aussi parfois sur la marine. Il s'occupe des nominations et des révocations d'officiers. C'est bien lui qui, dans les choses militaires, est le ministre dirigeant, en particulier pour ce qui concerne le personnel.

Cependant, ainsi qu'à ses collègues, il lui arrive de sortir de sa spécialité et de signer ou même de rédiger des mandats d'arrestation, et cela d'accord avec

Robespierre, dont, après Thermidor, il désavoua si hautement la politique. Un des exemples les plus frappants de cette collaboration, sinon cordiale, mais à coup sûr de cette intime, de « l'organisateur de la victoire » et du « monstre », c'est l'arrêté pris par le Comité de salut public, le 9 septembre 1793, contre les généraux Leigonyer (1) et Quétineau, et dont nous donnons le fac-similé. On remarquera qu'il est de la main de Carnot, et que, seul, Robespierre l'a signé. Quelle preuve plus significative pourrait-on trouver de l'accord de ces deux hommes dans une circonstance grave ? (Fac-similé n° 1.)

Mais à ceux qui, sur la parole de Carnot et sur la foi de la légende, s'imaginent qu'il resta étranger aux violences de la Terreur, il faut surtout objecter l'ordre d'arrestation de Danton, de Delacroix, de Camille Desmoulins et de Phillippeaux, libellé par les deux Comités de salut public et de sûreté générale, dans la nuit du 10 germinal an II. Il est de la main d'Amar et a été signé par Billaud-Varenne, Vadier, Carnot, Le Bas, Louis, (du Bas-Rhin), Collot-d'Herbois, Saint-Just, Gr. Jagot, C.-A. Prieur, Couthon, B. Barère, Dubarran, Voulland, Elie Lacoste, M. Bayle, Amar, Robespierre, Lavicomterie. (Fac-similé n° 2.)

Quel grief avait-on contre Danton et les dantonistes ? Aucun, si ce n'est qu'ils portaient ombrage au gou-

___

(1) C'est par erreur que, dans l'original, ce nom est écrit *Ligonier*. Nous le rectifions d'après les nombreuses signatures de ce général conservées aux Archives historiques du ministère de la guerre.

vernement, qu'ils offusquaient Robespierre. Quelle séance émouvante ce dut être, que celle où les Comités de Salut public et de Sûreté générale réunis délibérèrent et votèrent la mort de ces fondateurs de la République ! Tous ne furent pas convaincus par les arguments de Billaud-Varenne, qui signa le premier et à qui Robespierre laissa, sans doute, avec son hypocrisie ordinaire, le soin de demander la tête de Danton.

Il y eut deux membres des Comités qui refusèrent de signer : l'Alsacien Rühl, membre du Comité de Sûreté générale, et Robert Lindet, membre du Comité de salut public, qui, faisant allusion à ses fonctions particulières dans le Comité, déclara, dit-on, qu'il était là pour nourrir les patriotes et non pour les tuer. Carnot n'eut pas de ces scrupules: il crut qu'il fallait se débarrasser, même par l'échafaud, de toute opposition gênante, et il signa le troisième. On examinera avec intérêt la reproduction de cet écrit célèbre, qui engagea la Révolution dans l'arbitraire, dans le sang, dans la routine des coups d'État, et qui, en faisant tomber les têtes pensantes et capables de diriger la France, fraya la route au césarisme.

Précédemment, Carnot n'avait pas hésité à signer aussi le mandat d'arrestation de l'aimable et éloquent Hérault de Séchelles, le collaborateur de Danton aux affaires étrangères, qui fut impliqué dans une calomnie si grossière que la multitude seule y put ajouter créance, et dont l'élégance d'esprit semblait ne pouvoir déplaire qu'à la médiocrité malveillante. Ce mandat est de la main de Barère. (Fac-similé n° 3.) (1).

Enfin, dans l'affaire des dantonistes, s'il est un acte odieux et inexpiable, c'est d'avoir envoyé à l'échafaud la femme de Camille Desmoulins, la gracieuse et inoffensive Lucile. Dix-huit membres des deux Comités avaient signé le mandat contre Danton: huit seulement eurent la dureté de s'associer à l'assassinat de cette femme, dont le seul crime était d'avoir pleuré tout haut sur le sort de son mari ; huit seulement eurent l'effronterie de donner créance à la légende de la complicité de Lucile avec la prétendue conspiration des prisons, et, parmi ces huit, se trouve Carnot, dont la main, comme on peut le voir plus loin, ne trembla pas en signant l'ordre d'arrestation de cette pauvre femme, dont il connaissait trop bien la gaieté douce et la frivolité ingénue pour la croire conspiratrice. (Fac-similé n° 4.)

Citons aussi et reproduisons le mandat d'arrestation de l'infortuné Chaumette. Il est de la main de Robespierre, qui se donna la joie de se venger ainsi ui-même du culte de la Raison, dont Chaumette

(1) Voici le texte de cet arrêté, dont l'original n'est pas très lisible : « Du 25 ventose an II, Rép. fse une et indiv. — Les Comités de salut public et de sûreté générale, informés par la section de Le Peletier qu'un homme prévenu d'émigration et recherché depuis longtemps comme tel, vient d'être trouvé dans l'appartement d'Hérault-Séchelles, député à la Convention; considérant la gravité des renseignements sur son compte et la conduite suspecte qu'il a tenue, arrêtent qu'Hérault-Séchelles et ceux qui habitent avec lui seront mis sur-le-champ en état d'arrestation au Luxembourg, et les scellés seront apposés sur leurs papiers. — B. BARÈRE, DUBARRAN, COLLOT-D'HERBOIS, CARNOT, VOULLAND, COUTHON, GR. JAGOT, ROBESPIERRE, DAVID, ST-JUST, BILLAUD-VARENNE.

avait été un des promoteurs. Carnot n'hésita pas à signer cette injuste proscription. (Fac-similé n° 5.)

Carnot signa aussi, le 13 germinal, l'ordre d'arrestation du ministre des affaires étrangères Desforgues, dont le seul crime était de passer pour être l'ami de Danton (1).

Enfin, parmi les proscriptions que Carnot ne rédigea ni ne signa, et auxquelles on ne peut pas dire qu'il fut étranger, comme Rühl et Lindet restèrent étrangers à l'arrestation de Danton, citons l'ordre d'arrestation du général Victor de Broglie, qui, rédigé par Billaud-Varenne, fut en outre signé des seuls Collot-d'Herbois, Prieur (de la Côte-d'Or) et Barère (2) (Fac-similé n° 6.)

Eh bien, si Carnot ne signa pas cet arrêté, en fut-il moins un des proscripteurs de Victor de Broglie ? Lors du procès de ce général au tribunal révolutionnaire, il prit soin d'envoyer à l'accusateur public Fouquier-Tinville une note ainsi conçue : « Je certifie que, l'Assemblée législative m'ayant envoyé avec mes collègues Ritter et Prieur (de la Côte-d'Or), en qualité de ses commissaires, à l'armée du Rhin, après la journée du 10 août 1792, pour annoncer les événe-

(1) Les autres signataires de cet arrêté sont Dubarran, Élie Lacoste, Vadier, M. Bayle, Robespierre, C.-A. Prieur, Amar, B. Barère, Saint-Just, Collot-d'Herbois.

(2) Les signatures des conventionnels : Pépin, Ph.-Ch.-Ai. Goupilleau et A. Dumont, qui figurent au haut de cette acte et qu'on trouve également à côté des arrêtés précédemment cités, ne se rencontrent là que parce que ces trois représentants furent chargés, en l'an III, d'inventorier les papiers des deux Comités, lors du procès intenté à Barère, Billaud-Varenne, Collot-d'Herbois et Vadier.

ments de cette journée, en développer les causes, prévenir les dangereux effets de la malveillance et faire expliquer les chefs de l'armée sur ces événements et les mesures de l'Assemblée législative prises en conséquence, nous trouvâmes à Wissembourg Victor Broglie, qui, non seulement refusa d'adhérer franchement à ces mesures, mais qui n'oublia aucun des moyens que l'astuce, l'audace et l'intrigue pouvaient lui suggérer pour soulever l'armée et les autorités civiles contre l'Assemblée nationale et ses commissaires, ce qui nous détermina à le suspendre sur-le-champ de ses fonctions. — 29 prairial an II de la République une et indivisible. — *Signé :* CARNOT. »

Comme l'a très bien fait remarquer M. Hamel, c'était là un passeport pour l'échafaud que Carnot délivrait allègrement à Victor de Broglie, qui, en effet, fut exécuté le 7 messidor an II. Je ne dis pas que les griefs du Comité de salut public contre ce général ne fussent pas fondés : je dis seulement que Carnot fut à son égard aussi inexorable que le furent Billaud-Varenne et Collot d'Herbois (1).

(1) On trouvera les originaux des arrêtés que nous avons cités aux Archives nationales, dans le carton F7,4435, sauf l'arrêt relatif aux généraux Leigonyer et Quétineau, qui se trouve aux mêmes archives, dans le carton AFII,278. Les personnes curieuses d'étudier plus à fond cette question de la responsabilité individuelle des membres du Comité de salut public trouveront dans le même carton F7,4435 le mandat d'arrêt d'Antonelle (28 ventôse an II), de la main de Robespierre; celui de Réal (10 germinal), de la main de Billaud-Varenne; celui de Dufourny (16 germinal), de la même main; celui du conventionnel Simond, signé Collot, C.-A. Prieur,

III

Est-ce à dire que Carnot fût incapable d'humanité et de justice ?

Pas le moins du monde.

Je citerai deux exemples de sa modération et de son impartialité : l'un à propos du conventionnel Charbonnier, l'autre à propos de Hoche.

Joseph Charbonnier, député du Var à la Convention, était en mission dans le Var et les Bouches-du-Rhône. Un décret du 11 octobre 1793 le rappela : il ne revint pas tout de suite, sans doute parce qu'il n'avait pas reçu ce décret. Robespierre le jeune, alors en mission à l'armée d'Italie, le dénonça comme modéré et comme dilapidateur. Le Comité de salut public, par arrêté du 12 brumaire an II, ordonna que Charbonnier fût mis en arrestation à Marseille, où il se trouvait alors. Et, le même jour, il écrivit au représentant en mission Fréron pour l'inviter à faire conduire Charbonnier sous bonne garde à Paris. Cette mesure grave avait l'assentiment de Carnot aussi bien que de Robespierre : car, si la lettre du Comité à Fréron est de la main de Robespierre, l'entête est de la main de Carnot. Eh bien, Carnot ne

Vadier, Voulland, Louis, Carnot, Jagot, Barère, Amar et Billaud. Voir aussi l'arrêté instituant la commission populaire d'Orange, de la main de Robespierre, et signé Collot, Robespierre, Billaud, Barère Couthon.

s'acharna pas contre Charbonnier. Celui-ci, étant revenu de lui-même, se présenta au Comité et remit ses pièces à Carnot, qui les lut, se sentit convaincu de l'innocence de Charbonnier et le sauva. Ces faits, si honorables pour Carnot, sont attestés par une lettre de Charbonnier lui-même (1).

L'affaire de Hoche, à la fois plus complexe et plus célèbre que celle de Charbonnier, me semble plus significative encore comme preuve de la parfaite bonne foi de Carnot.

Hoche, signalé par la défense de Dunkerque, avait été nommé commandant de l'armée de la Moselle.

Pichegru commandait l'armée du Rhin.

En décembre 1793, le Comité prescrit aux deux armées de se réunir pour reprendre les lignes de Wissembourg et débloquer Landau.

Qui commandera en chef les deux armées réunies ? Hoche ou Pichegru ?

Les représentants en mission Le Bas et Saint-Just, qui viennent d'arriver, songent à Pichegru.

Mais deux autres représentants, qui se trouvaient sur les lieux avant eux, Baudot et Lacoste, par arrêté du 25 décembre, confèrent le commandement à Hoche, qui avait noblement offert de servir sous Pichegru.

Saint-Just est bien obligé de confirmer cette nomination, mais de ce jour date sa rancune contre Hoche; d'autant plus que Hoche refusa, paraît-il, de lui com-

____

(1) Archives nationales, AF ɪɪ, 301 et 302.

muniquer son plan de campagne, sous prétexte qu'en
pareil cas il y avait eu des indiscrétions désas-
treuses.

Les lignes de Wissembourg sont reprises par
Hoche : Landau est débloqué.

Pichegru, jaloux, n'avait aidé Hoche qu'à regret.
C'est pourtant à lui que le gouvernement attribua
toute la gloire. Une lettre du ministre de la guerre
Bouchotte, lue par Barère à la Convention, le 12 nivôse an II, ne parlait que de Pichegru, de son
républicanisme, de sa *vertu*, — et pas un mot de
Hoche.

Hoche écrivit au ministre, protesta, prouva.

Bientôt, il eut un nouvel ennui : le Comité lui ordonna de marcher sur Trèves, et Pichegru, par sa
lenteur calculée, fit manquer l'opération.

On cria à la trahison, et Saint-Just crut que Hoche
avait tout au moins péché par négligence. Mais il
n'osa pas le faire arrêter au milieu de son armée qui
l'adorait.

Le Comité de salut public, qui partageait l'opinion
de Saint-Just sur Hoche, prit le parti de le nommer à
l'armée d'Italie. A peine y fut-il arrivé, qu'on l'arrêta
et le transféra à Paris.

L'ordre d'arrestation, qui est signé de Carnot et de
Collot d'Herbois, est de la main de Carnot, si on en
croit MM. Hamel et Bergounioux. Je n'en ai pas
retrouvé l'original, mais l'*Amateur d'autographes*,
du 16 août 1865, a publié la lettre suivante :

« 30 ventôse, IIe année de la Rép. une et ind.

« Les membres du Comité de salut public à leurs collègues, au Port de la Montagne,

« Citoyens collègues,

« Nous avons la preuve que le général Hoche est un traître. Nous le remplaçons par le général Petit-Guillaume, pour l'expédition d'Oneille. Il est nécessaire de faire arrêter Hoche sur-le-champ. Remplissez cette commission et prenez les précautions les plus sûres pour le faire transférer au Comité de salut public.

« Paris, le 30 ventôse, l'an II de la République.

« COLLOT D'HERBOIS,   ROBESPIERRE,
CARNOT,   BILLAUD-VARENNE,
B. BARÈRE,   ROBESPIERRE ».

L'éditeur de l'*Amateur d'autographes* dit de l'original de cette lettre :

« Cette lettre est en entier de la main de Robespierre, qui l'a signée deux fois. Elle a été commencée par Carnot, qui a mis ces mots en tête: « 30 ventôse, « IIe année de la Rép. une et ind. Les membres du « Comité de salut public à leurs collègues, au Port « de la Montagne. »

Il n'est donc pas douteux que Carnot n'ait été d'abord partisan de l'arrestation de Hoche, comme il avait accédé à celle de Charbonnier. Les nombreuses trahisons de généraux l'avaient rendu inflexible à l'égard de toute velléité, même de toute apparence d'insubordination.

Amené à Paris, Hoche fut entendu par le Comité. Ses explications ne satisfirent ni Saint-Just ni la majorité du Comité, car l'arrêté suivant fut pris contre lui :

22 germinal an II.

« Le Comité de salut public arrête que le général Hoche (1) sera mis en état d'arrestation et conduit dans la maison d'arrêt dite des Carmes, pour y être détenu jusque à nouvel ordre (2).

« Les représentants du peuple, membres du Comité de Salut public de la Convention nationale,

« Collot d'Herbois, Saint-Just, C.-A. Prieur,
Billaud-Varenne, B. Barère (3). »

On le voit : Carnot ne signa pas le second mandat d'arrestation de Hoche. Hoche était accusé par un représentant en mission, par un bon patriote, par Saint-Just : Carnot le fait arrêter, Hoche est entendu, il se justifie ; Carnot est convaincu de son innocence : il refuse de maintenir l'arrestation. Quoi de plus droit, de plus équitable qu'une telle conduite ? Et ce que nous disons ici de Carnot, il faut le dire également de Robespierre, qui ne signa pas davantage le second mandat.

Toutefois, Carnot exagéra quand, dans sa réponse

(1) Le scribe avait d'abord écrit : *Auche*, au lieu de : *Hoche*.
(2) Rayé : « Par mesure de sûreté générale. »
(3) Arch. nat., AF₁₁, 304.

au rapport de Bailleul sur le 18 fructidor, il se vanta
d'avoir sauvé la vie à Hoche et de l'avoir fait mettre
en liberté immédiatement après le 9 thermidor.
Hoche ne sortit de prison que sur un arrêté du
17 thermidor, qui semble être de la main de Thuriot
et que Carnot signa l'avant-dernier (1).

IV

Nous avons vu Carnot, dans le Comité de salut
public, tour à tour rigoureux et clément. Les côtés
humains et sensibles de son caractère, que la postérité a seuls mis en lumière, semblent avoir été peu
connus des contemporains. Il passa pour s'être réjoui
de la mort des dantonistes et des hébertistes, et
Pache écrivait en l'an V : « J'entends encore Carnot,
quelque temps après les trois ou quatre premiers
massacres des patriotes conventionnels et extra-con-
ventionnels, se dandinant au coin du feu avec un
air de satisfaction, me dire en ricanant : *Eh bien,
citoyen maire, on fera pourtant des changements à
la Constitution* (2). » Carnot n'était ni aimable ni

(1) Voici le texte de cet arrêté : « Du 17 thermidor an II. — Le
Comité de salut public arrête que Hoche, ci-devant général de l'armée
de la Moselle, sera sur-le-champ mis en liberté, et les scellés apposés
sur ses papiers levés ; charge le porteur du présent de son exécution. — *Signé :* THURIOT, COLLOT D'HERBOIS, TALLIEN, P.-A. LALOY,
C.-A. PRIEUR, CARNOT, TREILHARD. » (Arch. nat. AFII, 60.)

(2) J.-N. Pache, *sur les Factions et les partis, les conspirations
et les conjurations, et sur celles à l'ordre du jour.* Paris, an V,
in-8.(Réimprimé dans la *Révolution française*, t. XX, p. 253-280.)

aimé. On le trouvait difficile, contrariant, irréductible. Il n'était d'aucun parti : ni robespierriste, ni dantoniste, ni hébertiste, ni girondin. Jamais il ne se laissa aller aux modes et aux engouements : ainsi, lors du mouvement de déchristianisation, il fut tiède pour Hébert, tiède pour Robespierre. L'enthousiasme ambiant ne semble pas le gagner, ou plutôt, si en lui brûle la même flamme qu'en ses contemporains, si son cœur bat pour la patrie et la République, sa tête reste froide et son œil y voit clair au milieu même de la tourmente. Ainsi, en mission à l'armée du Nord, il envoie au Comité de salut public les dénonciations les plus virulentes contre les volontaires, qui boivent et volent après ou même avant la victoire. Mais voici que les volontaires changent de conduite et deviennent spontanément des soldats, presque des héros : Carnot est heureux de désavouer sa dénonciation. Qu'on me permette un mot trivial : il ne s'emballe jamais; et c'est pourquoi cet homme maître de lui et dont le bon sens ricane au milieu de l'affolement général excita l'antipathie et l'admiration de ses contemporains.

Mais alors comment se fait-il qu'il ait contribué à envoyer à l'échafaud Danton, Camille et Lucile Desmoulins, tant d'innocents? C'est qu'il ne les croyait pas innocents. Acceptait-il donc la légende de Danton vendu, de Danton royaliste, de Lucile payée par Pitt? Certes, il ne l'acceptait pas, mais il croyait qu'en temps de défense nationale le gouvernement devait être dictatorial et se défaire par l'échafaud de toute

opposition. Dictatorial, oui, ce gouvernement devait
l'être en 1794, comme il le sera demain si par malheur
la France a encore à lutter pour sa vie. Mais sanguinaire, pourquoi? Quelle force la défense nationale,
en l'an II, a-t-elle reçue de l'assassinat de Danton,
de Camille Desmoulins et de ce misérable Hébert?
C'était déjà la réaction qui commençait au nom de
l'ordre moral et au profit du plus ambitieux des doc-
trinaires, au profit du pédant et vindicatif pontife de
l'Être suprême. Cette réaction et cette ambition,
Carnot en fut le ministre inconscient.

Voulut-il frapper Robespierre? Fit-il des concessions par peur? Tout ce qu'on sait le montre au contraire très correct dans son attitude vis-à-vis du
« tyran ». Toutes les fois que Robespierre sou-
tient une bonne et vigoureuse mesure de gouvernement, Carnot est avec Robespierre, non par condes-
cendance, mais par conviction, par adhésion plutôt
hautaine que flagorneuse. Il crut à un moment que les
échafauds robespierristes étaient utiles, même quand
on y envoyait les fondateurs de la République, et il
signa les horribles mandats d'arrêt qu'on a vus.
Mais quand Robespierre, voulut être pontife et maître, il se dressa contre lui, il le traita en plein Comité
de dictateur ridicule, et il l'apostropha si durement
qu'il le fit pleurer.

Bien qu'il ait servi sans le savoir la réaction robespierriste, ne le prenez pas cependant pour un républicain modéré. Dans la question religieuse, c'est
un libre penseur militant, un des premiers qui ait

laïcisé, comme nous dirions. A la fin de 1792, à peine arrivé à Toulouse, il chasse les sœurs des hôpitaux et les remplace, selon ses propres expressions, « par des femmes charitables, qui ne se piquent point d'avoir un système sur la religion et qui ne connaissent que la soumission aux lois (1) ». Ce n'est point un sectaire, ce n'est pas un badaud, c'est un penseur qui agit. Son tort et son honneur sont d'avoir voulu agir seul et d'avoir gardé toute son individualité intacte alors que les individus disparaissaient dans la nation : il parut s'isoler dans son génie et, s'il eut la joie fière d'échapper à la popularité, son influence sur la Révolution, en tant que mouvement d'idées, fut bien inférieure à celle de quelques-uns de ses plus médiocres compagnons.

En tout cas, parmi les hommes enfiévrés qui siégèrent autour de la table du Comité de salut public et gouvernèrent la France en battant l'Europe, Carnot ne fut pas l'honnête homme neutre que la légende a séparé de ses contemporains. Les textes que j'ai cités font, je crois, disparaître cette figure classique du spécialiste égaré dans un gouvernement de gens violents, du spécialiste qui s'enferme dans son bureau avec ses cartes et ses états, qui dirige l'armée pendant que les autres coupent des têtes et qui, patriotiquement, veut ignorer les horreurs qui l'environnent,

(1) Il se plaignait que la plupart des hôpitaux « fussent encore desservis par des sœurs grises, qui distribuent leurs soins avec une partialité marquée, d'après leurs prétendues opinions ou celles des fanatiques qui les dirigent. » (*Correspondance générale de Carnot*, par Étienne Charavay, t. I, p. 340 et 341.)

afin de se consacrer tout entier à son œuvre militaire. Non, Carnot fut de son temps ; ce fut à son heure un révolutionnaire ardent : il obéit aux passions de son cœur, aux colères de sa raison : il frappa avec rudesse les obstacles vivants qui gênaient le gouvernement dont il faisait partie ; il a du sang sur les mains, et il n'est point sorti sans éclaboussures de la guerre civile où il a pris parti, en même temps qu'il travaillait à l'indépendance de la France. C'est un homme plus hautain et plus âpre que les autres, et qui se passionne comme eux, qui s'irrite comme eux, qui tue comme eux, non point par ambition ou par vengeance, mais parce qu'il se trompe. Ce qui le distingue de ses contemporains, c'est qu'au milieu de l'entraînement général il garda, je le répète, la sûreté du coup d'œil, la possession de tout son esprit, et, après qu'il avait signé un ordre de mort, il traçait un plan de campagne et faisait marcher les armées. — L'organisateur de la victoire paraîtra-t-il moins intéressant parce qu'il a été un homme sujet aux passions des hommes ?

3 septembre 1892.

X

UNE GAZETTE MILITAIRE EN L'AN II

L'histoire de la presse pendant la Révolution française est encore à écrire. Il y a sans doute de bonnes bibliographies spéciales, Deschiens, Hatin, les catalogues des collections Labédoyère et Pochet-Deroche, etc. Mais les huit volumes de M. Hatin, intitulés *Histoire de la presse*, n'offrent qu'une analyse des principaux journaux, c'est-à-dire de ceux qui obtinrent le plus de succès ou qui piquèrent d'une manière quelconque la curiosité des contemporains. Je m'aperçois pourtant chaque jour que, dans la Révolution, parmi les centaines de gazettes qui passèrent inaperçues de la masse du public, il en est plus d'une dont l'importance historique est considérable. D'autre part, Hatin négligea trop les feuilles spéciales, journaux de commerce, d'agriculture, militaires. Je voudrais, aujourd'hui, attirer l'attention sur ces derniers et sur le moins connu, mais non le moins curieux d'entre eux : *la Soirée du camp*.

I

Outre la feuille de Gournay, où il n'y avait que des documents officiels et qui est un recueil unique pour l'histoire, on rencontre de nombreuses gazettes militaires. Voici le *Bulletin général des armées et de la Convention nationale* (1), qui vécut du milieu de l'année 1793 jusqu'à la fin de l'an III, et le *Postillon des armées* (2), rédigé par Alexandre Cretot (1793-1797). Ce sont des feuilles d'allure grave, qui visent à renseigner leurs lecteurs sur tous les sujets, débats parlementaires, tribunal révolutionnaire, clubs, politique étrangère, etc. Ils n'ont guère de militaire que le titre. Certaines armées avaient leurs journaux particuliers, ceux-là tout à fait spéciaux, comme le *Courrier de l'armée des côtes de la Rochelle* (1793), publié par les réprésentants en mission (3); le *Journal de l'armée des côtes de Cherbourg* (1793-an II) (4); le *Journal de l'armée des Pyrénées-Orientales* (5), rédigé par Parizot de Perpignan. La plus intéressante de ces feuilles est assurément le *Bulletin de l'armée des côtes de Brest* (septembre et octobre 1793, in-8) (6),

(1) Bibliothèque nationale, Lc²/2601, in-8.
(2) *Ibid.*, Lc²/783, in-1.
(3) *Ibid.*, Lc²/2582, in-8. — La Bibliothèque nationale ne possède que le premier numéro de cette feuille, 12 Juillet 1793.
(4) *Ibid.*, Lc²/2583, in-8. Cette feuille paraissait à Caen.
(5) *Ibid.*, Lc²/2614, in-8.
(6) *Ibid.*, Lc²/2584, in-8.

qui, à des rapports, des ordres du jour, des documents officiels, entremêle des traits d'héroïsme antique empruntés aux *Stratagèmes* de Frontin et des chansons militaires, avec la musique en regard. Il y a là une naïveté cynique, comme dans cette ronde patriotique :

Aux Sans-Culottes,
Monsieur Brunswich, brusque et bourru,
Fit les menaces (*bis*) les plus sottes,
Et finit par montrer le c.
Aux Sans-Culottes.

Bons Sans-Culottes,
Monsieur de Prusse en fit autant.
Il venait à propos de bottes.
Mais il eut grand peur un moment
Pour ses culottes.
Etc., etc.

C'est en l'an II que Carnot eut l'idée de fonder un journal officieux à l'usage des armées, non pour divulguer les nouvelles militaires, mais pour diriger les opinions et l'esprit des soldats de la République. Je trouve dans les papiers du Comité de salut public, à la date du 20 messidor an II, un arrêté signé du seul Carnot, par lequel « le Comité requiert pour le service du journal intitulé *la Soirée du camp*, les citoyens travaillant chez Forget, imprimeur-libraire, rue du Four-Honoré, numéro 487. » C'est encore le seul Carnot qui signe cet arrêté du 26 messidor :

« Le Comité de salut public arrête :

« 1° Il sera payé sur les cinquante millions mis à la disposition du Comité une somme de 250 livres par jour pour dix mille exemplaires du journal intitulé *la Soirée du camp*, imprimé chez Fayet, rue du Four-Honoré, numéro 487.

« Les citoyens Aristide Valcour et Camille, employés au Comité de salut public, sont autorisés à coopérer à la confection de ce journal et recevront chacun une indemnité de 200 livres par mois. »

Le 29, Carnot rédige ou fait rédiger dans ses bureaux et approuver officiellement par ses collègues Barère, Lindet et Saint-Just un « plan d'organisation du journal militaire : *la Soirée du camp* », où il montre toute son ingéniosité d'administrateur inventif et précis. Après avoir traité en homme du métier la question du papier, du format et de la typographie, il exige qu'il y ait toujours de 12 à 15 numéros en avance, et que les matériaux d'un numéro exceptionnel soient toujours prêts. « Les auteurs, dit-il, seront invités à répandre dans leur ouvrage autant de variété qu'il sera possible et à circonscrire leurs articles de manière à ce que plusieurs sujets puissent être traités dans le même numéro, le discours devant rarement être continu et ne jamais remplir la totalité du journal.

Il y aura deux rédacteurs à 200 livres par mois et un directeur à 400 l. Les fonctions de ce dernier sont minutieusement réglées par l'*Organisateur de la victoire* : « Il se tiendra toute la journée, soit au bureau, soit chez l'imprimeur. » Enfin, le 30 messidor, un arrêté, signé encore du seul Carnot, « charge la commission des administrations civiles, police et tribunaux, de faire parvenir aux armées le journal intitulé *la Soirée du camp*. Les exemplaires seront journellement portés à l'agence de l'envoi des lois. »

Ce journal fut quotidien. Chaque numéro n'était que de quatre pages in-8, mais d'un texte serré et d'une justification large. Il vécut du 2 thermidor an II, jusqu'au 10 fructidor de la même année. Ces trente-neuf numéros furent réellement tirés chacun à dix mille, comme nous l'apprend un mémoire de l'imprimeur Forget, dont le compte fut réglé, le 18 fructidor, par un arrêté du Comité de salut public. Voilà une feuille importante, dont on ne trouve que le titre dans Hatin et un extrait de trois lignes dans Deschiens : elle vaut pourtant qu'on s'y arrête.

II

L'armée, il faut le reconnaître, avait fait ses délices de la verve grossière d'Hébert, dont le journal avait même été honoré d'une souscription du Comité de salut public (arrêté du 23 brumaire an II, signé de Billaud, Prieur, Barère et Lindet). Carnot voulut que la nouvelle feuille officieuse parlât également au soldat un langage humoristique et familier. Le rédacteur de *la Soirée du camp* débuta en rappelant le souvenir du Père Duchesne, tout en condamnant ses intentions :

« *Le vieux sergent Va-de-bon-cœur à ses camarades des armées de la République :*

« Depuis longtemps, braves camarades, j'ai une démangeaison terrible de vous écrire, et si jusqu'ici je l'ai pas fait, c'est que d'autres s'en étaient mêlés : le Père Duchesne, par exemple, qui, sous un style assez gai, et qui parfois l'était trop, cachait des intentions perfides et vous envoyait du poison par la poste, enveloppé dans une trentaine de jurons, qui ne sont bons que dans l'occasion et quand la tête est montée, mais qui, tracés froidement à chaque ligne par un écrivain qui est tranquillement chez lui, deviennent des sottises à propos de bottes. Il était parfois amusant, ce Père Duchesne ; moi tout le premier, il m'a quelquefois fait rire ; mais c'est que je ne me doutais pas d'abord qu'il voulait contre-révolutionner l'armée et avilir le soldat français... »

Voici maintenant en quels termes cet Hébert orthodoxe (probablement Aristide Valcour) esquisse le plan de son journal :

« Je vous préviens que je ne fais jamais de plan. Ce sera tantôt une conversation, une promenade, un déjeûner, des lettres de l'armée, les séances de la Convention nationale en ce qui regarde le militaire, le détail de nos fêtes civiques ; car il est bon de savoir comment les républicains fêtent les vertus qu'ils pratiquent et les traits de courage et de magnanimité dont s'honorent chaque jour nos braves défenseurs.

« Et vous, jeunes élèves de la patrie, vous, son espérance la plus douce, intéressante école de Mars, qui allez vous former à la vie des camps, sous des chefs dignes de vous guider dans le chemin de la gloire, vous y trouverez de temps en temps un article consacré à vous instruire de vos droits, de vos devoirs, et à publier votre zèle et l'exactitude avec laquelle vous allez remplir des occupations qui vous seront chères.

« Ah ! ventrebleu ! j'oubliais le meilleur... Et les chansons donc ? Deux ou trois fois par décade, je vous en promets une, sur un air aisé et connu. A demain, camarades ; je vous enverrai une carmagnole. Vous la faites danser si joliment que vous ne pouvez que la chanter à merveille. »

Voici deux de ces chansons, assez *analogues aux circonstances*, comme on disait alors, et que je préfère en tout cas à la prose de Valcour. L'une est datée du 9 thermidor :

LA GAMELLE

(AIR *de la Carmagnole*)

Savez-vous pourquoi, mes amis (*bis*)
Nous sommes tous si réjouis ? (*bis*)
   C'est qu'un repas n'est bon
   Qu'apprêté sans façon ;
     Vive le son,
  Mangeons à la gamelle,
     Vive le son
     Du canon.

. . . .

Savez-vous pourquoi les Romains (*bis*)
Ont subjugué tous les humains ? (*bis*)
   Amis, n'en doutez pas,
   C'est que ces fiers soldats
  Mangeaient à la gamelle, etc.

Ces Carthaginois si hurons
A Capoue ont fait les capons.
     S'ils ont été vaincus
       C'est qu'ils ne daignaient plus
     Manger à la gamelle, etc.

Ah! s'ils avaient le sens commun,
Tous les peuples ne feraient qu'un,
     Loin de s'entr'égorger,
     Ils viendraient tous manger,
     Manger à la gamelle, etc.

L'autre chanson célèbre ainsi, à la date du 28 thermidor an II, et sur le même air que la précédente,
la prise de Fontarabie par l'armée française :

Les fiers Espagnols sont défaits (*bis*).
Fontarabie est aux Français (*bis*) ;
     Et nos républicains
     Ont fait aux capucins
     Danser la carmagnole.
       Vive le son,
       Vive le son,
     Danser la carmagnole,
       Vive le son
       Du canon.

Ils ont fondu sur ces brigands,
La baïonnette dans leurs flancs.
     Sur leurs monts escarpés,
     Ils les ont écharpés,
     Dansant la carmagnole.
       Vive le son, etc.

Ils ont surpris les miquelets,
Lorsqu'ils disaient leurs chapelets.
     En prenant leurs canons,
     Ils font à ces poltrons
     Danser la Carmagnole,
       Au bruit du son, etc,

> Malgré les efforts des tyrans,
> Partout nous sommes triomphants
> Et dans peu tous les rois
> Pourraient bien à la fois
> Danser la Carmagnole,
> Au bruit du son, etc.

C'est ainsi qu'en l'an II, du fond de son bureau, Carnot expédiait aux armées non seulement des ordres et des plans, mais des carmagnoles et des chansons, approuvées, inspirées, et qui sait? peut-être composées par lui-même : car, on le sait, il versifia agréablement dès sa prime jeunesse, à l'académie des *Rosati*, et versifiait encore dans les loisirs de son extrême vieillesse.

III

Une grande partie du journal forme une sorte de morale en action à l'usage du soldat. Voici comment le citoyen Valcour leur raconte l'héroïsme de Sauveur (n° IV) :

« Dix mille brigands émigrés ou prêtres s'emparent de la Roche-Bernard, commune du département du Morbihan ; toutes les caisses publiques sont pillées, tous les dépôts publics incendiés ; ils veulent forcer *Sauveur*, receveur de l'enregistrement et des biens des émigrés, à prendre la cocarde blanche et à crier : *Vive le roi! vive la famille royale!* Ses refus énergiques et ses cris de *Vive la nation! vive la Répu-*

blique ! lui attirèrent les traitements les plus cruels. La cocarde tricolore qu'il portait à son chapeau est arrachée ; on y substitue la cocarde blanche. Déjà couvert de blessures, il est forcé, à coups de plat de sabre, de faire le tour de la ville. On le fait entrer dans l'église ; on lui met une torche en la main pour faire amende honorable à la Divinité profanée, suivant ces scélérats, par la constitution française. En sortant de l'église, on veut de nouveau lui faire crier : *Vive le roi ! vive la religion catholique !* S'il refuse, il doit être à l'instant fusillé. *Vive la nation ! vive la République !* s'écria Sauveur. Ces tigres, altérés de sang, l'attachèrent à un arbre ; le signal est donné ; une mort cruelle est le prix de son attachement inébranlable à la cause de la liberté. »

D'autre part, ce sont des récits sobres, mais lyriques, des succès militaires de la République. Que devait en penser Robespierre, lui qui n'aimait pas qu'on fît *mousser les victoires*, lui dont chaque triomphe de nos armes minait la dictature ? Mais l'auteur de *la Soirée du camp* ne s'inquiète guère de plaire à Robespierre. Que dis-je ? A y regarder de très près, à lire entre les lignes, on devine, on voit que ce journal fut, dès avant thermidor, l'organe de la conspiration thermidorienne contre le Pontife de l'Être Suprême, à la chute duquel Carnot contribua avec tant d'adresse et de force : Certes il devait rire de la naïveté de Saint-Just, quand il lui fit signer l'arrêté qui organisait, comme gazette du Comité, un pamphlet antirobespierriste, un instrument de conspiration militaire, dont Robespierre se fût à coup sûr défié dès le premier jour, s'il ne s'était alors sottement confiné dans sa maison. Mais Saint-Just, fanatique grandiose, âme dure et religieuse, ne voyait que la patrie. Il signa ; il fut dédaigneusement dupe ; il crut faire une bonne œuvre de défense nationale, et sans doute qu'à ne parcourir *la Soirée du camp* que d'un coup d'œil rapide, il fut content des traits d'héroïsme et des jolies carmagnoles. Mais, s'il avait eu le temps de tout lire de près, qu'aurait-il dit de ce début obscur et à double entente du numéro du 6 thermidor :

« Amis, chez vous la victoire est sans cesse à l'ordre du jour : ici, les fripons essayent bien d'y mettre l'astuce et le mensonge ; mais ils sont connus, ils n'y mettront que la lâcheté.

« La race des scélérats est-elle donc indestructible ? Non, morbleu ! N'allons pas croire que nous n'en puissions jamais venir à bout ; ce serait assurer le triomphe du crime. Rappelez-vous, mes camarades, ceux qui ont guidé vos généraux dans le chemin de la victoire (lisez : *Carnot*), ceux qui ont livré les traîtres au glaive de la loi, qui ont terrassé leurs soutiens, et ces coquins qui s'entendaient avec eux pour vous mener pieds et poings liés à la boucherie, ceux qui ont dirigé vos coups sur les tyrans coalisés et tous les ennemis de la patrie ; rappelez-vous ceux dont la justice et dont la vertu n'ont pas cessé de vous être utiles ; ceux qui sont les plus calomniés (lisez *Carnot*) ; ne les perdez pas de vue ; car je vous assure qu'ils sont vraiment la boussole qui nous conduit droit au port de la liberté. »

A quoi tendraient ces menaces entortillées, ces récriminations équivoques, sinon à disposer l'armée à une nouvelle révolution, à un coup d'Etat parlementaire? Le véritable but de cette feuille aux apophtegmes ponctifs et aux petits vers patriotiques, c'était de préparer la chute de Robespierre.

<h2 style="text-align:center">IV</h2>

Et pourtant l'armée n'accepta pas sans hésitation et sans inquiétude le coup de force de thermidor. Les vainqueurs furent quelques jours en suspens, dans une attente anxieuse des sentiments avec lesquels le soldat avait accueilli leur coup d'audace. Ce n'est que dans son numéro du 14 que le rédacteur de la *Soirée* osa parler de la victoire de ses amis. Sans souffler mot de Saint-Just, qu'il n'eût pas été facile de présenter à des soldats comme un lâche et un traître, le journal officieux donna à ses lecteurs un long et diffamatoire portrait de Robespierre, inspiré et peut-être rédigé par Carnot lui-même. Ce sont ses sentiments sur le vaincu de thermidor, c'est la formule même de sa rancune telle que son fils la laisse entrevoir dans son livre, les *Mémoires de Carnot*.

Ecoutez la diatribe de la *Soirée du camp*, élégant et éloquent morceau, qui contraste avec le style trivial de Valcour :

« Pourquoi cet infernal complot n'a-t-il pas été
découvert, direz-vous?... Mes amis, c'est que ce
monstre, comme je vous l'ai déjà dit, était par-dessus
tout hypocrite ; c'est qu'il savait séduire le peuple,
qui ne demande qu'à croire aux vertus, en lui en
offrant l'apparence spécieuse ; c'est qu'en opprimant
les patriotes sous des prétextes, il se disait le protecteur des opprimés ; c'est qu'en défendant les conspirateurs, le scélérat couvrait du voile de la pureté, de
l'amour de la patrie, les pièges qu'il tendait à ses
plus ardents défenseurs ; c'est qu'il avait l'art de
faire répandre dans le peuple qu'il vivait dans la
médiocrité ; c'est qu'on le croyait incorruptible,
inaccessible à la soif des richesses, tandis que personne ne posséda plus éminemment les vices opposés ;
c'est qu'il faisait attribuer à l'austère rudesse d'un
républicain sévère son ton dur, tranchant, impérieux ;
c'est que les patriotes ont besoin d'aimer ceux qui
leur paraissent soutenir les droits du peuple ; c'est
que la protection que ce scélérat accordait aux prêtres lui avait fait des partisans, des clabaudeurs et
des clabaudeuses ; c'est que l'adresse avec laquelle il
fit proclamer l'existence de l'Etre suprême, comme
si le peuple français en eût douté, avait multiplié à
l'infini le nombre de ses sectateurs ; et c'est ainsi
qu'ambitionnant à la fois le sceptre et l'encensoir,
despote et pontife en même temps, brûlant de cette
soif de dominer qui embrasa celui de la Mecque, le
fourbe Mahomet, mais sans en avoir le courage et
les talents, il était parvenu à tromper un peuple ver-

tueux et confiant, trop grand pour soupçonner une hypocrisie aussi profonde et des trames aussi criminelles. »

D'ailleurs, ajoute le gazetier thermidorien, tout marchait bien. La victoire planait. La République était forte. « Comment concilier des soupçons avec un état de choses aussi brillant? Les patriotes ignoraient que le traître n'assistait plus aux travaux du Comité de salut public. Aurait-il osé lever les yeux devant ses collègues embrasés du feu sacré de la liberté? »

Voilà une jolie gasconnade. Voici des mots de haine :

« Sa petite tête plate était portée sur un corps de cinq pieds trois pouces environ. Son maigre individu semblait détraqué et ne se mouvoir que par une contraction des nerfs, qui venait ajouter à l'hideux (*sic*) d'une figure blême et livide... »

« ...Il aimait à parler de Pitt; il en faisait un si grand cas, malgré tout le mal qu'il en disait et le ton de mépris qu'il affichait en parlant de ce scélérat, qu'il ne mettait que lui-même au-dessus. Les prétendues calomnies de Pitt chatouillaient excessivement sa vanité. Jamais il ne les dénonça sans que, malgré lui, son accent, son expression, ses mouvements ne décelassent son cœur et n'en trahissent la jouissance. »

De ces citations et de beaucoup d'autres qu'on pourrait faire, il résulte, je crois, que l'historien de la Révolution de thermidor et le biographe de Carnot, s'il s'en rencontre un quelque jour, devront tenir un certain compte de ce journal oublié (1) ; et il résulte aussi, comme nous le disions en commençant, que la masse des gazettes publiées entre 1789 et le 18 brumaire n'a pas encore été sérieusement explorée, et qu'il y aura encore là plus d'une surprise heureuse pour la curiosité patiente de l'érudit.

9 août 1886.

(1) On trouvera la *Soirée du Camp* à la Bibliothèque nationale, sous la cote Lc²/2605, in-8. — Quant aux arrêtés du Comité de salut public relatifs à ce journal, ils sont aux Archives nationales, dans le carton AFɪɪ, 66.

XI

LA PRESSE OFFICIEUSE SOUS LA TERREUR

Un décret du 2 août 1793 avait mis à la disposition du Comité de salut public une somme de cinquante millions, sans en préciser la destination. C'étaient de véritables *fonds secrets*, comme nous dirions aujourd'hui. Etant donné qu'il s'agissait de circonstances révolutionnaires, de l'exercice d'une dictature, d'opérations de défense nationale secrètes et compliquées, il faut reconnaître que le Comité usa de cette ressource extraordinaire et indispensable avec une discrétion et un scrupule dont l'examen de ses papiers fournit plus d'une preuve éclatante. On devine que la police absorba une grande partie de cet argent : la police est la grande dépense des gouvernements absolus. Ils sont aussi plus sensibles que les gouvernements constitutionnels à l'humeur de l'opinion publique, et un de leurs soucis, une de leurs chimères, c'est d'essayer de former ou de ramener cette opinion à bref délai et par des moyens artificiels. Le Comité de salut public, par le seul fait qu'il était un pouvoir despotique, y dut songer peu après sa création. Mais il apporta dans ces tentatives pour manipuler l'opinion une réserve relative qui fera sourire les anciens serviteurs de Louis-Philippe et de Napoléon III, et où il apparaît que ces républicains, quoique formés par l'ancien régime, se servaient à regret des armes mystérieuses du despotisme auquel l'intervention étrangère les avait contraints à recourir provisoirement.

I

Leur première idée fut de fortifier le grand ressort de la Révolution et de la défense nationale en donnant une subvention au club des Jacobins. Le 25 brumaire an II, Barère libella et fit signer à Robespierre, à C.-A. Prieur, à Carnot et à Billaud-Varenne l'arrêté suivant, que je crois inédit :

« Le Comité de Salut public, considérant que les Sociétés populaires sont les foyers de la Révolution républicaine, les propagateurs constants de l'esprit public, les défenseurs infatigables de la liberté et de l'égalité, considérant que c'est de la Société populaire séante aux Jacobins de Paris que sont parties les premières impressions révolutionnaires, que c'est de ce centre d'opinions qu'à diverses époques de la Révolution l'esprit public a été remonté, soutenu et propagé par des correspondances énergiques et multipliées de cette Société, devenue nécessaire à l'affermissement de la liberté ;

« Vu l'état des dettes de cette Société pour frais

d'impression, correspondance, constructions et autres dépenses ;

« Arrête qu'il sera donné à la Société des amis de la liberté et de l'égalité, séante aux ci-devant Jacobins de Paris, la somme de cent mille livres, à prendre sur les cinquante millions mis à la disposition du Comité pour subvenir à ces divers besoins et la mettre plus à portée de servir la République et les progrès de la Révolution.

« L'état des dépenses y annexé demeurera attaché au registre du Comité de salut public. »

Je crois que ces 100,000 livres furent toute la subvention que les Jacobins reçurent d'un gouvernement dont, après tout, il faisaient partie. Des clubs de province eurent aussi quelque argent, sur les mêmes fonds, pour payer leurs dettes. Sur la proposition de Robespierre, 9,000 livres furent accordées aux Jacobins de Lorient, 5,000 à ceux du Havre, 6,000 à ceux de Grenoble, 3,000 à ceux de La Rochelle, 1,500 à ceux de Tarbes. Et ce fut tout.

Mais la grande préoccupation du Comité de salut public, ce fut d'influer sur l'opinion par la voie de la presse. Il veut avoir un journal à lui, et voici l'arrêté qu'il prend, dès le 3 août 1793, et qui, bien entendu, reste secret :

« Le Comité de salut public arrête qu'il sera rédigé un journal, lequel aura pour objet de développer et de répandre les principes des mœurs républicaines et de la liberté, d'exciter le courage des Français contre l'ennemi extérieur, de les prémunir contre la politique et l'intrigue des gouvernements étrangers et démasquer les conspirateurs. »

Le 8 août, nouvel arrêté, libellé par Hérault-Séchelles et signé Couthon, Barère et Robespierre :

« Le Comité de salut public, considérant qu'il est urgent de rétablir le cours de l'opinion publique si profondément dépravée par une multitude de journaux contre-révolutionnaires, ou du moins inexacts et insignifiants, ajoutant à son arrêté du 3 août 1793 par lequel il établit un journal républicain, arrête que le citoyen Garat est chargé de la rédaction de ce journal, avec le citoyen Rousselin, lequel est autorisé à acquérir pour le citoyen Garat les soumissions des journalistes qui offriront leurs correspondances. »

On le voit : c'était une feuille presque *dantoniste* dont Hérault avait fait décréter la création. Garat éprouvait pour Danton une sympathie et une admiration qui percent sous les aveux académiques de ses Mémoires, et le jeune Rousselin passait pour le disciple du grand tribun, dont il devait se faire le biographe.

Enfin, le 9 septembre 1793, la feuille projetée reçut son organisation définitive :

« Le Comité de salut public, par suite des arrêtés qui instituent un journal national pour éclairer l'esprit public, nomme le citoyen André Granchamps, Liégeois, directeur de ladite feuille, à l'effet de veiller aux détails et dépenses que pourra nécessiter sa composition et qui continueront à être payés sur les fonds secrets à la disposition du ministre de l'intérieur : arrête qu'il sera, outre la feuille quotidienne, fait par le citoyen Garat, qui l'a proposé, un résumé périodique par huitaine des opérations générales de la Convention. La citoyenne Rousselin tiendra le bureau d'abonnement et de distribution desdites feuilles, qui seront régulièrement envoyées aux municipalités et aux armées. Le citoyen Grandchamps est de plus autorisé à se faire donner, par la régie nationale des domaines, l'hôtel Crussol, cul-de-sac du Doyenné, ou autre maison nationale propre à y établir les bureaux et les presses. »

Le Comité fit rédiger cette feuille jusqu'au 13 fructidor an II. L'impression en avait été d'abord confiée à Nicolas (arrêté du 21 août 1793). Mais c'est un certain Ducros qui en fut l'imprimeur. Son mémoire et celui de la citoyenne Rousselin furent réglés par deux arrêtés en date du 18 vendémiaire et du 5 brumaire an III. Il y eut donc, jusqu'au lendemain de thermidor, un organe officieux du gouvernement révolutionnaire. On ne semble pas s'en être douté, et rien n'en révélerait l'existence, sans les documents inédits et officiels que nous venons d'analyser.

Il faut noter que ces documents ne nomment jamais la feuille en question ; elle y est toujours désignée par une périphrase. D'autre part, je ne rencontre aucun journal dont la carrière soit exactement bornée par les dates du 9 septembre 1793 et du 13 fructidor an II. Il est donc certain que le Comité de salut public fit l'acquisition d'une des feuilles déjà

existantes et l'inspira secrètement, si secrètement
qu'il ne voulut pas laisser trace de cette inspiration
dans ses papiers.

Je crois que cette feuille n'est autre que le journal
ordinaire de Rousselin, *la Feuille du salut public,
rédigée par une société de gens de lettres patriotes*,
avec cette épigraphe empruntée au *Contrat social* :
« Sitôt que quelqu'un dit des affaires de l'Etat : *Peu
m'importe*, tout est perdu. » Cette feuille in-4° et
quotidienne commença à paraître le 1er juillet 1793 ;
elle s'imprimait chez la veuve Guillot, rue Christine, 11, et, depuis le début jusqu'au 27 septembre 1793,
le directeur, ou, comme nous disons aujourd'hui, l'administrateur, est le citoyen Rémy. Au n° XC, 28 septembre 1793, le nom de Rémy disparaît, et on lit cette
note : « Le bureau d'abonnement de la *Feuille du
salut public* ci-devant rue Christine, est présente-
ment cul-de-sac du Doyenné, n° 16, dans le passage
qui conduit à la place de la Réunion. » Si on rapproche cette note de l'arrêté du 9 septembre 1793, qui
installe la feuille gouvernementale dans un bien national situé cul-de-sac du Doyenné, on sera en droit
d'en conclure que la *Feuille du salut public* est bien
cette mystérieuse gazette officieuse du Comité.

On pourrait objecter que cette feuille, étant rédigée
par des amis de Danton, n'a pu rester l'organe du
Comité après le meurtre de Danton, et il est possible
qu'elle ait été au début, organisée par Garat avec une
arrière-pensée de parti. Cela n'empêcha pas le Comité
robespierriste de trouver dans Rousselin (sans parler

du faible et tremblant Garat) un docile et impassible
interprète de ses idées. Qu'on ouvre la *Feuille du
salut public* au moment du procès et de la mort de
Danton : c'est en vain qu'on y cherchera autre chose
que l'exposé bref et froid des sophismes gouverne-
mentaux dont cet assassinat fut coloré. Le mot d'ordre
du journal est évidemment : pas de zèle, pas de lyrisme officieux, mais un air d'impartialité et d'exactitude sereine. Ce sont des comptes rendus de la Convention et des Jacobins, courts et clairs, correctement rédigés des nouvelles étrangères, quelques
faits significatifs présentés sans insistance, sans
réflexions d'aucune sorte, une allure de feuille officielle, au-dessus des partis, allure à laquelle Rousselin avait aspiré dès le premier jour, lui qui, déjà,
en juin 1793, écrivait dans son prospectus : « Ce journal tiendra les principaux événements des sources
officielles. » Quant à son *dantonisme*, il savait en
faire, à l'occasion, fort bon marché, tout comme de
ses opinions révolutionnaires, lui qui devint en 1803
une sorte d'agent secret des Bourbons, si l'on en
croit un document publié par M. Nauroy (1).

En tout cas, on voit que le Comité de salut public
eut un organe officieux, et je crois avoir démontré
que cet organe ne fut autre que la *Feuille du salut
public* de Rousselin, dont les historiens de la Révolution devront tenir désormais un plus grand compte
qu'ils ne l'avaient fait et que nous ne l'avions fait

(1) *Le Curieux*, t. II, p. 28.

nous-même jusqu'ici. Le Comité mettait un soin jaloux, je le répète, à cacher le vrai caractère de cette feuille, et même à donner le change au public. Ainsi le journal s'appelait *Feuille du salut public* deux mois avant d'être acheté. Le Comité a peur néanmoins que ce titre n'éveille les soupçons, et, le 12 germinal an II, Barère libelle et fait prendre l'arrêté suivant :

« Le Comité de salut public arrête que nul journal ne pourra prendre le titre de *Salut public*, dénomination réservée au Comité par un décret de la Convention, et, en conséquence, fait défense à l'auteur de la *Feuille de salut public* de continuer à prendre ce titre. »

En effet, à son numéro 274, 14 germinal an II, Rousselin change son titre en celui de *Journal de la République,* qu'il conserve jusqu'à la fin. On a vu que ce journal cessa d'être officieux le 13 fructidor an III. Il n'avait pas coûté cher à la République, puisque, tout compte fait, le Comité n'eut à payer à l'imprimeur Ducros que la somme de 8,312 livres 16 sols. Ses abonnés étaient assez nombreux pour qu'il pût se soutenir quelques mois encore par ses propres ressources. Son numéro du 20 ventôse an III fut le dernier. La rédaction y annonça que le journal venait d'être « cédé » et que le service de ses abonnés serait fait par le *Batave.*

II

Le Comité de salut public subventionnait aussi, sous forme d'abonnement, un certain nombre de journaux, dont la liste se trouve dans cet arrêté du 23 brumaire an II :

« Le Comité de salut public s'abonne :

« 1° Au journal le *Moniteur,* pour six cents exemplaires, que l'imprimerie du journal fera passer aux Sociétés populaires dont le tableau lui sera remis. Il arrête, en conséquence, qu'il sera payé au citoyen propriétaire de ce journal la somme de douze mille cinq cents livres pour le premier trimestre, à raison de cinquante mille livres par an. L'abonnement cessera aussitôt que le *Moniteur* cesserait d'être composé dans le sens de la révolution républicaine et dans les principes de la liberté et de l'égalité.

« 2° Au *Journal universel,* par Audouin, pour six cents exemplaires, que les auteurs feront passer aux Sociétés populaires dont le tableau lui sera remis. Il arrête, en conséquence, qu'il lui sera payé la somme de cinq mille quatre cents livres pour le premier trimestre.

« 3° Au journal intitulé l'*Anti-Fédéraliste,* six cents exemplaires, que ses auteurs feront passer aux Sociétés populaires dont le tableau lui sera remis. Il arrête en conséquence qu'il lui sera payé la somme de neuf mille francs pour le premier trimestre.

« 4° Au journal intitulé le *Père Duchesne*, que les auteurs feront passer aux Sociétés populaires dont le tableau lui sera remis. Il arrête, en conséquence, qu'il leur sera payé la somme de cinq mille quatre cents livres pour le premier trimestre.

« 5° Au journal intitulé le *Journal des hommes libres*, pour six cents exemplaires que les auteurs feront passer aux Sociétés populaires dont le tableau lui sera remis. Il arrête en conséquence qu'il lui sera payé la somme de cinq mille quatre cents livres pour le premier trimestre.

« *Signé* : Billaud-Varenne, C.-A. Prieur, B. Barère, Carnot, R. Lindet. »

On remarquera que Robespierre ne signa point cet arrêté ni aucun de ceux qui furent relatifs à cet embrigadement de la presse ; peut-être lui déplaisait-il de favoriser à la fois et de paraître patronner des journaux d'esprit aussi divers. Il est sûr que la feuille d'Hébert répugnait autant à son goût littéraire qu'à sa conscience morale. Il voulait pouvoir désavouer ultérieurement toutes les violences de la presse terroriste, tous les écarts de langage d'Audouin, de Payan, de René Vatar, principaux rédacteurs des trois autres feuilles que le Comité subventionnait, en dehors du *Moniteur*, et sur lesquelles on trouvera quelques détails (assez insignifiants) dans Hatin.

L'arrêté du 23 brumaire ne resta pas lettre morte, et les rédacteurs susnommés tinrent la main à ce que les bureaux n'en négligeassent pas l'exécution. Ainsi, c'est évidemment sur la réclamation d'Audouin que, le 30 ventôse an II, Couthon fit arrêter « que le ministre de la guerre fera passer avec exactitude aux diverses armées de la République un nombre suffisant du *Journal universel*, rédigé par Audouin, et rendra compte dans vingt-quatre heures des mesures qu'il aura prises pour effectuer cet envoi. »

La presse agréable reçoit d'autres faveurs encore Collot d'Herbois protège particulièrement les journaux violents et qui échappent à l'influence de Robespierre. C'est lui qui libelle les deux arrêtés du 15 et du 23 messidor an II. Le premier invite la Commission de commerce et d'approvisionnement à faire délivrer à Audouin le papier dont il a besoin pour son *Journal universel*, selon l'arrêté du 28 floréal (par lequel le Comité se réabonnait). Le second arrêté porte que « les citoyens imprimeurs, compositeurs ou pressiers nécessaires à l'émission quotidienne des journaux intitulés : *Journal universel* (par Audouin) et *Journal des hommes libres de tous les pays* (par René Vatar), seront mis en réquisition pour cet objet particulier et ne seront point employés hors des imprimeries de ces journaux patriotiques. »

Il faut encore ajouter à la liste des journaux officieux la *Feuille du cultivateur*, par Dubois, Broussonnet, Lefebvre et Parmentier, qui fut l'objet de cet arrêté du 2 germinal an II, rédigé par Robert Lindet et signé de lui seul : « Le Comité de salut public autorise la Commission (des subsistances) de faire distribuer dans les départements, les districts et aux sociétés populaires la *Feuille du cultivateur*, journal qui paraît deux fois par décade, et dans lequel elle fera insérer les pièces, avis et instructions qu'elle croira utile de faire connaître, de souscrire pour deux mille exemplaires. »

Enfin, le 19 messidor an II, Barère, Prieur et Collot prirent, à eux trois, un arrêté qui autorisait la Commission d'instruction publique « à faire expédier aux armées, aux frais du trésor, mille exemplaires du journal intitulé le *Républicain français*, grand format, dont le bureau est établi rue de la Loi, n° 14, et de *(sic)* se concerter pour leur envoi avec la Commission des administrations civiles, police et tribunaux. » Le 23 messidor, un nouvel arrêté, signé des seuls Collot et Barère, envoyait aux armées un second millier d'exemplaires du même journal Or, le *Républicain français* laissait percer des inclinations hostiles au *triumvirat.* Son rédacteur, Charles Ilis, était même un royaliste déguisé, qui jeta le masque après thermidor, comme nous l'apprend Lacretelle dans ses Mémoires. Cette souscription tardive forma donc un des actes de la conjuration contre Robespierre, tout comme la création par Carnot du journal militaire officieux et antirobespierriste, la *Soirée du camp*, dont nous avons parlé.

III

Après thermidor, un arrêté en date du 19 continua l'envoi aux armées des journaux d'Audouin et de Vatar : c'était signaler et récompenser leur attitude dans la conspiration contre le *monstre*. Mais l'esprit de réaction, chaque jour croissant, fit revenir sur cette mesure, et, le 1er fructidor an II, un arrêté signé B. Barère, P.-A. Laloy, Tallien, etc., décida « qu'à compter de ce jour, il ne sera fait aucun abonnement aux journaux ». Ce fut, à délai plus ou moins bref, l'arrêt de mort des feuilles subventionnées.

L'histoire détaillée de ces journaux serait curieuse à écrire, maintenant qu'on a des idées nettes et nouvelles sur leurs rapports avec le Comité de salut public. Les uns s'étaient en quelque sorte imposés à la faveur du Comité par leur violence et leur succès, par la force de leur popularité, comme le *Père Duchesne*, dont on subventionna et guillotina le rédacteur. D'autres, comme le *Moniteur*, avaient varié à tous les vents et cherchaient le salut dans la plus humble des domesticités. Il faut voir, dans les documents inédits que nous avons consultés aux Archives, de quel ton menaçant et dédaigneux maître Barère morigène le *Moniteur* pour le moindre lapsus, pour une innocente coquille. Il en joua, comme d'un instrument docile et vil, pour flatter Robespierre, pour caresser et égarer cet amour-propre inquiet. Rien d'amusant et de caractéristique, à ce point de vue, comme l'arrêté du 2 frimaire an II que ce valet flagorneur et perfide rédige et signe seul :

« Le rapport de Robespierre sur la situation politique de la République, fait au nom du Comité à la

Convention nationale le 27 brumaire, a été inséré dans le *Moniteur* à plusieurs reprises et sur une minute incorrecte et incomplète. — Il importe à la chose publique que ce rapport politique soit très répandu et qu'il soit imprimé correctement. — Le Comité de salut public arrête que le *Moniteur* le fera imprimer par supplément *tout entier* dans le numéro prochain. Il tient cette mesure urgente et nécessaire à l'intérêt de la République ».

C'est ainsi que Barère, en offrant au maître une exquise gorgée de lait, le désignait avec art à la jalousie et à la malveillance, et tels sont les points de vue nouveaux que peut suggérer l'étude de la presse révolutionnaire d'après ces documents encore inexplorés. Voilà dans quelle mesure le Comité de salut public eut, lui aussi, comme tous les gouvernements absolus, sa presse officieuse, dont il ne fut qu'à moitié maître (si on compte dans cette presse le journal qu'il fit rédiger pour lui par Rousselin), et qui ne reçut que de modestes et temporaires subventions sous forme d'abonnements.

23 août 1886.

XII

L'ART ET LA POLITIQUE EN L'AN II

I

On a vu que le Comité de salut public employa
une partie des cinquante millions de fonds secrets
dont il disposait à des tentatives d'influence sur
l'opinion publique par la voie de la presse, soit qu'il
subventionnât certains journaux, soit qu'il rédigeât
lui-même la *Feuille du Salut public* et la *Soirée du
camp*. Il voulut également mettre au service de sa
politique les autres formes de la littérature et de
l'art. On a souvent conté comment il essaya de former l'esprit public par le théâtre, soit en commandant ou récompensant des drames républicains, soit
en désignant pour des représentations populaires et
gratuites les poèmes les plus virils de l'ancien répertoire : cent mille livres furent votées par la Convention dans cette vue (séance du 4 pluviôse an II). Le
gouvernement révolutionnaire était possédé de cette
généreuse illusion que ses ordres pouvaient provoquer à bref délai l'éclosion de chefs-d'œuvres exécu-
tés dans le sens et à l'appui de ses propres doctrines,
et qu'à sa voix, toujours obéie, devait naître un art

régénérateur et moral, un art qui serait l'auxiliaire des desseins politiques du parti montagnard. Cette pensée se marque surtout dans l'arrêté du 27 floréal an II, que je donne d'après la minute rédigée par Barère, l'ordinaire rédacteur de tous les actes à effet du Comité de salut public :

« Le Comité de salut public appelle les poètes à célébrer les principaux événements de la Révolution française; à composer des hymnes et des poésies patriotiques, des pièces dramatiques républicaines, à publier les actions historiques des soldats de la liberté, les traits de courage et de dévouement des républicains et les victoires remportées par les armées françaises.

« Il appelle également les citoyens qui cultivent les lettres à transmettre à la postérité les faits les plus remarquables et les grandes époques de la régénération des Français, à donner à l'histoire le caractère suivi et ferme qui convient aux annales d'un grand peuple conquérant sa liberté attaquée par tous les tyrans de l'Europe : il les appelle à composer les livres désignés, et à faire passer dans les ouvrages destinés à l'instruction publique la morale républicaine, en attendant qu'il propose à la Convention le genre de récompenses nationales à décerner à leurs travaux, les époques et les formes du concours. »

« *Signé :* Barère, C.-A. Prieur, Carnot, Billaud-Varenne, Couthon (1). »

(1) Cet arrêté, ainsi que la plupart des suivants, se trouvent en original aux Archives nationales, carton AFII, 66, dossier 232.

Mais c'est surtout du côté des arts du dessin que le Comité de salut public tourna son attention. Il donna plus d'un encouragement désintéressé aux peintres et aux sculpteurs, et c'est un sujet sur lequel je ne veux pas revenir après MM. Jules Renouvier et Despois. On a moins insisté sur les services moraux et politiques que le gouvernement révolutionnaire demanda à ces arts, dans une pensée à la fois patriotique et chimérique et sans obtenir aucun résultat sérieux. Ou plutôt, il demanda aux beaux-arts deux choses fort différentes : l'une légitime, à savoir de rendre la République plus aimable en l'ornant, selon le conseil de Danton ; l'autre vaine et violente, à savoir d'exprimer et de servir toutes les vicissitudes de la politique d'un parti.

Dans la première catégorie, je range la série de décrets de la Convention et d'arrêtés du Comité sur les œuvres d'art à exécuter à Paris pour formuler aux yeux du peuple l'ordre de choses nouveau. Ainsi, le 27 germinal an II, Lakanal, au nom du Comité d'instruction publique, faisait décréter à la Convention qu'il serait élevé dans le Panthéon une colonne de marbre noir sur laquelle on graverait en lettres d'or les noms des citoyens morts pour l'égalité, le 10 août 1792. Le Comité de salut public ouvrit entre les artistes un concours pour cet objet (3 floréal an II) ; mais son arrêté resta sans effet. Cependant la République avait à cœur de fêter dignement le souvenir de sa première et décisive victoire. On sait que, le 10 août 1793, il y eut une grande fête commémorative, un jubilé fraternel où l'on célébra aussi le vote et l'acceptation par le peuple de la constitution montagnarde. Sur les plans de David, des monuments et des statues provisoires furent élevés aux endroits de Paris que la Révolution avait illustrés. Ce furent autant de stations devant lesquelles s'arrêta le cortège officiel, avec un discours de Hérault de Séchelles à chacun de ces repos. Cette fête, qu'on appela *fête de la réunion du 10 août*, impressionna vivement le peuple, et le gouvernement eut l'idée de perpétuer quelques-uns des fragiles monuments qui avaient frappé l'imagination et les yeux dans cette éclatante journée. Un arrêté du Comité de salut public, en date du 5 floréal an II, appela tous les artistes de la République « à concourir à l'exécution des monuments en bronze et en marbre qui doivent retracer à la postérité les époques glorieuses de la Révolution française et qui ont été représentées dans la fête de la Réunion du 10 août dernier (vieux style) ». Les objets du concours étaient : 1° la figure de la Nature régénérée sur les ruines de la Bastille ; 2° l'Arc de triomphe du 6 octobre, sur le boulevard dit des Italiens, avec invitation aux artistes architectes de le mieux placer ; 3° la figure de la Liberté sur la place de la Révolution ; 4° la figure du Peuple français terrassant le Fédéralisme.

Cette dernière, d'après un décret du 27 brumaire, devait être placée sur le terre-plein du Pont-Neuf, à la place de la statue d'Henri IV. Un arrêté du Comité de salut public, en date du 5 floréal an II, décida

que la commission des travaux publics se concerterait avec David pour l'exécution la plus prompte de
ce monument qui devait être en bronze. Mais tout
cela resta à l'état de projet, et la statue en plâtre de
la Liberté ne fut jamais remplacée : elle dura ce que
durent les plâtres, en dépit de l'arrêté confirmatif du
25 floréal qui disait (art. 18) : « La statue de la Liberté, élevée sur le piédestal de l'avant-dernier tyran
des Français, sera remplacée par une statue debout,
dans de plus grandes proportions... »

Un autre projet avait été conçu pour honorer encore le 10 août. L'arrêté du 12 floréal an II en donne
une idée suffisante : « Le Comité de salut public
appelle les artistes de la République à concourir à
l'élévation d'un monument dédié, sur la place de
la Victoire (Carrousel), à la mémoire des citoyens
morts pour la patrie, dans la mémorable journée
du 10 août 1792 (vieux style). — Les ouvrages seront
présentés au concours dans la salle de la Liberté,
d'ici au 15 prairial. Ils seront jugés avant le 29 de
ce mois par le jury des arts. — La Commission des
travaux publics fournira les fonds nécessaires pour
l'exécution de ce monument, aussitôt que le concours
sera jugé ». Mais l'inspiration ne *s'organise* pas à
bref délai comme la victoire : aucun artiste de valeur ne se hasarda à improviser en si peu de jours
une œuvre si ardue.

II

Un décret de la Constituante avait ordonné l'érection d'une statue à Jean-Jacques Rousseau, et c'était justice. Si la philosophie et la politique de l'auteur du *Contrat social* sont parfois au rebours du progrès rationnel, de l'amélioration scientifique de l'humanité, Rousseau a eu ce grand mérite de ramener les Français à la nature, à la vraie source de toute poésie ; il leur a inspiré le goût de la simplicité, de la familiarité rustique ; il a attendri leurs cœurs pour la fraternité. Surtout, il a donné à nos pères quelque courage contre la *crainte du ridicule*, cette maladie française qui aurait peut-être retardé la Révolution. Il a mis à l'ordre du jour les vertus sociales et opposé à l'homme artificiel des salons le paysan et le citoyen. Honorons donc Rousseau, malgré ses graves erreurs de raisonnement : son influence sur les mœurs du dix-huitième siècle a été profonde et heureuse et il a contribué, plus que personne, aux grandes journées d'enthousiasme fraternel qui sont un des beaux titres de gloire de la Révolution. Cependant le décret de la Constituante était tombé dans l'oubli quand un arrêté du Comité de salut public, à la même date du 5 floréal ouvrit un concours pour une statue de bronze de Rousseau qui serait placée dans les Champs-Élysée. Mais le concours devait être terminé le 10 prairial, et la brièveté de ce délai fit encore avorter la bonne volonté du monument.

Le même jour, le Comité songea à créer des *arènes couvertes pour le concert du peuple*. Son arrêté « appela les artistes de la République à concourir à transformer en arènes couvertes le local qui servait au théâtre de l'Opéra (aujourd'hui Porte-Saint-Martin), entre la rue de Bondy et le boulevard ; ces arènes seront destinées à célébrer les triomphes de la République, et aux fêtes nationales, pendant l'hiver, par des chants civiques et guerriers. »

Le 12 floréal, le Comité arrêta que le jardin de la maison nationale connue sous le nom de maison Beaujon (Élysée actuel) serait public, et qu'on y élèverait un temple à l'Égalité (1).

Le même jour, le Comité prit l'arrêté suivant : « 1° Il sera élevé, dans la première salle du lieu des séances de la Convention nationale, un piédestal simple, pour recevoir la statue de la Philosophie, tenant les Droits de l'Homme et l'Acte constitutionnel. 2° La statue qui a été faite par Houdon et représentant la Philosophie (statue en plâtre qui ne fut jamais exécutée en marbre) sera estimée et achetée par la Commission des travaux publics. 5° Cette Commission fera élever incessamment le piédestal avec les marbres dans le dépôt des Petits-Augustins ou dans les maisons nationales. Elle fournira les fonds nécessaires. »

David se rendit, peu de jours après, à la Société

______

(1) La plupart de ces arrêtés ont été reproduits par le *Moniteur*, XX, 674, 687.

populaire des arts pour annoncer et commenter ces appels faits aux artistes par le Comité de salut public, et « il entretint longtemps, dit M. Renouvier, l'assemblée des grandes vues du Comité pour ce qui concerne les arts et leur gloire. » Avec son beau-frère l'architecte Hubert, il fut l'auteur de presque tous les projets artistiques du gouvernement révolutionnaire. Tous deux présentèrent au jury des arts institué par le Comité un plan d'embellissement du Palais-National (Tuileries) et de ses environs, plan qui remporta le prix et fit l'objet d'un long et remarquable arrêté du 25 floréal, dont voici les principales dispositions :

« La cour du Palais-National sera fermée du côté du Carrousel par un stylobate circulaire. Des figures représentant les vertus républicaines seront placées sur des socles portés sur une seule base, symbole de l'unité de la République Sur la face de chacun des socles, du côté de la cour, sera placée une étoile flamboyante qui éclairera le Palais-National pendant la nuit. La Déclaration des Droits et la Constitution seront inscrites en lettres de bronze dorées sur le stylobate. Il sera placé sur le haut du dôme national une statue de bronze représentant la Liberté debout, levant le drapeau tricolore d'une main et la Déclaration des Droits à l'autre main. »

Suivent des détails précis sur le nouvel aménagement des terrasses et du jardin des Tuileries : « La terrasse dite des Feuillants sera élargie ; la partie du jardin située au-dessous de cette terrasse sera converlie en palestre qui servira aux exercices gymnastiques des jeunes gens ; il sera construit le long de cette terrasse un portique ouvert au midi dans toute la longeur du (*sic*) palestre. L'intérieur de ce portique sera orné de tableaux capables de développer et de diriger les passions généreuses de l'adolescence. »

« Il sera ouvert quelques allées dans les grands arbres pour faciliter la circulation de l'air. Les carrés placés entre les arbres seront ornés de monuments en marbre pris dans les maisons nationales. Il y sera établi des hexaèdres semblables à ceux où les philosophes grecs donnaient leurs instructions.

« Les deux colonnades formant le Garde-Meuble seront réunies par un arc de triomphe en l'honneur des victoires remportées par le peuple sur la tyrannie. Cet arc laissera voir la ci-devant église de la Madeleine, qui sera terminée pour devenir un temple à la Révolution. »

En avant du pont de la Révolution (pont de la Concorde), qu'on ornerait de statues de bronze antique, devait être placé un autre arc de triomphe qui ferait partie des monuments de la fête du 10 août mis au concours par l'arrêté du 5 floréal.

III

Mais, dans ce plan d'embellissement du Palais-National et de ses dépendances, l'idée la plus originale est le projet de transformation de la place de la

Concorde : « La place de la Révolution, disait l'article 25 de l'arrêté, sera convertie en un cirque par le moyen des glacis dont la pente douce favorisera l'accès de toutes parts et qui servira aux fêtes nationales. »

Un autre arrêté du 5 floréal avait décidé que « les deux chevaux de Marly seraient placés à l'entrée des Champs-Élysées, en face des deux figures de Coysevox du Pont-Tournant, sur des piédestaux dont David concerterait les dessins avec le citoyen Hubert, inspecteur des travaux nationaux. » L'arrêté du 25 floréal ajoute : « Ces chevaux seront flanqués de deux portiques correspondant à ceux placés aux deux côtés de l'entrée du Jardin-National, près le Pont-Tournant. Ces quatre portiques seront destinés à être ornés de sujets révolutionnaires en peinture et en sculpture. »

Ce qu'il y a de plus curieux, ce qui caractérise davantage l'importance que le Comité de salut public attachait à ces projets d'embellissement de la République par l'art, c'est qu'il décida de prendre lui-même en main la direction de ces travaux, comme l'indique l'article 26 : « Tous les dessins des vases, statues, fontaines, et les monuments quelconques, qui ne sont qu'indiqués dans le présent arrêté seront présentés au Comité, qui en arrêtera définitivement l'exécution et l'emplacement. » Enfin le Comité avait hâte d'aboutir, et, en pleine guerre, en pleine crise, alors qu'on le croit tout entier en proie à la dure et froide politique, il considère les besoins artistiques du peuple comme aussi urgents que les affaires militaires ou financières : « Les représentants du peuple David, Granet et Fourcroy sont chargés de surveiller l'exécution du présent arrêté, de lever tous les obstacles qui pourraient s'opposer à sa réussite, et de présenter au Comité tous les moyens les plus propres *à accélérer la confection du travail.* L'ensemble du plan qui vient d'être tracé exigeant une suite de monuments et de projets qui nécessitent un grand travail, *et son exécution devenant pressante pour la jouissance du peuple,* le citoyen Hubert est chargé de s'adjoindre pour cette opération les citoyens Moreau, Bernard et Lannoy... La Commission des travaux publics est chargée de fournir, pour la *prompte exécution* du présent arrêté, tous les moyens en hommes, matériaux et fonds nécessaires à la *confection rapide* des travaux qu'il exige. La Commission des transports et chariots donnera les ordres nécessaires pour transporter les statues et les matériaux que les artistes auront désignés. »

Sauf le transfert des chevaux de Marly, aucun de ces grandioses desseins ne fut réalisé : le 9 thermidor ôta toute influence à celui qui était l'inspirateur de toute la *politique artistique* du gouvernement révolutionnaire, au peintre David, qui échappa à grand'peine au sort de Robespierre.

Il faut citer enfin, dans la même série d'arrêtés en date du 5 floréal, celui qui faisait appel à la libre inspiration des peintres pour la glorification de la République :

« Le Comité de salut public appelle tous les artistes

de la République à représenter, à leur choix, sur la toile, les époques les plus glorieuses de la Révolution française.

« Le concours sera ouvert pendant un mois, à compter du 10 floréal et du jour de la réception du présent arrêté pour les artistes qui sont dans les départements, après lequel délai les esquisses seront exposées pendant une demi-décade dans la salle de la Liberté. Elles seront transportées ensuite au salon du Laocoon, pour être exposées et jugées dans la décade suivante par le jury des arts. »

D'après M. Renouvier, l'exposition des esquisses et projets fut ensuite fixée, d'une manière définitive, au 10 thermidor an II. On sait quelle crise vint la rendre impossible, ajoute cet historien de l'art pendant la Révolution ; mais les travaux avaient été faits, et le jugement du concours, rendu plus tard, eut pour résultats une série de prix de récompenses décernés, depuis 20,000 livres jusqu'à 2,000, et dont le total s'éleva à 442,000 livres. Ces sommes furent payées en numéraire et non en assignats. Pour ne parler ici que des peintres, dit encore M. Renouvier, Gérard obtint le premier prix de 20,000 livres pour son esquisse du 10 août (1); Vincent, le second de 10,000 livres pour une *Scène vendéenne;* les autres prix de 9,000 à 2,000 livres furent donnés à des peintres en tout genre et dans toutes les écoles : Suvée, Garnier, Vernet, Taunay, Peyron,

---

(1) On ne sait ce qu'est devenue cette esquisse. (Renouvier, *Histoire de l'art pendant la Révolution*, p. 89).

Thévenin, Lagrenée, Meynier, Lethière, Taillasson, Callet, Bidault de Carpentras, Vanderbuch de Montpellier, Prudhon, Sablet, Chéry, Fragonard fils, Drolling, Swebach des Fontaines, la citoyenne Gérard, Landon, Demarne, Sauvage et beaucoup d'autres.

IV

Passons maintenant à d'autres manifestations de l'art officieux sous la Terreur, estampes patriotiques, costumes, caricatures.

Quelque opinion qu'on ait de la personne et des actes de Chalier, il faut reconnaître que le meurtre juridique de ce violent apôtre fit une impression profonde sur l'opinion. Une sorte de légende se forma aussitôt autour de ce nom, comme autour de celui de Le Peletier et de Marat. Chalier ne fut plus un homme politique lyonnais, mais la personnification du patriote victime de sa vertu, un des membres de la trinité des martyrs révolutionnaires, dont les portraits figurèrent partout, en 1793 et en 1794, jusque sur les tabatières (voir les collections du musée Carnavalet). C'est la Commune de Paris qui prit l'initiative de ce culte, et en particulier de celui de Chalier. Je ne parle pas seulement de l'apothéose du jacobin de Lyon, décidée par la Commune le 17 frimaire, mais aussi de l'incident relaté en ces termes dans le compte rendu de sa séance du 28 brumaire an II :

« Le citoyen Dorfeuille, président du tribunal de

justice populaire à Commune-Affranchie (ci-devant Lyon), envoie au Conseil général l'image de Chalier, immolé par les révoltés de Lyon. Au bas de cette gravure se trouve l'inscription suivante :

En l'égorgeant au nom des lois
La tyrannie osa crier victoire ;
L'homme libre jura de venger sa mémoire,
Et le peuple reprit ses droits.

« Le Conseil arrête que cette gravure sera placée dans le lieu de ses séances, et charge Beauvallet, l'un de ses membres, de faire le buste de Chalier d'après cette gravure, afin de rappeler d'une manière sensible à tous les patriotes les traits de ce héros de la liberté (1). »

Beauvallet avait déjà fait les bustes de Le Peletier et de Marat, qu'on avait répandus à un nombre infini d'exemplaires dans les Sociétés populaires et dans toute la France. Il manquait de talent, dit-on, et, au salon de l'an II, son esquisse en terre cuite représentant la *Montagne* n'avait pas eu grand succès. On lui reproche surtout d'avoir donné aux trois *martyrs* une figure de convention. Ce n'est pas là le vaniteux Le Peletier, le névropathe Marat, le bonhomme Chalier. Ce sont académies quelconques, faces classiquement gréco-romaines... Mais c'est justement ce qu'on voulait, et Beauvallet fit preuve d'esprit en manquant la ressemblance de ses originaux. L'imagination populaire n'avait que faire du vrai Le Peletier, du

(1) *Moniteur*, XVIII,

vrai Marat, du vrai Chalier, caractères et talents contestables et contestés : on lui proposa, au lieu de Le Peletier, le législateur incorruptible; au lieu de Marat, le journaliste populaire, au grand cœur, au cœur divin et *sacré*; au lieu de Chalier, le tribun croyant et sage, tous trois victimes du devoir noblement accompli. C'est en cela que le culte de ces trois mémoires fort inégales, s'il fut puéril, s'il rivalisa de niaiserie avec les religions positives, contribua peut-être à donner au peuple, encore enfant et à peine issu de la nuit de l'ancien régime, un mobile d'agir grossier, mais puissant et efficace, un symbole de foi qui fit longtemps battre son cœur ingénu et arma son bras contre l'ennemi.

Cette considération, éloquemment développée par Collot d'Herbois dans la séance des Jacobins du 9 germinal an II, a évidemment inspiré cette lettre au graveur Tassaert, « demeurant rue Christophe, 9, section de la Cité », que je trouve dans les papiers du Comité, à la date du 3 prairial an II : « Citoyen, tous les actes de la vie d'un apôtre de la liberté et qui en a été le martyr sont trop intéressants pour négliger de s'en retracer les images. La gravure que tu entreprends des derniers moments de Chalier a paru au Comité remplir ces objets, et il souscrit pour cinquante exemplaires... » (L'arrêté conforme fut pris le 11 prairial : il est de la main de Collot d'Herbois.)

Tassaert, connu par ses sentiments révolutionnaires, avait gravé le célèbre portrait de Charlotte **Corday**, dessiné d'après nature par Hauer, et l'esquisse théâtrale par laquelle Harriet avait tâché de représenter la scène du 31 mai 1793. Il y a du même Tassaert une gravure du portrait de Chalier, par Ph. Caresme, que je n'ai pas vue, mais que M. Renouvier décrit ainsi : « Buste drapé et posé à l'antique dans un médaillon cantonné de symboles : le niveau, le bonnet, le flambeau, le papillon. Le dessinateur et le graveur ont eu l'intention de donner de l'idéal à leur modèle, peut-être quelque buste envoyé de Lyon ; mais leur manière y a fort mal réussi. » Ce n'est pas à cette estampe que souscrivit le Comité de salut public, mais à une grande composition des mêmes auteurs où Chalier est représenté « debout, le bras levé, et prêt à partir, éclairé, par un jour de prison, entre le greffier et le bourreau », avec cette légende : « Pourquoi pleurez-vous ? La mort n'est rien pour celui dont les intentions sont droites et dont la conscience fut toujours pure. Quand je ne serai plus, mon âme ira se perdre au sein de l'Éternel et dans l'immensité qui nous environne. Chalier saura mourir d'une manière digne de la cause qu'il a soutenue. » C'est ainsi que les artistes officieux de l'an II firent du jacobin lyonnais le Socrate de la Révolution.

Le 13 ventôse an II, Tassaert et Caresme s'étaient présentés à la barre de la Convention, pour lui recommander leur œuvre, et l'un deux avait caractérisé en termes justes les tendances de l'art officieux à cette époque :

« Représentants du peuple, persuadés que les arts

contribuent pour beaucoup à propager l'amour de la liberté et des vertus républicaines en retraçant l'action sublime des hommes qui se sont sacrifiés pour la patrie, vous avez décrété récompenses et encouragements pour les artistes qui s'occuperaient de rendre avec fidélité et énergie les traits qui honorent notre Révolution et mettent la nation française au-dessus de toutes les nations libres de l'antiquité. Le dessin que deux artistes, amis de la liberté, présentent, est destiné à rappeler les derniers moments du martyr Chalier dans sa prison. Comme Socrate, Chalier était républicain ; comme lui, des hommes profondément criminels le firent périr parce qu'il était vertueux ; comme lui, il montra de la fermeté jusqu'au trépas et consola ceux qui pleuraient sur son sort. Au milieu des supplices, il déploya un courage et une fermeté égale à celle de Scévola. Les artistes qui se sont occupés à rendre ce trait d'histoire à jamais mémorable désiraient multiplier le dessin par la gravure ; mais ils sont sans fortune ; ils ne peuvent offrir que leur zèle ; ils prient la Convention de faire examiner leur travail par le Comité d'instruction publique, et de le charger de faire un rapport sur l'intérêt que peut présenter ce sujet (1). »

Ces estampes politiques et patriotiques étaient comme l'illustration du *Recueil des actions héroïques et civiques des républicains français,* par Léo-

____

(1) *Moniteur*, XIX, 618.

nard Bourdon et Thibaudeau, ouvrage périodique que le Comité fit tirer à 150.000 exemplaires (1) et dont la Convention, le 13 nivôse an II, décréta l'envoi, en placards et en cahiers, aux municipalités, aux armées, aux Sociétés populaires et à toutes les écoles de la République. Les numéros du *Recueil* devaient être lus publiquement tous les jours de décades, et les instituteurs étaient tenus de les faire apprendre à leurs élèves.

Mais on peut dire que ce Recueil, si bien fait qu'il fût, n'eut pas sur les âmes l'influence de l'imagerie patriotique. Aussi arrivait-il au Comité, dans certains cas, d'acheter des exemplaires de toutes les estampes qui se rapportaient à tel fait, à tel personnage. Ainsi, le 24 pluviôse an II, Barère libella et fit prendre l'arrêté suivant : « Le Comité de salut public arrête que les gravures représentant les belles actions de Fabre, représentant du peuple, et de Paul Bara, jeune housard de l'armée, seront achetées en nombre d'exemplaires pour être distribuées aux membres de la Convention nationale. Le prix de ces gravures sera pris sur les cinquante millions mis à la disposition du Comité. »

Rien n'est plus célèbre que l'acte de Bara, à qui Robespierre décerna, aux applaudissements de la France, le surnom de *Décius de treize ans*. On connaît moins la fin glorieuse de Fabre, député de l'Hérault, représentant en mission auprès de l'armée des

(1) Arrêté du 28 pluviôse an II.

Pyrénées-Orientales. Il fut le premier des membres de la Convention qui périt en faisant son devoir sur le champ de bataille. « Fabre, dit Robespierre à la tribune, ne voulut point survivre aux maux dont il était le témoin (l'invasion espagnole) : il voulut opposer des prodiges d'héroïsme à des excès de lâcheté et de scélératesse. Abandonné des indignes chefs de l'armée, il soutint seul, avec quelques braves, tout l'effort de l'ennemi. Accablé par le nombre, il tomba percé de mille coups..... On a trouvé, près d'une batterie qu'il défendait le dernier, son corps déchiré..... Sa destinée est digne d'envie ; il a honorablement terminé une glorieuse carrière. Il s'est endormi au sein de la gloire et de la vertu. » Dans la même séance (13 nivôse an II), la Convention décerna à Fabre les honneurs du Panthéon.

Le gouvernement révolutionnaire croyait encore faire œuvre politique en subventionnant les artistes qui exaltaient l'héroïsme des Romains. Scévola, Décius, Brutus, n'étaient-ils pas des contemporains, les affiliés les plus utiles et les plus militants du club des Jacobins ? Le 6 thermidor an II, le citoyen Audouin, graveur, fut autorisé, sur sa demande, à fournir mille exemplaires de la gravure de *Junius Brutus*.

Le 5 floréal, le Comité avait arrêté :

«... Les dessins de l'*Histoire de la République romaine*, accompagnés d'un précis historique qui sera refait avec l'esprit, le ton et la vigueur des républicains, seront continués par le citoyen Mirys, pour être gravés.

« Il en sera déposé un exemplaire gravé dans chaque bibliothèque de district pour servir à l'instruction publique.

« La Commission de l'instruction publique est chargée de surveiller l'exécution du présent arrêté, et de fournir aux frais nécessaires à l'achèvement de cet ouvrage et à son envoi dans les bibliothèques de district. »

Mirys fit une suite de vignettes, avec une légende historique au bas de chacune d'elles. Ces petites compositions, très académiques, dit M. Jules Renouvier, furent gravées avec beaucoup de fini par Auvray, Baquoy, Dambrun, etc. La première série, celle de la République romaine, ne parut qu'en l'an VII (1), et la seconde, celle des Empereurs, en l'an XII. Il est douteux que Mirys ait été payé de sa peine : son inspiration, toute républicaine, avait, quand il aboutit enfin, cessé d'être à la mode.

V

Si nous passons maintenant aux tentatives politico-artistiques du Comité qui eurent un caractère chimérique et artificiel, il faut rappeler, en premier lieu, ses arrêtés relatifs au costume des Français. Citons les textes, qui sont en partie inédits :

(1) Myris, *Figures de l'histoire de la République romaine, accompagnée d'un précis historique*. Paris, au VII, in-4.

Voici d'abord un arrêté du 25 floréal an II, de la main de Barère :

« Le Comité invite David, représentant du peuple, à lui présenter ses vues et ses projets sur les moyens d'améliorer le costume national actuel et de l'approprier aux mœurs républicaines et au caractère de la Révolution, pour en présenter les résultats à la Convention nationale et recueillir le vœu de l'opinion publique. »

Le 5 prairial, Barère fit encore prendre l'arrêté suivant :

« Le Comité de salut public autorise David, représentant du peuple, à faire graver et colorier les divers projets de l'habillement national, soit législatif en fonctions (*sic*) et dans les armées, ou judiciaire, soit civil ou militaire, pour en être distribué un exemplaire à chacun des membres de la Convention et aux citoyens des divers départements, au nombre de vingt mille exemplaires pour le modèle de l'habillement civil, et six mille de chacun des autres. »

Vivant-Denon grava les dessins de David. D'où l'arrêté suivant, toujours de la main de Barère :

« Le Comité de salut public arrête qu'il sera payé par la trésorerie nationale au citoyen Denon, artiste graveur, la somme de 10,000 livres, à titre d'avance, pour fournir aux premiers frais de la gravure du costume national. Cette somme sera prise sur les cinquante millions mis à la disposition du Comité (14 prairial an II.) » Après thermidor, Denon eut quelque difficulté à se faire payer. Un arrêté du 4 vendémiaire an III donna à examiner le compte de Denon au citoyen Bervic, graveur et auteur d'un *Louis XVI restaurateur de la liberté*, présenté au roi et à l'Assemblée nationale en 1790. Le 24 vendémiaire, Denon reçut la somme de 11,936 livres, déduction faite de 6,000 livres qu'il avait touchées le 15 prairial sur les 10,000 mises à sa disposition.

Il y avait peu d'analogie entre le génie de David et le genre de talent de Vivant Denon. « La pointe mince dont disposait Denon, dit justement M. Jules Renouvier, et le fourmillement de hachures qu'il avait appris de Saint-Non avaient fort à faire pour se mesurer à ces modèles si solidement établis. » Il y a cependant une belle netteté dans les onze gravures du costume national : *Habit du citoyen français dans l'intérieur, habit civil du citoyen français, le législateur en fonction, le représentant du peuple aux armées*, etc., dont de superbes exemplaires sont joints aux minutes des arrêtés du Comité qui se rapportent à cette question. David voulait habiller tous les Français, de Nice à Brest, « d'une tunique, de pantalons ou plutôt de chausses à pied, de brodequins, bonnet rond à aigrette, d'une ample ceinture et d'un manteau flottant sur les épaules. » Ce sont des costumes simples, poétiques, absurdes. C'est un beau rêve d'artiste, avec je ne sais quel soupçon de fumisterie d'atelier, s'il est possible de prêter un sourire aux passions graves de ce temps-là. En grand artiste, David n'a pu s'empêcher de donner à chaque tête le caractère de sa condition. Ainsi le représentant en mission a l'air d'un tyran dur et sourcilleux, et ici l'acuité davidienne est poussée jusqu'à une sorte de satire caricaturale.

Mais quelle idée folle de vouloir imposer un costume à une nation, de vêtir un peuple en figurants d'opéra ! Le moindre inconvénient de ce projet était le prix excessif de cet habillement. Ainsi un arrêté du 6 floréal confia à un tailleur l'exécution d'un specimen du costume de représentant et ne lui alloua pas moins de douze cents livres à cet effet. Les deux habits du citoyen français, habit de ville et habit d'intérieur, n'auraient pas coûté moins de six cents livres chacun. Les élèves de David furent seuls à se montrer dans cet uniforme, et encore se lassèrent-ils vite de leur travestissement : on vit deux d'entre eux, Perrié et Quay, se promener, sous le Directoire, vêtus en *Agamemnon* et en *Pâris*. Le public se contenta de sourire de ces excentricités. Les mœurs avaient peu à peu, et suffisamment, changé le costume natio nal depuis 1789, dans le sens des idées et des faits· Le nouvel habillement des Français, dans sa simplicité commode et adaptée à la forme du corps, dans son uniformité nullement monotone, mais égalitaire, disait assez, et dans la juste mesure, quelles métamorphoses politiques et sociales s'étaient opérées depuis la réunion des États et la chute du trône. La tentative du Comité de salut public avorta sans laisser même une trace, comme une fantaisie puérile et inutile.

VI

En réalité, ce projet de réforme du costume était une mesure gouvernementale, un effort pour appliquer un des articles essentiels du programme pseudo-spartiate, pseudo-romain, de Robespierre et de Saint-Just. Un autre service, d'une nature plus pratique et d'une portée plus militante, fut demandé par le Comité aux arts du dessin. Il les avait invités à glorifier sa politique : il voulut les plier à la satire violente de ses adversaires et, comme il y avait une presse officieuse, il y eut une caricature officieuse et subventionnée.

Dès le 12 septembre 1793, Hérault-Séchelles rédige et fait signer à Carnot, à Barère, à C.-A. Prieur et à Billaud-Varenne un arrêté portant que « le député David sera invité d'employer les talents et les moyens qui sont en son pouvoir à multiplier les gravures et les caricatures qui peuvent réveiller l'esprit public, et faire sentir combien sont atroces et ridicules les ennemis de la liberté et de la République ».

En conséquence, le Comité souscrivit pour 900 exemplaires (600 en noir, 300 en couleur) de la caricature intitulée : *le Congrès des rois*, par Mailly, au prix de 1,000 livres (arrêté du 22 nivôse an II), et à 500 épreuves « des gravures faites contre les Anglais par le citoyen Courcelle » (4 germinal). Chaudet, sculpteur et peintre, avait fait une caricature « représen tant l'échafaudage ridicule et prêt à crouler de la puissance britannique, sous l'emblème d'un léopard apprivoisé, monté par la famille de Georges et conduit par Pitt ». Le Comité, sur la proposition de Prieur (de la Côte-d'Or), acheta à Chaudet 1,200 exemplaires de cette estampe, qu'il lui paya 1,440 livres (7 germinal) ; et à Massard, peintre et graveur, 1,000 exemplaires de sa caricature, *la Vénalité des orateurs anglais*, qu'il lui paya 1,000 livres (11 prairial). David lui-même s'essaya dans ces caricatures politiques : « Le Comité de salut public, sur la présentation qui lui a été faite par le citoyen David, peintre, de deux caricatures de sa composition, l'une représentant une armée de cruches, commandée par Georges, mené par le nez par un dindon ; l'autre représente (*sic*) le gouvernement anglais sous la forme d'une figure horrible et chimérique, revêtue de tous ses ornements royaux : arrête que l'artiste David remettra au Comité 1,000 exemplaires de chacune de ses caricatures, savoir : 500 en noir et 500 coloriées, et qu'il lui sera donné un mandat de 3,000 livres à prendre sur les cinquante millions dont le Comité peut disposer (29 floréal an II). »

Je relève encore les souscriptions suivantes :

11 prairial an II : 1,500 livres au citoyen Dubois, peintre et graveur, pour 1,000 exemplaires de la caricature intitulée *Grande Aiguiserie royale de poignards anglais* (1). — 14 vendémiaire an II : 1,250 li-

(1) Avec cette légende : « Le fameux Pitt aiguisant les poignards avec lesquels il veut faire assassiner les défenseurs de la liberté du

vres au citoyen Naigeon, peintre, pour 1,000 exemplaires de la caricature *la Fuite du roi des Mar-
mottes* (le roi de Savoie). — 30 prairial : 1,500 livres
au citoyen Godefroid, « pour 1,000 exemplaires d'une
caricature représentant Pitt mettant l'Angleterre en
équilibre sur une loterie et renversée par un sans-
culotte. » (Le 24 thermidor, le Comité renouvelé
réduisit cette somme à 1,250 livres). — 6 messidor :
1,250 livres au citoyen Dupuy, peintre, « pour le prix
de 1,000 exemplaires de la caricature de *la Lanterne
magique* qu'il doit fournir au Comité. » — 14 thermidor : 1,250 livres au citoyen Dupuis, peintre, pour
1,000 exemplaires de la caricature *la Correction
républicaine.* — 24 thermidor : 1,250 livres au citoyen Bouarine pour 1,000 exemplaires de sa caricature *la Révolution de Pologne.* — 4° sans-culottide
an II : 1,250 livres au citoyen Dupuis, peintre, pour
1,000 exemplaires de sa caricature *la Chute en
masse.* — 14 vendémiaire : 1,250 livres au citoyen
de Roo pour 1,000 exemplaires de sa caricature *la
Coalition des rois*, qu'il a fournie au Comité à raison
de 25 sols pièce.

La plupart de ces caricatures ne sont mentionnées
ni par M. Jules Renouvier ni par M. Champfleury ;
la liste n'en sera pas inutile aux futurs historiens de
l'art pendant la Révolution. Deux d'entre elles :

peuple, le gros Georges Dandin tournant la roue et haletant de
fatigue. » Dans cette caricature, qui est d'un dessin remarquable, le
roi Georges est représenté enfermé dans la roue, en chien de rémou-
leur.

la Grande Aiguiserie et *la Fuite du roi des Mar-mottes*, sont annexées aux minutes des arrêtés y relatifs. Ce sont de froides compositions, d'un dessin savant, d'une symétrie davidienne. Il y a, jusque dans ces pièces satiriques, un souvenir des bas-reliefs gréco-romains si chers à l'artiste qui dirigeait et inspirait la caricature officieuse. Ce n'est pas là, dans ces charges faites par ordre, qu'il faut chercher la libre fantaisie artistique, la gaîté héroïque et grandiose du génie révolutionnaire.

13 et 20 septembre 1886.

XIII

AUX APOLOGISTES DE ROBESPIERRE

L'extrême liberté avec laquelle il nous est arrivé de critiquer la personne et l'œuvre de Robespierre nous a valu, sous la forme de lettres courtoises, les remontrances affligées de quelques lecteurs habitués à personnifier la Révolution dans le vaincu de thermidor. On rappelle ses services, ses talents, son rôle si noble à la Constituante, sa probité rigide, le pur dévouement de toute sa vie à une idée. On ajoute que les odieuses calomnies dont les royalistes l'ont poursuivi, mort et vivant, devraient préserver sa mémoire de toute irrévérence républicaine ; et il se trouve ainsi que de braves cœurs, de bons et libres esprits, sur la foi de la légende catholico-révolutionnaire consacrée par feu Buchez, béatifient le faux philosophe qui voulut couronner le mouvement encyclopédique par l'établissement d'une religion d'Etat, le pontife qui mit au service de ses idées la calomnie, l'assassinat, tout le système d'hypocrisie sanguinaire qui est le propre des gouvernements théocratiques.

Cette erreur, si répandue encore, s'explique moins par l'influence de gros et érudits livres apologétiques

que par l'ignorance où sont la plupart des Français
sur leur histoire nationale en général et, en particulier, sur la Révolution, — qu'un électeur instruit
devrait pourtant connaître jusque dans le détail,
puisque c'est là le point de départ d'une évolution
politique dont le mouvement nous emporte encore
et inspire toute notre démocratie. Mais il ne faut pas
se représenter sur le même plan, comme le fait
l'imagerie populaire, tous les illustres de 1793, et
leur attribuer un même dessein philosophique, une
même volonté d'affranchir l'esprit humain par la
science, c'est-à-dire de faire la République que nous
voulons aujourd'hui. A mon avis, Marat, avec ses
rêves de dictature césarienne, Robespierre, avec sa
religion d'Etat, furent des champions du passé, des
réactionnaires autrement funestes à notre cause que
les talons rouges de Coblentz et les hussards de Mira-
beau-Tonneau. Je crois l'avoir démontré souvent,
sans nier ce qu'il y eut de vraiment supérieur dans la
nature si originale de celui qui voulut imposer une
formule religieuse aux contemporains de Voltaire. On
me dit : Pardonnez-lui ce crime philosophique, lais-
sez en paix ce doux et inoffensif rêveur. Inoffensif ? Je
maintiens que Robespierre assassina traîtreusement,
et sans circonstances atténuantes, avec la plus froide
préméditation, l'homme qui soutenait une politique
laïque et française par opposition à un système presque
théocratique, son frère d'armes, son camarade magnanime, le bon et le grand Danton, dont on peut
critiquer la tenue, l'entourage cynique, la négligence,

mais à qui sa généreuse sympathie aurait dû faire pardonner la supériorité de son esprit et de ses vues.

I

Précisons, pour l'édification des apologistes *quand même*, les preuves de la culpabilité de Robespierre, considéré comme assassin de Danton.

On allègue d'abord que Robespierre défendit son rival aux Jacobins (13 frimaire an II). Oui, mais comment le défendit-il ? Coupé (de l'Oise) avait accusé Danton de modérantisme. Danton répondit avec feu, dans un long discours dont le *Moniteur* ne donne que la première partie et dont il résume la seconde en ces termes insignifiants : « L'orateur, après plusieurs morceaux véhéments prononcés avec une abondance qui n'a pas permis d'en recueillir tous les traits, termine par demander qu'il soit nommé une commission de douze membres, chargée d'examiner les accusations dirigées contre lui, afin qu'il puisse y répondre en présence du peuple. »

Robespierre profita de cette attitude d'accusé, maladroitement prise par le tribun, pour l'accabler de sa bienveillance hautaine, pour le diminuer par de perfides concessions à ses accusateurs. Sans doute, il déclara que Danton était un patriote calomnié, et Danton, absous, fut embrassé par le président du club. Mais l'Incorruptible avait, comme en passant, établi deux griefs, alors formidables, contre son rival : « La

Convention, dit-il, sait que j'étais divisé d'opinion avec Danton ; que, dans le temps des trahisons de Dumouriez, mes soupçons avaient devancé les siens. Je lui reprochai alors de n'être plus irrité contre ce monstre. Je lui reprochai de n'avoir pas poursuivi Brissot et ses complices avec assez de rapidité, et je jure que ce sont là les seuls reproches que je lui aie faits... » Les seuls reproches ! Mais voilà Danton suspect d'indulgence pour Dumouriez et pour les Girondins. N'était-ce pas le marquer d'avance pour le tribunal révolutionnaire ? « Je me trompe peut-être sur Danton, ajoutait Robespierre ; mais, vu dans sa famille, il ne mérite que des éloges. Sous les rapports politiques, je l'ai observé : une différence d'opinion entre lui et moi me le faisait épier avec soin, quelquefois avec colère, et, s'il n'a pas toujours été de mon avis, conclurai-je qu'il trahissait sa patrie ? Non ; je la lui ai toujours vu servir avec zèle. » *Une différence d'opinion !* Mais pour Robespierre il n'y avait, en dehors de l'orthodoxie politique et religieuse, qu'erreur, vice et mensonge. — Ainsi, sous prétexte de disculper Danton de modérantisme, le Pontife avait attesté, signalé l'indulgence et l'aveuglement de l'homme du 10 août. Au sortir de cette séance fameuse, chacun pouvait se dire : Oui, Robespierre, le généreux Robespierre a sauvé Danton ; mais Danton est suspect, Danton pense mal en politique (1).

(1) Legendre dira, le 3 germinal an III : « Lorsque Camille, Danton, furent attaqués aux Jacobins, Robespierre les défendit, mais c'était pour être plus sûr de les perdre ensuite. » — Il faut recon-

Robespierre ne perdit aucune occasion d'ôter à son rival sa popularité en le présentant comme un indulgent, dupe ou complice de la réaction. On sait qu'il avait vu les premiers numéros du *Vieux Cordelier* et encouragé Camille dans son appel à la clémence : voulait-il perdre ainsi et Camille et Danton ? L'embarras qu'il montra, quand ce fait lui fut rappelé à la tribune, semble autoriser les suppositions les plus défavorables. Il est incontestable qu'en cette occasion il fut aussi déloyal que cruel envers Camille. Je vois aussi qu'il tendait fréquemment des pièges à la bonne foi de Danton. On connaît l'affaire des soixante-treize Girondins désignés par Amar, officiellement sauvés par Robespierre, troupeau tour à tour rassuré et tremblant, future majorité robespierriste pour le jour où le dictateur arrêterait la Révolution et fixerait son pouvoir personnel. Après thermidor, Clauzel rappelait un jour ce fait à la tribune. Alors, le bon Legendre voulut ôter à l'assassin de Danton le bénéfice de cette clémence, si intéressée qu'elle fût. « Je vais vous dire, s'écria-t-il (3 germinal an III), ce qui arriva dans un dîner où je me trouvais avec Robespierre et Danton. Le premier lui dit que la République ne pourrait s'établir que sur les cadavres des soixante-treize ; Danton répondit qu'il s'opposerait à leur supplice. Robespierre lui répondit qu'il voyait bien qu'il était le chef de la faction des Indulgents ».

naître que le *Vieux Cordelier* (n° 1) remercie Robespierre avec effusion. Qu'en conclure ? Que Danton et Camille voulaient la concorde.

Legendre n'avait pas compris l'hypocrisie de Robespierre, qui ne tendait qu'à constater une fois de plus l'indulgence de Danton. Mais celui-ci avait vu très clair dans le jeu de son adversaire : il se sentait miné et menacé par lui. Peu de jours avant son arrestation, un de ces Girondins inquiets le consulta sur ce qu'il avait à craindre ou à espérer. « Danton, dit Bailleul, lui prit d'une main le haut de la tête, de l'autre le menton, et, faisant jouer la tête sur son pivot: *Sois tranquille,* dit-il avec cette voix qu'on lui connaissait, *ta tête est plus assurée sur tes épaules que la mienne* (1). » L'insouciance du tribun, son refus de fuir n'était donc pas de l'ignorance, mais un manque de perspicacité. Il devinait les mauvais desseins de Robespierre ; mais il ne croyait pas le péril si proche, et il comptait, pour sauver sa tête, sur sa propre éloquence, sur sa popularité.

On a fait grand bruit du mot naïf de Billaud-Varenne, au 9 thermidor : « La première fois, dit-il, que je dénonçai Danton au Comité, Robespierre se leva comme un furieux, en disant qu'il voyait mes intentions, que je voulais perdre les meilleurs patriotes.» Indignation de commande ! l'occasion n'était pas mûre encore : pour perdre Danton, il fallait d'abord détruire les Hébertistes, ses alliés possibles en cas de danger commun. Hébert une fois guillotiné, Robespierre *consentit à abandonner Danton* ; il céda aux objurgations patriotiques de Saint-Just et

______

(1) Bailleul, *Almanach des bizarreries humaines,* éd. de 1889. p. 24.

sacrifia l'amitié à la Patrie, à en croire Louis Blanc, qui s'écrie tout ému : « Ah ! quel trouble ne dut pas être le sien en ces moments funestes ! » Oui, je le crois, Robespierre au Comité se fit prier pour accepter la tête de son rival. Oui, Billaud, Saint-Just le gourmandèrent ; je vois, j'entends cette scène shakspearienne : Iago refusant ce qu'il brûle d'obtenir. Et, certes les larmes de ce faux Brutus nous duperaient encore, nous croirions aux angoisses de son cœur, quand il vit Danton destiné à l'échafaud, si nous n'avions pas la preuve écrite que lui-même fournit à la calomnie les armes dont elle frappa les accusés de germinal. On a retrouvé et publié en 1841 les notes secrètes qu'il fournit à Saint-Just (1), comme une *matière* pour composer son terrible rapport. Là s'étale et siffle toute sa haine contre celui qu'il avait feint de défendre aux Jacobins. Là il ment avec joie contre son frère d'armes ; et ses mensonges sont aussi odieux que ridicules, soit qu'il accuse Danton d'avoir trahi et vendu la Révolution, soit qu'il lui reproche d'avoir voulu se cacher au 10 août. C'est sur ce texte même, orné et mis au point par Saint-Just, que fut condamné celui qui, la veille encore, tendait fraternellement la main à Robespierre (2).

(1) *Projet, rédigé par Robespierre, du rapport fait à la Convention nationale par Saint-Just contre Fabre d'Églantine, Danton, Philippeaux, Lacroix et Camille Desmoulins.* Paris, France, 1841, in-8.

(2) Discours de Billaud du 12 fructidor an II : « La veille où (*sic*) Robespierre consentit à l'abandonner, ils avaient été ensemble à une campagne, à quatre lieues de Paris, et étaient revenus dans la même voiture. » C'est peut-être à cette campagne qu'eut lieu le di-

Que deviennent, en présence de ce document, les allégations de Charlotte Robespierre? Elle dit, dans ses mémoires, que son frère voulait sauver Danton. Et quelle preuve donne-t-elle? Qu'en apprenant l'arrestation de Desmoulins, Robespierre se rendit à sa prison pour le supplier de revenir aux principes. Pourquoi Camille ne voulut-il pas voir son ami? Celui-ci dut, à son grand regret, l'abandonner à son sort. Mais il avait voulu le sauver. Or Camille et Danton étaient trop liés pour qu'on pût sauver l'un sans sauver l'autre.

Voilà le raisonnement de Charlotte Robespierre; elle ne peut croire que son frère n'ait pas voulu sauver un ami de collège, un fidèle camarade, avec qui il vivait familièrement, faisant sauter le petit Horace Desmoulins sur ses genoux. Qu'eût-elle dit si elle avait pu lire dans les Notes secrètes cette impitoyable critique du pauvre Camille et surtout les lignes où Robespierre, sur une plaisanterie cynique de Danton, prête à l'auteur du *Vieux Cordelier* des mœurs infâmes? Sur Camille comme sur Danton, il n'y a rien, dans le rapport de Saint-Just, qui n'ait été soufflé par Robespierre.

II

Que répondent à cela les apologistes de l'Incorruptible? Ecoutez Louis Blanc: « Le jour où Robes-

ner dont parlent Villain-Daubigny et Prudhomme, et où Robespierre serait resté sourd à la voix fraternelle de Danton.

pierre *consentit à abandonner Danton*, il se trouva contracter, avec le démon des discordes civiles, qu'il s'en rendît compte ou non, l'engagement affreux de prouver aux autres et de se prouver à lui-même que Danton méritait la mort. Car, comment le poursuivre ? Que dis-je ? Comment s'absoudre de n'avoir pas persisté à le défendre, si on ne le montrait pas coupable ? *Laisser faire les fureurs de Saint-Just, c'était se condamner à l'humiliation de les servir*. De là les notes accusatrices que Robespierre dut rédiger pour l'usage de son implacable ami… » Ainsi, aux yeux de Louis Blanc, c'était *un devoir* pour Robespierre de calomnier Danton. Du moment où il l'avait abandonné, et Louis Blanc a montré qu'il ne pouvait pas ne pas l'abandonner, il devait le tuer lui-même par une dénonciation mensongère et clandestine. Et Louis Blanc se lamente sur les ennuis que dut éprouver, à cette occasion, la conscience de Robespierre. C'est ainsi que son goût pour la rhétorique a fait tomber, au moins une fois, cet honnête historien dans les plus répugnants sophismes. M. Hamel justifie Robespierre d'une manière un peu différente. Il se réjouit d'abord de ce que, dans son *Projet de rapport sur la faction Fabre d'Eglantine*, Robespierre est modéré à l'égard de Danton, qu'il représente égaré et endormi par Fabre. Mais Danton était-il alors en cause ? N'était-ce pas le compromettre gravement que de le représenter dès ce moment-là sous l'influence absolue du prétendu agioteur ? Quant aux Notes secrètes, M. Hamel n'y veut voir aucune calomnie, et il s'appuie, pour décrier Danton, sur les faits mêmes allégués dans ces notes. Mais sur quoi juge-t-il ces allégations croyables? C'est, dit-il, *qu'il me paraît impossible de révoquer en doute la véracité de Robespierre.* Pourquoi? Parce qu'il *ne connut jamais l'art de déguiser sa pensée.* Pourtant ne la déguisait-il pas, aux Jacobins, le jour où il attestait le patriotisme de Danton, lui qui écrira, dans les susdites notes : « La réputation de civisme qu'on a faite à Danton était l'ouvrage de l'intrigue, et il n'y a pas une mesure liberticide qu'il n'ait proposée ? » Mais M. Hamel n'a que de la pitié pour les angoisses que dut souffrir son grand homme le jour où il se décida à fournir le couteau pour tuer Danton. « Alors, dit l'apologiste, il oublia tous les services passés pour ne plus se souvenir que des fautes. » Subit-il en cela la pression de Saint-Just? Non, mais celle de Billaud et autres violents. Saint-Just, dit M. Hamel, se borna à revêtir de son style les notes fournies par Robespierre. Car ce ne sont que des *notes*, et non, comme on les intitule, *un projet de rapport.* Comment a-t-on pu voir un projet de rapport, s'écrie M. Hamel, dans ce « simple recueil de souvenirs rédigés à la hâte ? » En effet, Robespierre ne projeta point de rapport : il *recueillit* des calomnies, il resta anonyme et secret, il se cacha derrière Saint-Just, dont il dirigea le bras. Sa duplicité, n'en déplaise à M. Hamel, fut odieuse. (Hamel, *Histoire de Robespierre,* III, 461, 463, 465, 479, 480.)

Danton, avons-nous dit, comptait sur son éloquence

pour sauver sa tête. Il eût suffi en effet qu'il fût libre de parler, soit à la barre de la Convention, soit au tribunal révolutionnaire, pour que son procès se terminât par un triomphe, comme celui de Marat. Mais il ne s'agissait pas de juger Danton. *Nous voulons*, avait dit Vadier, *vider ce turbot farci.* Il fallait d'abord le bâillonner, ce qu'on ne pouvait faire sans l'aveu de Robespierre. Si celui-ci, le 11 germinal, avait appuyé Legendre qui demandait que Danton fût entendu, Danton était sauvé. Que dis-je? Si Robespierre se fût tu sur la motion de Legendre, Danton obtenait audience. Il y eut un instant de trouble et de révolte dans l'Assemblée à l'idée de livrer l'homme du 10 août sans l'avoir entendu. C'est alors que l'Incorruptible prononça cet infernal discours où il mit toutes ses colères, toute sa haine fraternelle, une énergie farouche, une éloquence terrible.

Mais je n'en veux retenir que ce passage, où Robespierre revendique allègrement pour lui toute la responsabilité du meurtre de Danton

« Et à moi aussi, dit-il, on a voulu inspirer des terreurs ; on a voulu me faire croire qu'en approchant de Danton, le danger pourrait arriver jusqu'à moi; on me l'a présenté comme un homme auquel je devais m'accoler, comme un bouclier qui pourrait me défendre, comme un rempart qui, une fois renversé, me laisserait exposé aux traits de nos ennemis. On m'a écrit, les amis de Danton m'ont fait parvenir des lettres, m'ont obsédé de leurs discours. Ils ont cru que le souvenir d'une ancienne liaison, qu'une foi antique dans de fausses vertus, me détermineraient à ralentir mon zèle et ma passion pour la liberté. Eh bien ! je déclare qu'aucun de ces motifs n'a effleuré mon âme de la plus légère impression (1). »

Ainsi, Robespierre, qu'on représente abandonnant Danton à regret, avoue à la tribune ne l'avoir destiné à l'échafaud que malgré la supplication générale des patriotes. — Que **répondent les apologistes** ?

III

Voici une seconde circonstance où Robespierrre aurait pu, s'il l'avait voulu, empêcher que le jugement de Danton ne fût un assassinat. On sait que l'accusé réclamait l'audition de seize témoins à décharge. D'après Villain-Daubigny, Fouquier-Tinville lui-même aurait adressé au Comité de salut public d'inutiles instances pour que ce vœu fût exaucé (*Catalogue Charavay*, 1862, p. 233). Ce qui est sûr, c'est que, dans sa lettre à la Convention, Fouquier déclara que l'ordre judiciaire ne lui fournissait aucun moyen de motiver ce refus sans un décret (Robinet, *Procès des Dantonistes*, p. 178). Si Robespierre, un légiste pourtant, eût dit un mot, la demande si juste de Danton était accordée. On sait par quelle indigne équivoque Saint-Just et Billaud obtinrent de la Conven-

(1) *Moniteur*, XX, 96.

tion un décret qui mettait hors des débats « tout prévenu de conspiration qui résisterait ou insulterait à
la justice nationale », quand la rebellion prétendue de
Danton et de ses amis avait consisté à réclamer des
témoins. On sait aussi comment la pseudo-conspira-
tion des prisons éclata juste à temps pour impres-
sionner les esprits, encore neufs à ces manœuvres
policières. Robespierre ne prit la parole dans ce débat
que pour faire envoyer sur-le-champ au tribunal des
documents relatifs à la conspiration et le rapport de
Saint-Just, c'est-à-dire pour hâter le meurtre de Danton. Je me trompe : la femme de Philippeaux voulait
paraître à la barre. Il lui fit refuser *cette faveur*. Mais
les apologistes de Robespierre ne veulent pas qu'on
lui reproche ce refus : c'était, disent-ils, pure délicatesse de sa part; il voulait éviter à la pauvre femme
d'être écrasée sous les preuves de la culpabilité de
son mari. Or, ces preuves, on les attend encore, et,
s'il y eut un honnête homme dans la Révolution, ce
fut Philippeaux.

Enfin, à ceux qui prétendent que Robespierre laissa
faire le tribunal, opposons ce billet à Dumas, écrit de
sa main, signé de lui seul, et daté du 12 germinal :
« Le Comité de salut public invite le citoyen Dumas,
vice-président du tribunal criminel, à se rendre au
lieu de ses séances demain à midi. » C'est donc Robespierre qui prit l'initiative d'établir un concert entre
le Comité de salut public et les juges de Danton.

Ainsi on peut dire que, par ses démarches secrètes
ou publiques, par sa parole, par son silence, le futur

pontife de l'Être suprême lia lui-même Danton sur la planche de la guillotine.— Je me refuse à personnifier la Révolution française dans ce pieux calomniateur et dans ce mystique assassin (1).

28 septembre 1885.

(1) Si je diffère d'opinion avec M. Hamel au sujet du caractère de Robespierre, ce n'est pas que je ne fasse le plus grand cas de son livre, dont l'érudition solide et originale a rendu les plus grands services à nos études.

XIV

ROBESPIERRE ET LE GENDARME MÉDA

On sait que, quand Robespierre fut amené captif à
la Convention, dans la nuit du 9 au 10 thermidor, il
était gravement blessé à la tête ; il avait la mâchoire
fracassée. Etait-ce là une tentative de suicide ou une
tentative d'assassinat ? On a cru quelque temps au
suicide ; aujourd'hui, on n'y croit plus, et tout le
monde écrit (je crois bien l'avoir écrit moi-même),
comme une chose certaine, que la blessure de Robespierre provenait d'un coup de pistolet tiré sur lui
par le gendarme Méda. Je dois avouer, cependant,
qu'en consultant les textes de plus près, je ne sais
plus trop que penser et que croire, et, en vérité, la
question n'est pas si clairement tranchée qu'il le
semblait d'abord. Cette question, je le veux bien, n'a
pas une grande importance historique, et, qu'il y ait
eu suicide ou meurtre, nôtre opinion sur la révolution de Thermidor et sur Robespierre lui-même n'en
sera pas sensiblement modifiée. Mais il est intéressant de montrer, à propos d'un fait célèbre et d'un
homme remarquable, à quelles difficultés se heurte
la critique quand elle procède d'un scepticisme de

bon aloi, et quand elle veut faire la lumière sans arrière-pensée d'apologie ou de dénigrement.

I

Rappelons les faits essentiels.

Dans la nuit du 9 au 10 thermidor, les troupes de la Convention, commandées par Barras et Léonard Bourdon, marchent sur l'hôtel de ville en deux colonnes, par la rue Saint-Honoré et par le quai. Le décret de mise hors la loi court les rues, décourage et dissipe les partisans de Robespierre. Celui-ci, à la maison commune, hésite, pérore, refuse d'agir et cherche en vain une formule légale pour l'insurrection. Les sections se rallient tour à tour à la Convention, et les canonniers venus sur la place de l'Hôtel de Ville pour défendre Robespierre s'en vont un à un, soit sur l'ordre des Comités révolutionnaires, soit de leur plein gré. A minuit, une pluie torrentielle fait le vide sur la place (1), et quand, vers deux heures du matin, les colonnes conventionnelles y débouchent, elles la trouvent à peu près déserte.

La nouvelle de cette désertion avait ému, comme on peut le croire, et surexcité les chefs de l'insurrection réunis à l'hôtel de ville, et leur Comité d'exécu-

____

(1) On a parlé du *soleil de thermidor*. Voici le bulletin du temps qu'il fit dans la journée du 9 thermidor an II, d'après le journal l'*Abréviateur universel*, numéro du 11 : « Température : à midi 18,7. Temps couvert toute la journée. »

tion tenta un suprême effort auprès de Robespierre.
On le pressa d'agir enfin, de faire acte d'insurgé. Le-
rebours rédigea un appel à la section même où habi-
tait Robespierre, à la section des Piques ; il le signa ;
Legrand, Louvet et Payan signèrent aussi. On passe
la plume à Robespierre. Son frère, Saint-Just, tous
les assistants le supplient de signer. Il objecte : « Au
nom de qui? Au nom de quoi ? » Enfin, le voilà vaincu :
il trace les deux premières lettres de son nom. Mais
la plume lui tombe des mains, soit qu'il répugne déci-
dément à cet acte illégal, soit que l'entrée brusque des
vainqueurs et un coup de pistolet l'aient mis hors d'état
de continuer. Toujours est-il que la pièce existe : elle
a fait partie de la collection Saint-Albin, où des historiens dignes de foi l'ont vue, toute tachée de sang.

Cette signature inachevée, ces taches de sang sont-
elles une preuve claire et décisive que Robespierre
ait été assassiné ? Assurément non. Une si émouvante relique nous rappelle seulement qu'il y a eu
un drame terrible, mais n'en retrace pas les péri-
péties. Tout ce qu'on sait, c'est qu'au moment de
l'entrée des vainqueurs à l'hôtel de ville, un coup de
pistolet retentit et que Robespierre fut trouvé baigné
dans son sang.

De tous les récits de ces incidents, le plus vraisemblable est, à mon avis, le récit qui fut fait à la Convention, le 16 thermidor, par l'orateur d'une députation de la section des Gravilliers. Voici ce que dit ce
témoin oculaire, et je ne crois pas qu'aucun historien ait rapporté ses paroles :

« Toutes les issues de la maison commune furent occupées. Au profond silence qui avait accompagné toutes ces dispositions succède bientôt le cri unanime de tous les bons citoyens : *Vive la Convention nationale!* Ces cris, qui retentirent dans toutes les salles de la maison commune, avertirent les conspirateurs qu'ils étaient seuls avec leurs crimes.

« Les représentants du peuple, à la tête de cinquante fusiliers, montent à la maison commune. Au même moment, un citoyen qui marchait à côté de Léonard Bourdon, tombe sous le poids du corps de Robespierre le jeune, qui s'était précipité par la fenêtre. Ce citoyen s'appelle Claude Chabru.

« Nous traversons la grande salle, d'où les conspirateurs avaient fui. En entrant dans celle du secrétariat, Robespierre l'aîné se donne un coup de pistolet dans la bouche et en reçoit en même temps un d'un gendarme... Le tyran tombe, baigné dans son sang. Un sans-culotte s'approche de lui et lui dit avec sang-froid ces paroles : *Il est un Être suprême!* (1) »

Il y a aussi un récit des employés au secrétariat de la Commune, qu'ils imprimèrent dans le *Journal de Perlet* du 24 thermidor an II. Après avoir raconté comment la proclamation de la Convention fut lue et commentée par le maire à l'hôtel de ville, ils ajoutent :

« Il se faisait alors un instant de calme, mais qui est bientôt troublé par un coup de pistolet qui part

(1) *Moniteur*, XXI, 385.

du couloir, entre la salle du Conseil et celle du Corps municipal. Le maire quitte alors le fauteuil, court vers l'endroit d'où est parti le coup ; il revient aussitôt pâle et tremblant, et l'on entend crier de toutes parts : *Robespierre s'est brûlé la cervelle !*

Il résulterait de ces deux récits qu'au moment de la prise de l'hôtel de ville, Robespierre était passé de la salle du Conseil dans une autre salle, et que c'est dans le passage entre ces deux salles que fut tiré le coup de pistolet, soit par Robespierre lui-même, soit par Méda, soit par tous deux à la fois.

La déposition ridicule du concierge Michel Bochard ne donne pas grande lumière. Il raconte qu'en entrant dans la salle de l'Égalité, sur les deux heures du matin, il a vu Le Bas étendu par terre : « Et de suite, dit-il, Robespierre l'aîné s'est tiré un coup de pistolet, dont la balle, en le manquant, a passé à trois lignes de moi. J'ai failli en être tué, puisque Robespierre a tombé sur moi en quittant la salle de l'Égalité au passage. »

Enfin Dulac, employé au Comité de salut public, fit cette déposition, mais un an plus tard : « Je le trouvai étendu près d'une table, ayant un coup de pistolet qui lui prenait à environ un pouce et demi sous la lèvre inférieure et lui sortait sous la pommette de la joue gauche. Il faut que vous observiez, pour l'honneur de la vérité, que c'est moi qui l'ai vu le premier, et qu'il n'est donc pas vrai que le gendarme qui a été présenté à la Convention par Léonard Bourdon lui ait brûlé la cervelle, comme il est venu s'en vanter, ainsi qu'à Couthon, qui n'en avait pas même reçu (*sic*) : il était nécessaire de relever cela. »

II

L'opinion commune des contemporains était, on le voit, que Robespierre avait tenté de se tuer lui-même. Barère le dit à la tribune dans la séance du 10 thermidor au matin (1). Je veux bien que Barère soit le menteur officiel par excellence ; mais je ne vois guère qu'il ait alors été contredit par personne. Un écrivain qui avait recueilli la tradition orale, Léonard Gallois, a écrit dans son *Histoire de la Convention nationale* : « L'opinion de tous les anciens amis de Robespierre, de ses sœurs et de ses contemporains, est qu'il s'est tiré lui-même le coup de pistolet qui lui a fracassé la mâchoire. Sa blessure, d'ailleurs, indiquait assez qu'il s'était mis le bout du canon dans la bouche. S'il fallait une autre preuve, je ferais remarquer que, que pendant qu'il gisait étendu sur la table du Comité de salut public il ne cessa d'essuyer avec une *gaine de pistolet* le sang qui coulait de sa blessure. » Ce dernier détail est aussi important qu'incontesté. N'était-ce pas la gaine du pistolet dont Robespierre s'était servi contre lui-même ?

Les incidents dont les contemporains nous ont gardé le souvenir ne sont donc pas de nature, il

______
(1) « Robespierre aîné s'est blessé... » (*Moniteur*, XXI, 317).

faut l'avouer, à écarter l'hypothèse du suicide.

Et le gendarme Méda ? Quel fut, au juste, son rôle dans cette affaire ?

Nous ne le saurons jamais avec certitude, mais nous pouvons dire comment les contemporains présentèrent sa conduite et comment il la présenta lui-même.

Le 10 thermidor, Léonard Bourdon entra dans la Convention au milieu des applaudissements ; il était accompagné d'un gendarme qu'il fit monter dans la tribune avec lui : « Le brave gendarme que vous voyez, dit-il, ne m'a pas quitté. Il a tué deux des conspirateurs. (*Lesquels ?...*) Nous avons trouvé Robespierre aîné armé d'un couteau que ce brave gendarme lui a arraché. Il a aussi frappé Couthon, qui était aussi armé d'un couteau. » Il ajouta que Méda disait après : « Je n'aime pas le sang ; j'aurais désiré n'avoir à faire couler que celui des Prussiens ; mais je ne regrette pas celui que je viens de répandre : c'était celui des traîtres (1). »

Le président donna l'accolade au gendarme, proclama son nom, et la Convention chargea le Comité de salut public de le proposer pour un avancement.

Remarquez que Léonard Bourdon ne dit nullement que le coup de pistolet tiré par Méda eût atteint Robespierre. Quelques personnes le crurent sans doute, et il est visible que Méda s'en glorifia, surtout quand le dépit de n'être nommé que sous-lieutenant trans-

---

(1) *Procès-verbal de la Convention*, XLII, 214.

figura peut-être dans son imagination le rôle qu'il avait joué.

Et qui était ce Méda ?

Il s'appelait, — ou à peu près, — André-Charles Méda (1). Il était né à Paris le 10 janvier 1770. Il avait donc alors vingt-quatre ans, et non dix-neuf, comme on l'imprime partout.

Voici ses états de service, qui m'ont été communiqués au ministère de la guerre :

Entré dans la garde nationale soldée de Paris, le 13 septembre 1789.

Incorporé au 103e d'infanterie, le... janvier 1792.

Gendarme de la 29e division militaire, en octobre 1792.

Sous-lieutenant au 5e régiment de chasseurs par décret de la Convention, le 27 thermidor an II (2), pour sa conduite à l'attaque de la maison commune dans la journée du 9.

Capitaine, le 25 germinal an VI, et mis à la suite du 12e régiment de chasseurs.

(1) Il s'appelait réellement *Merda*, comme l'attestent, dans la collection de M. Étienne Charavay, diverses signatures émanées de membres de sa famille. Un de ses compagnons d'armes, le commandant Victor Dupuy, dit dans ses *Souvenirs* inédits, que, sous l'Empire, « il se pourvut devant le Conseil d'État pour faire un changement à son nom ». (Il y a, à la Bibliothèque municipale de Cognac, une copie de ces *Souvenirs* inédits de Dupuy, dont M. Fragonard, avocat, a bien voulu extraire pour moi ce qui concerne Méda.) — Depuis que ces lignes ont été écrites, ces *Souvenirs* ont été publiés par M. le général Thoumas.

(2) Il y a ici une légère erreur de date : on verra plus loin que c'est le 25 thermidor que la Convention nomma Méda sous-lieutenant.

Capitaine adjoint à l'état-major général de l'armée du Rhin, le 1ᵉʳ fructidor an VIII.

Chef d'escadron adjoint à l'état-major, le 27 germinal an IX.

Passé au 7ᵉ régiment de chasseurs, le 19 vendémiaire an IX.

Colonel du 1ᵉʳ régiment de chasseurs le 14 mai 1807.

Mort, le 8 septembre 1812, des suites de blessures reçues à la bataille de la Moscowa, le 7.

Campagnes · Ans II III, armée du Nord ; ans IV, V VI, armée de Sambre-et-Meuse ; ans VIII et IX, armée du Rhin ; an IX, armée d'Italie ; 1805, 1806, 1807, Grande Armée ; 1809, Allemagne ; 1812, Russie.

Blessures : Blessé de plusieurs coups de sabre dans une affaire en avant de Bâle, le 3 ventôse an VIII.

Décorations : Chevalier de la Légion d'honneur, le 25 prairial an XII ; officier, le 10 mai 1807.

On a dit qu'il avait le grade de général au moment de sa mort : on voit qu'il n'en est rien. On lui a aussi donné le titre de baron de l'Empire ; mais vous cher_ cherez vainement son brevet dans les lettres patentes dont M. Campardon a publié la liste. Il ne devint donc, selon toute vraisemblance, ni baron (1) ni général, mais il arriva, en se vantant d'avoir assassiné Robespierre, au grade de colonel, ce qui, semble-t-il, suffisait amplement à son mérite.

____

(1) Disons cependant que, dans ses *Souvenirs* cités plus haut, Victor Dupuy déclare qu'il « l'a connu très particulièrement sous le nom du baron de Méda.

Ce n'était cependant pas un illettré : M. Étienne Charavay possède quelques lettres de sa main qui dénotent une certaine culture. Mais c'était un hâbleur comme peut-être on n'en vit jamais. Quand, en l'an X, il rédigea une longue pétition au ministre de la guerre (1), il prétendit que le Comité de salut public l'avait, au 9 thermidor, nommé commandant en chef de la force armée, et cela sur la proposition de Carnot. Cette bourde stupéfiante en dit long sur le véritable caractère de l'assassin présumé de Robespierre.

C'est seulement quinze jours plus tard, dans la séance du 25 thermidor, que l'acte de Méda fut officiellement avoué. Ce jour-là, en effet, la Convention nomma à la sous-lieutenance du 5ᵉ régiment de chasseurs Charles-André Méda, gendarme de l'escadron des hommes du 14 juillet. « Lors de l'expédition de la Commune, dans la nuit du 9 au 10 thermidor, il est le premier qui ait fait feu sur les traîtres Couthon et Robespierre ». On sait que Couthon ne reçut aucune blessure d'arme à feu : Méda avait-il été plus adroit quand il tira sur Robespierre ? Le décret de la Convention ne le dit pas.

Quatre ans plus tard, le *Moniteur* du 27 germinal an VI annonça en ces termes la nomination de Méda au grade de capitaine :

(1) C'est cette pétition qui a été imprimée dans la *Collection des mémoires relatifs à la Révolution française,* sous le titre de : *Précis historique inédit des événements du 9 thermidor an II,* par C.-A. Méda.

« Le Directoire vient de prendre des mesures pour récompenser et avancer le citoyen Méda, officier dans les chasseurs, républicain prononcé, qui, le 9 thermidor an II, a arrêté Robespierre. »

Il n'y a là aucune preuve que le coup de pistolet de Méda, s'il le tira vraiment, ait atteint le pontife de de l'Être suprême. Quant au décret rendu dans la nuit du 9 au 10 thermidor, et qui accorde un pistolet à Méda, il est ainsi conçu :

« La Convention nationale décrète qu'un pistolet trouvé à la maison commune et déposé sur le bureau sera remis au brave Méda. »

Que prouve ce décret? Que Méda réclama son pistolet d'ordonnance perdu dans la bagarre? C'est possible. Qu'on lui fit cadeau, pour l'honorer, du pistolet même de Robespierre trouvé à l'hôtel de ville? Je le veux bien. Mais en quoi ce cadeau démontre-t-il que Méda ait réellement blessé Robespierre?

C'est en vain qu'il essaya, à plusieurs reprises, de se faire donner une attestation d'assassinat vraiment perpétré. Celle qu'il arracha à Tallien en l'an V, et que rapporte Louis Blanc, indique seulement que Méda avait participé à l'arrestation de Robespierre.

En croirons-nous davantage son propre récit? Le voici.

Il raconte qu'arrivé à la porte du secrétariat, il frappa longtemps, finit par se faire ouvrir, et aperçut dans la salle une cinquantaine d'hommes :

« Je reconnais au milieu d'eux Robespierre aîné; il était assis dans un fauteuil, ayant le coude gauche sur les genoux et la tête appuyée sur la main gauche. Je saute sur lui, et, lui présentant la pointe de mon sabre au cœur, je lui dis : « Rends-toi, traître ! » Il relève la tête et me dit : « C'est toi qui es un traître, et je vais te faire fusiller ! » A ces mots, je prends de la main gauche un de mes pistolets, et, faisant un à-droite, je le tire. Je croyais le frapper à la poitrine, mais la balle le prend au menton et lui casse la mâchoire gauche inférieure. Il tombe de son fauteuil. »

III

Tel est le récit de Méda. Cet imposteur avéré, ce grossier farceur de corps de garde a cependant trouvé crédit auprès d'historiens sérieux et loyaux, et presque tout le monde croit qu'il a vraiment assassiné Robespiere. Je me hâte d'ajouter que personne ne se fonde uniquement, pour affirmer cela, sur la parole de Méda, mais sur le rapport des médecins chargés d'examiner l'état de Robespierre, et où on voit une preuve certaine qu'il y eut assassinat et non pas suicide.

Voici ce rapport, qui est intitulé : *Rapport des officiers de santé sur les pansements des blessures de Robespierre aîné et son transport à la Conciergerie* :

« Nous soussignés, officier de première classe des armées de la République, et chirurgien-major des grenadiers servant pour la Convention, ayant été requis ce matin à cinq heures, par les représentants

du peuple composant le Comité de sûreté générale,
de panser la blessure du scélérat Robespierre l'aîné,
avons trouvé le susnommé étendu sur une table,
dans une des salles du palais des Tuileries. Il était
tout couvert de sang, tranquille en apparence, ne
témoignait pas éprouver beaucoup de douleur. Le
pouls se faisait sentir petit et concentré. Après avoir
lavé la figure du blessé, nous avons aperçu d'abord
un gonflement à toute la face, plus considérable
à gauche (le côté blessé) ; il y avait aussi érosion à la
peau et ecchymose à l'œil du même côté. Le coup
de pistolet avait porté au niveau de la bouche, à un
pouce de la commissure des lèvres. Comme sa direction était oblique de dehors en dedans, de gauche à
droite, de haut en bas, et que la plaie pénétrait dans
la bouche, elle intéressait extérieurement la peau, le
tissu cellulaire, les muscles triangulaire, buccina-
teur, etc. En introduisant le doigt dans la bouche,
nous avons trouvé fracture avec esquilles à l'angle
de la mâchoire inférieure, et nous avons retiré les
dents canine, première molaire, et quelques portions
d'os de cet angle ; mais il nous a été impossible de
suivre le trajet du plomb, et nous n'avons trouvé ni
contre-ouverture ni indice de la balle. Nous sommes
même fondés à croire, par la petitesse de la plaie,
que le pistolet n'était chargé qu'à plomb. Pendant
tout le temps de son pansement, le monstre n'a pas
cessé de nous fixer sans proférer un mot. L'appa-
reil appliqué, nous l'avons couché sur la même table
et en parfaite connaissance.

« Paris, ce décadi 10 thermidor, l'an II de la République française, une et indivisible.

« *Signé* : VERGEZ fils, officier de santé de première classe ; MARRIGUES. »

On pense bien que je me suis senti incapable de critiquer les assertions de cet officier de santé de première classe et de ce chirurgien-major ; mais elles ne m'ont pas paru claires ; j'ai cru y apercevoir des contradictions, et, fermant l'oreille aux dires des apologistes de Robespierre, qui veulent absolument qu'on l'ait assassiné et qui s'écrient qu'il est impossible de se tirer un coup de pistolet de la main gauche, j'ai soumis ce rapport et les pièces qu'on a lues à l'examen d'un homme compétent, d'un chirurgien dont le nom fait autorité, M. le docteur Paul Reclus, qui a bien voulu m'écrire la lettre suivante :

« CHER MONSIEUR,

« Je vous demande d'autant plus pardon de ce long retard, que ma réponse ne peut être précise : les dépositions sont contradictoires, et le rapport médico-légal est nul.

« Le coup de pistolet, nous dit-il, aurait été porté « au niveau de la bouche, à un pouce de la commis- « sure des lèvres. » On peut mesurer ce « pouce » dans toutes les directions possibles, en arrière vers la joue, en haut vers la lèvre supérieure, en bas vers la lèvre inférieure.

« Vers la lèvre inférieure ?... Ce serait tentant, car les auteurs du rapport ajoutent plus loin que la plaie intéresse « les triangulaires », muscles de la lèvre inférieure. On comprendrait très bien comment le projectile aurait brisé d'abord la canine et la première molaire et puis l'angle de la mâchoire. Mais que deviendrait alors la direction « de haut en bas et de dehors en dedans », expressément notée dans .es lignes suivantes ?

« La balle, à son entrée dans la lèvre inférieure, aurait à peine entamé le bord inférieur du maxillaire, si elle s'était dirigée en bas, et aurait, en tout cas, épargné les dents insérées sur le bord supérieur. Et puis le maxillaire s'évase en arrière et en dehors : pour que le projectile puisse le fracasser, c'est donc en dehors que la balle aurait dû cheminer. Aussi, malgré la mention du muscle triangulaire, écarterons-nous l'hypothèse de la plaie siégeant au niveau de la lèvre inférieure.

« Serait-ce à la lèvre supérieure ?... Mais le triangulaire est, dit-on, traversé, et il n'existe que dans la lèvre inférieure. De plus, la plaie serait oblique « de dehors en dedans et de gauche à droite ». Or un projectile, entré au niveau de la lèvre supérieure, devait se diriger de droite à gauche et de dehors en dedans, pour briser la canine du maxillaire inférieur, la première molaire et l'angle de la mâchoire.

« Serait-ce alors à la joue ?... Mais la balle aurait pénétré dans la bouche en arrière de la canine et de la première molaire, et l'on ne comprend pas comment elle eût pu se diriger à la fois en avant pour briser cette canine et cette molaire, en arrière pour fracturer l'angle de la mâchoire. Ainsi le point en apparence le plus précis du rapport médico-légal, c'est-à-dire le lieu de pénétration de la balle et son trajet ultérieur, ne soulève que contradictions et impossibilités.

« Les médecins auraient constaté la fracture de *l'angle de la mâchoire* « en introduisant le doigt dans la bouche ». A moins d'un fracas énorme et d'une déchirure considérable de la muqueuse et des muscles, qui ne seraient guère en rapport avec « la petitesse de la plaie », sur laquelle insistent les mêmes médecins, on ne peut atteindre par la bouche l'angle de la mâchoire, que recouvre un gros muscle et qui est distant du sillon gengivo-buccal de plus de trois centimètres. Aussi pensons-nous que la fracture et ses esquilles étaient beaucoup plus antérieures que ne le disent les médecins.

« Leur ignorance me paraît indiscutable : ils sont « fondés à croire par la petitesse de la plaie que le pistolet n'était chargé qu'à plomb. » Mais de deux choses l'une : ou le coup a été tiré de près, et la charge, *faisant balle*, selon l'expression consacrée, creusera la figure d'un trou énorme ; ou il aura été tiré de loin, et les grains éparpillés ne feront pas un trou, mais plusieurs, et seront d'ailleurs incapables de fracturer un os aussi solide que le maxillaire inférieur.

« Évidemment, de tous les textes que vous m'avez fournis, le « rapport officiel » est le plus important, mais il est bien léger, bien incorrect, absolument incomplet et n'entraîne qu'une certitude : l'existence d'une blessure de la moitié gauche de la face avec fracture du maxillaire inférieur.

« Que penser de l'hypothèse d'un suicide ? Nous avons dû écarter comme insuffisants et contradictoires les termes du rapport officiel, sur lesquels s'appuient les historiens pour conclure à l'assassinat, et nous n'avons pu retenir que la plaie du côté gauche de la figure et la fracture du maxillaire inférieur. Nous ne voyons rien d'impossible à ce que Robespierre, qui avait d'abord « le menton dans la main gauche, le coude sur le genou », ait, pendant son colloque avec Méda, saisi de la main gauche un pistolet et en ait appuyé la gueule sur sa joue. Il semble cependant que, malgré son émoi, il eût été plus naturel et presque machinal de porter le pistolet plus haut, vers la tempe. Et puis, quelles que soient leur ignorance et leur légèreté, les médecins légistes auraient noté sur la joue des grains noirs incrustés dans la peau. Ces grains étaient de règle à cette époque où la poudre, encore mal préparée, était de déflagration incomplète et très lente. Aussi, tout en considérant l'hypothèse du suicide comme possible, nous trouvons qu'elle se dégage mal des documents que vous m'avez soumis.

« Inutile d'ajouter que, si quelques-uns des détails qui précèdent vous paraissent obscurs, ce serait avec le plus grand plaisir que j'essayerais de les compléter.

« PAUL RECLUS. »

Il résulte donc de la lettre de M. le docteur Reclus que le rapport médical est mal fait, contradictoire, qu'on ne peut rien en conclure, mais que, cependant, l'hypothèse d'un suicide n'est pas insoutenable.

On a vu que cette hypothèse n'est pas inadmissible historiquement. Il ne suffit pas de dire que les thermidoriens se sont concertés pour cacher leur crime : ce n'est guère l'usage des vainqueurs d'une guerre civile de taire le mal qu'ils ont fait aux vaincus. Faire périr le « monstre » d'un coup de pistolet ou par la guillotine, c'était tout un, aux yeux des thermidoriens, et, s'ils réservèrent leur victime pour le bourreau, ce ne fut certes point par humanité. Il faudrait donc prouver que tous les témoignages affirmant le suicide sont faux ou leur opposer un autre témoignage que celui de ce *miles gloriosus*, de ce fanfaron d'assassinat qui avait nom Méda

IV

Voulez-vous ma conclusion ? J'ose à peine l'indiquer, car elle ne sera guère concluante et ne me fera vraiment pas honneur.

Bien que l'hypothèse du suicide me semble assez vraisemblable, je n'ose pas la soutenir, faute de raisons suffisamment solides. Mais il faut bien reconnaître qu'au tempérament nervoso-bilieux de Robespierre, le suicide ne devait pas répugner physiquement; — et, moralement, n'était-ce pas là pour cet esprit classique, nourri des souvenirs de la Grèce et de Rome, un noble expédient pour sortir avec gloire d'une vie manquée ? N'oublions pas d'ailleurs que son frère essaya de se tuer, que son compagnon Le Bas se tua, et que tous ces insurgés de l'hôtel de ville, qui avaient l'âme haute, ne désiraient plus à cette heure suprême et ne cherchaient qu'une belle mort à l'antique.

D'autre part, l'hypothèse de l'assassinat n'est point absurde, et demain un texte nouveau peut la confirmer. Au risque d'être accusé de paradoxe, je dirai aussi qu'il est assez plausible d'admettre, selon le témoignage de quelques contemporains, les deux hypothèses à la fois. Il est bien possible que Robespierre ait cherché à se tuer au moment même où Méda tirait sur lui. Mais de quel pistolet est sortie la balle qui fit la blessure : du pistolet de Méda ou du pistolet de Robespierre ? Je l'ignore, et j'avoue franchement que mon ignorance sur ce point d'histoire ne m'empêchera pas de dormir. Comme je le disais au début, ce que j'ai voulu, c'est rappeler, à propos d'une anecdote fameuse et d'un homme fameux, combien il est difficile à la critique de trouver la vérité dans les récits de guerre civile que la passion a dictés ; que, pour bien lire les textes historiques, il faut s'armer d'un scepticisme scrupuleux et patient, et qu'il n'est rien de plus honorable pour l'historien que de dire : Je ne sais pas. — Et, après tout, c'est peut-être encore là le plus sage et le plus sûr moyen d'arriver à savoir.

16 avril 1892.

FIN

TABLE DES MATIÈRES

TOURS, IMP. E ARRAULT ET Cie, 6, RUE DE LA PRÉFECTURE

LIBRAIRIE FÉLIX ALCAN
108, boulevard Saint-Germain, Paris

HISTOIRE DE L'EUROPE

PENDANT

LA RÉVOLUTION FRANÇAISE

Par H. de SYBEL

Directeur des Archives royales, membre de l'Académie des sciences
de Berlin

Traduit de l'allemand par Mlle Marie DOSQUET

*Édition revue par l'auteur et précédée d'une préface écrite
pour l'édition française*

L'ouvrage complet en 6 vol. in-8. . . . . . . 42 fr.
Chaque volume séparément. . . . . 7 fr

APPRÉCIATIONS DE LA PRESSE

Si, comme l'assure M. Renan, « la période la plus importante de la vie des grands hommes, c'est leur jeunesse », ce ne sera pas le moindre intérêt du dernier volume de ce grand ouvrage que le rôle qu'y joue naturellement le vainqueur des Pyramides et du 18 brumaire, et le jugement qu'en porte ou qu'en a porté avant M. Taine et avant le prince Napoléon l'historien allemand. Indépendamment de cet intérêt de circonstance ou d'actualité, nous ne saurions trop nous féliciter de voir achevée là traduction du plus considérable et du plus remarquable ouvrage dont la révolution française ait été le sujet à l'étranger. Cela ne veut pas dire que nous partagions les opinions de M. de Sybel, ou seulement que nous y inclinions.

Mais cela veut dire qu'il importe beaucoup à la connaissance de la révolution de savoir comment les étrangers la jugent, ce qui se passait en Europe dans le temps où nous croyions que nous remplissions tout seuls toute la scène, et dans quelle mesure enfin — car peut-être est-ce là le vrai point de la controverse — la révolution a été un événement français, européen ou universel.

(Revue des Deux-Mondes.)

Depuis l'ouvrage de M. de Sybel, nous avons eu, en France, diverses publications dont le mérite est incontestable ; il s'est fait des travaux très sérieux sur la politique extérieure du gouvernement républicain. Ce qui reste comme fait acquis, c'est que M. de Sybel a, le premier en Europe, exposé la situation exacte des relations extérieures de la France et de la politique des grandes puissances dans cette période qui va de 1789 à 1799. Toutes les histoires de la Révolution publiées en France, celles de Mignet, de Thiers, de Michelet, de Louis Blanc, etc., sont absolument nulles en ce qui concerne la politique extérieure. Les renseignements ont manqué à ces écrivains. Ils se sont trouvés réduits à développer les légendes qui ont eu cours pendant la Révolution.

M. de Sybel, sortant des banalités ordinaires, a consulté, en 1855, à Berlin, les Archives secrètes. Il a pu, par l'entremise de son ami, M. Alfred d'Arneth, un des plus éminents historiens de Vienne, avoir communication des Archives de l'Empire d'Autriche. A Paris, Napoléon III lui a facilité l'accès du Ministère des affaires étrangères, où il a pu lire toutes les pièces relatives à la Révolution, qui jusqu'à cette époque n'avaient été communiquées à personne. Enfin, les Archives de la rue des Francs-Bourgeois ont été mises à sa disposition. Ainsi s'explique l'importance du travail de M. de Sybel.

Si l'on ajoute qu'il est un des écrivains les plus érudits de l'Allemagne, en ce qui concerne les questions historiques, on se rendra facilement compte de l'importance de son livre.

Nous ne voulons pas, bien entendu, parler des appréciations de M. de Sybel sur la Révolution française. Il est Prussien. Il juge les événements à son point de vue. Ses appréciations et ses critiques sont des plus justes. Mais il n'est pas Français, nous le répétons, et c'est bien assez que nous lavions entre nous ce linge sale sans que nous allions nous préoccuper de ce que les étrangers en pensent.

Quoique d'un esprit critique très supérieur à bien des histoires de la Révolution écrites par des Français, en ce qui concerne les luttes intérieures, ce n'est pas par ce côté que l'originalité et l'importance du travail de M. de Sybel s'affirment. Il faut plutôt le suivre dans son développement des questions de politique étrangère. Là, nous trouvons l'érudit, dont la supériorité n'est plus contestable.

A. LENTHÉRIC (*Gazette de France*).

Pour bien pénétrer Napoléon, il faut remonter à ses commencements et à ces prodigieuses années de 1796 et de 1797, où le militaire et le politique surgirent tout à coup en lui et se révélèrent dans tous leurs éléments. Cette étude est le principal intérêt des deux volumes (tomes IV et V) de l'*Histoire de l'Europe pendant la Révolution* que M. de Sybel a consacrés au Directoire et dont la traduction française a récemment paru. Ils s'arrêtent à la rupture du congrès de Rastadt, et l'histoire de l'assassinat des plénipotentiaires en forme l'un des épisodes les plus saillants. Je ne reviendrai point ici sur ce livre, justement célèbre, d'un des plus savants et habiles historiens de l'Allemagne. Je n'insisterai pas sur le dissentiment qui nous sépare de l'éminent directeur des Archives de Berlin, et qui porte sur l'essence même du livre : la façon de concevoir le rôle de la nation française dans la Révolution et la Révolution française même. Mais je ne serai que juste en disant à nos lecteurs qu'ils trouveront dans ces deux volumes, avec l'éruditon forte et vaste, la documentation nouvelle et abondante, le dessin très personnel qui signalent les premiers volumes de l'ouvrage, plus de suite peut-être encore dans la composition, plus d'attrait et de vie dans le récit.

ALBERT SOREL (*le Temps*).

... J'ai caractérisé les tendances politiques de M. de Sybel ; je n'en suis que plus à l'aise pour rendre justice à la valeur scientifique de son livre. Voilà la première grande histoire de la diplomatie européenne pendant la Révolution. L'auteur n'a rien épargné pour avoir à sa disposition le plus grand nombre possible de documents inédits, et, dans son ensemble, c'est un livre que ne remplace

Tome troisième : *septembre 1853, mars 1794*, 1 beau volume
gr. in-8°. . . . . 18 fr.
Tome quatrième : *avril, 1794, février 1795*, 1 beau vol. gr. in-8° 20 fr.

Outre son importance historique, la correspondance de
Barthélemy, diplomate de tradition, rompu aux affaires,
offre aussi, au point de vue de la technique diplomatique,
les renseignements les plus précieux, et, si le recueil de
M. J. Kaulek s'adresse à tous ceux que préoccupe l'histoire
de notre pays, il a aussi sa place marquée dans la bibliothèque de tous les diplomates et en particulier des jeunes
gens qui, voulant s'engager dans la carrière, pourront,
mieux que dans n'importe quel traité, y apprendre leur
futur métier, ou y compléter leurs connaissances acquises.

Le deuxième volume, comprenant les huit premiers
mois de l'année 1793, contient des documents du plus
vif intérêt, notamment en ce qui concerne les émigrés,
leurs intrigues, leur « joie triomphante » et les propos
scandaleux qu'ils tinrent au lendemain de la mort de
Louis XVI.

Enfin parmi les pièces les plus intéressantes du troisième
et du quatrième volume, nous signalerons celles qui sont
relatives aux affaires d'Allemagne et de Prusse, aux moyens
de rompre la coalition, à la prise de Toulon, aux intrigues
des émigrés et des ministres étrangers en Suisse, aux
affaires militaires. Notons encore deux lettres du baron
Grimm, une conversation de Dumouriez chez le comte
Pukler, grand chambellan du duc de Wurtemberg, de
curieux détails sur le personnel diplomatique du temps,
le mouvement royaliste en Vendée, la mission de M. de
Tintiniac à Londres, les préliminaires de la paix de
Bâle, etc.

François Barthélemy, neveu du célèbre auteur d'*Anacharsis*, dut à son oncle la protection du duc de Choiseul,
qui lui ouvrit la carrière diplomatique. Demeuré en fonction malgré la Révolution, il fut nommé, en 1792, ambassadeur en Suisse, et conclut, à Bâle, deux traités avec la
Prusse et l'Espagne qui furent le point de départ de l'apai-
sement européen. Son tact et sa modération le firent por-

ter au Directoire au mois de mai 1797, mais ses opinions notoirement monarchistes le firent « fructidoriser » et envoyer à Cayenne, d'où il put s'échapper et gagner l'Angleterre. Rentré en France au 18ᵉ brumaire, il devint membre du Sénat. Ayant observé une prudente réserve pendant tout l'Empire, il se rallia des premiers à la Restauration et fut un des commissaires chargés par Louis XVIII de rédiger la Charte. Il fut alors créé marquis et honoré de la pairie. Il est mort en 1830, âgé de quatre-vingts ans.

La publication de ses papiers est très importante pour l'histoire diplomatique de la première république et pour celle de l'émigration.

Le premier volume commence par la reproduction intégrale des instructions qui lui furent remises le 22 janvier 1792 : il arrivait alors dans des conditions difficiles, car les Suisses étaient très hostiles aux idées révolutionnaires et ne pardonnaient pas le massacre de leurs frères au 10 août. Il fut donc d'abord très mal reçu et dut commencer par voyager, sans pouvoir se fixer à Soleure, résidence habituelle de nos représentants. Son tact triompha cependant encore assez vite de ces préventions.

Le commencement de ce volume est rempli de détails sur ces pénibles débuts et sur le licenciement des régiments suisses : on y trouve un important document, la relation des événements du 10 août racontés par le ministre Lebrun, œuvre de pure fantaisie pour tâcher de dérouter les impressions des Suisses, gens de trop de bon sens pour s'y laisser tromper. Mais l'année ne s'acheva pas sans aggraver la fâcheuse situation de Barthélemy ; l'occupation de Bâle éveilla les craintes des Genevois. Il se montra à la hauteur de ces difficultés et montra ce que peut donner de force une longue éducation de carrière.

Les documents, suivant la règle adoptée, sont reproduits *in extenso* et par extraits, selon leur importance ; les pièces d'un moindre intérêt sont sommairement analysées. Une table détaillée facilite les recherches.

(*Revue d'histoire diplomatique.*)

TOURS. IMP. E. ARRAULT ET Cⁱᵉ.